古代歷史文化研究輯刊

二七編

王明蓀 主編

第 2 冊

戰國趙國歷史地名考證

張龍鳳 著

國家圖書館出版品預行編目資料

戰國趙國歷史地名考證／張龍鳳 著 -- 初版 -- 新北市：花木
蘭文化事業有限公司，2022〔民111〕

序 2+ 目 8+204 面；19×26 公分

（古代歷史文化研究輯刊 二七編；第 2 冊）

ISBN 978-986-518-770-5（精裝）

1.CST：歷史地名 2.CST：研究考訂 3.CST：戰國時代

618   110022104

ISBN-978-986-518-770-5

9 789865 187705

古代歷史文化研究輯刊
二七編 第 二 冊   ISBN：978-986-518-770-5

戰國趙國歷史地名考證

作　　者 張龍鳳
主　　編 王明蓀
總 編 輯 杜潔祥
副總編輯 楊嘉樂
編輯主任 許郁翎
編　　輯 張雅淋、潘玟靜、劉子瑄　美術編輯　陳逸婷
出　　版 花木蘭文化事業有限公司
發 行 人 高小娟
聯絡地址 235 新北市中和區中安街七二號十三樓
　　　　 電話：02-2923-1455 ／傳真：02-2923-1452
網　　址 http://www.huamulan.tw 信箱 service@huamulans.com
印　　刷 普羅文化出版廣告事業
初　　版 2022 年 3 月
定　　價 二七編 13 冊（精裝） 台幣 38,000 元

戰國趙國歷史地名考證

張龍鳳 著

作者簡介

張龍鳳，女，漢族，1981 年 3 月生於內蒙古包頭市，博士畢業於北京大學城市與環境學院，現為內蒙古大學歷史與旅遊文化學院講師。主要研究方向為歷史人文地理。參編《北京宣南歷史地圖集》，在《中國歷史地理論叢》、《北方文物》等期刊上發表學術論文數篇。

提　　要

　　本書第一章闡述了戰國趙國的疆域變遷。這一部分首先追溯了趙國建國前的趙氏領地，再以磨笄山為切入點探討了代域問題；接著分析了從趙敬侯到趙惠文王時期的趙國疆域的擴展過程，後面討論了長平之戰對趙國政治地理格局的影響以及疆域的萎縮直至趙國滅亡。第二章共整理出 200 多個趙國地名，並進行了細緻地考證，所利用的史料，包括《史記》、《戰國策》、《漢書‧地理志》、《後漢書‧郡國制》、《宋書‧州郡志》、《晉書‧地理志》、《魏書‧地形志》、《水經注》、《括地志》、《元和郡縣圖志》、《太平寰宇記》、《元豐九域志》、《輿地廣記》、《大元一統志》、《大明一統志》、《大清一統志》,《讀史方輿紀要》、《方輿考證》、《戰國策釋地》、《國策地名考》等，並結合古文字、地方志等資料。隨著考古資料的不斷發現以及對文獻的深入解讀，趙國地名研究的一些結論被確證、但仍有部分闕疑，故需給予持續的關注。地名考證是戰國趙國歷史地理研究中一項非常重要的基礎工作，希望本書能為學界同仁搭建了一個共同探討的平臺，共同推動該項研究。

序

張久和

　　由內蒙古大學張龍鳳老師撰寫的《戰國趙國歷史地名考證》一書，經過作者數年潛心考索，終告完稿，即將由花木蘭文化出版社出版，藉此致以誠摯祝賀。

　　趙國從公元前 475 年立國，到公元前 222 年被秦所亡，共歷 12 代 13 位國君，存在了 253 年。趙國疆域廣闊，境內地理環境複雜。地理是歷史的發生地，從一定意義上說，是歷史事件的載體。將趙國史置於一定的歷史地理環境背景中進行研究，才能有助於更加全面地暸解歷史真相，對歷史做出比較正確的解釋。在影響趙國歷史進程的諸多因素中，地理環境發揮著重要作用。其中的地名研究是最基礎的部分。地名，不只是一個歷史的發生地，更是一個能再現歷史、溝通古今的媒介。地名不明，往往會給其他問題的探討或解釋帶來諸多不便，弄清古地名的現今所在，是歷史地理研究的基本工作，也是開展其他各項研究的前提條件。從這個角度說，《戰國趙國歷史地名考證》這項學術成果具有較高的學術價值。

　　本書主要以《史記》、《戰國策》、古本《竹書紀年》等文獻為主，並廣泛利用出土的考古文物資料，對趙國的近 200 個地名進行了考證，最大特點是詳列地名史料出處，佐以考古資料，從地理角度深入細緻研討。對有的地名地望提出了確切論斷，如摩笄山地望；有的地名則存疑，如高安、黃華等。由此可見，作者治學態度之嚴謹求實，一絲不苟。此外，地名考證是一項既有難度又嫌繁瑣的工作。作者能夠沉潛下來，用心用力完成此項工作，精神可嘉。

　　張龍鳳本科畢業後以優異成績保送北京大學攻讀碩士學位，該書稿是她

碩士論文的研究對象，也是她後來博士論文的部分內容。能夠付梓出版，是她對學術潛心鑽研、孜孜以求的結果，也是她趙國地名研究工作的階段性總結。學術沒有止境，不足來日彌補。惟願張龍鳳老師再接再厲，不斷取得更優異的學術成果。

張久和

2021 年 7 月 15 日於內蒙古大學

第一章　趙國疆域變遷

　　戰國時期無現代意義的國界，只是邊邑歸屬問題。當時列國林立，戰事連綿，邊地亦頻頻易主，各國疆域變化不定。學者們對趙國疆域已經進行了一定的探討，但地理分析仍顯不夠，本書在已有研究的基礎上、從歷史地理學的視角再次考察這個問題。

一、趙襄子建國前的趙氏領地

（一）趙氏的由來及其世系

　　《史記·趙世家》：「趙氏之先，與秦共祖。至中衍，為帝大戊御。其後世蜚廉有子二人，而命其一子曰惡來，事紂，為周所殺，其後為秦。惡來弟曰季勝，其後為趙。季勝生孟增。孟增幸於周成王，是為宅皋狼。皋狼生衡父，衡父生造父。造父幸於周繆王。造父取驥之乘匹，與桃林盜驪、驊騮、綠耳，獻之繆王。繆王使造父御，西巡狩，見西王母，樂之忘歸。而徐偃王反，繆王日馳千里馬，攻徐偃王，大破之。乃賜造父以趙城，由此為趙氏。自造父已下六世至奄父，曰公仲，周宣王時伐戎，為御。及千畝戰，奄父脫宣王。奄父生叔帶。叔帶之時，周幽王無道，去周如晉，事晉文侯，始建趙氏于晉國。自叔帶以下，趙宗益興，五世而至趙夙。」〔註1〕

　　趙與秦有著共同的祖先。至遲到周成王時，趙氏祖先已成為周王室的寵幸之臣了，成王賞賜給孟增以皋狼之地。孟增生衡父，衡父又生造父。造父

〔註1〕　（西漢）司馬遷：《史記》卷四十三《趙世家》，北京：中華書局，1973 年，第 1779～1780 頁。

因攻打徐偃王立下戰功，被獎賜以趙城，從此，造父的氏族就改稱趙氏。造父以下幾代史籍闕載，直到造父的六世孫奄父，才因千畝之戰再現於史籍。奄父生叔帶，叔帶離開周，到晉國發展。

到了春秋之際，趙氏有趙夙者，為獻公之御，由於趙夙在一系列軍事外交活動中為國家作出了貢獻，晉獻公遂將剛伐滅的耿賜予趙夙，這是趙氏在晉國獲得的第一個采邑。趙夙生共孟和趙衰（諡成子，文獻又稱為成季），共孟生趙穿，趙穿為晉襄公之婿，其從兄趙盾執政期間，穿得為散卿，穿生旃，旃於晉景公時為新軍佐，進入晉卿之列，旃生勝（邯鄲勝），勝生午（邯鄲午），午生稷，趙朝（平陽大夫）為趙勝曾孫。趙夙次子趙衰從晉文公出亡，為晉之重臣而功高，且與文公為姻親，趙氏自此顯赫於晉國。趙衰妻叔隗生趙盾（諡宣子），又娶文公女趙姬生趙同（原同）、趙括（屏括）、趙嬰齊（樓嬰），原、屏、樓均為邑名。趙盾生趙朔（諡莊子），娶成公女兒趙莊姬為妻，朔生武（諡文子），下宮之難趙氏絕祀。景公以趙武為趙氏之嗣，趙武生趙獲和趙成（諡景子），趙獲之孫為趙羅（溫大夫）。趙成生趙鞅（趙簡子，又稱志父），趙鞅生趙毋恤（諡襄子）。〔註2〕

（二）趙氏的城邑及領地

趙城：《趙世家》：「乃賜造父以趙城。」〔註3〕趙先祖造父因功被周穆王封在趙城（今山西省洪洞縣北趙城鎮一帶）。

皋狼：《趙世家》：「孟增幸於周成王，是為宅皋狼。」今山西呂梁市方山縣。

耿：《左傳》閔公元年載：「晉侯作二軍，公將上軍，大子申生將下軍。趙夙御戎，畢萬為右，以滅耿、滅霍、滅魏。還，為大子城曲沃，賜趙夙耿，賜畢萬魏，以為大夫。」〔註4〕《趙世家》亦載：「晉獻公之十六年（前661年）伐霍、魏、耿，而趙夙為將伐霍。……晉獻公賜趙夙耿。」〔註5〕可見，耿（今山西省河津縣東南）本為晉國大夫趙夙的封邑。

原：《左傳》僖公二十五年（前635年）：「趙衰為原大夫，狐溱為溫大

〔註2〕參見《趙國史稿》、《晉國歷史地理》。

〔註3〕（西漢）司馬遷：《史記》卷四十三《趙世家》，北京：中華書局，1973年，第1779頁。

〔註4〕楊伯峻：《春秋左傳注》，北京：中華書局，1981年，第258頁。

〔註5〕（西漢）司馬遷：《史記》卷四十三《趙世家》，北京：中華書局，1973年，第1781頁。

夫。」〔註6〕晉文公執政後，以趙衰為原大夫，居原（今河南省濟源縣西北），任國政。

《左傳》僖公二十四年（前636年）：「狄人歸季隗於晉，而請其二子。（晉）文公妻趙衰，生原同、屏括、樓嬰。杜注以為……趙同、趙括、趙嬰其各食邑於原、屏、樓三地。」〔註7〕三者皆是以邑為氏。

原地後來又為晉先氏與趙共有。《左傳》宣公十二年（前597年）：「晉原縠、宋華椒、衛孔達、曹人同盟于清丘。」〔註8〕杜注：「原縠，先縠。」〔註9〕正義曰：「杜《譜》以為雜人，則不知誰之子也。案傳先軫或稱原軫，此蓋先軫之後也。傳有名號之異，杜《譜》皆並言之。先縠，是杜脫也。上文稱其鬳子，服虔以為食菜於鬳，今復稱原，原其上世所食也，於時趙氏有原同，蓋分原邑而共食之也。」〔註10〕則晉國的先氏、趙氏共有原地〔註11〕。

到了晉景公時（前583年），大夫屠岸賈擅自與諸將攻殺趙氏於下宮，殺死趙朔、趙同、趙括、趙嬰齊，皆滅其族。後景公與韓厥又復立趙武，「復與趙武田邑如故」〔註12〕。

韓宣子與樂大心交換縣的事，《左傳·昭公七年》（前535年）載：「子產為豐施歸州田於韓宣子，……宣子受之，以告晉侯。晉侯以與宣子，宣子為初言，病有之，以易原縣於樂大心。」〔註13〕杜注：「樂大心，宋大夫。原，晉邑，以賜樂大心也。」〔註14〕鄭國的公孫段去世了，子產幫助其子豐施將州縣還給了晉國，晉侯將州賜給了韓宣子，韓宣子拿它換了宋國樂大心的原邑。原縣曾一度屬宋，時間不確。可知，趙氏後不再領有原邑〔註15〕。

屏：趙衰之子趙括采邑。《路史》卷二十九《國名紀》六：「屏，屏封屏翳

〔註6〕楊伯峻：《春秋左傳注》，北京：中華書局，1981年，第436頁。
〔註7〕楊伯峻：《春秋左傳注》，北京：中華書局，1981年，第416頁。
〔註8〕楊伯峻：《春秋左傳注》，北京：中華書局，1981年，第750頁。
〔註9〕（晉）杜預：《春秋經傳集解》，上海：上海古籍出版社，1988年，第607頁。
〔註10〕（唐）孔穎達：《十三經注疏·春秋左傳正義》，北京：北京大學出版社，1999年，第657～658頁。
〔註11〕馬保春：《晉國地名考》，北京：學苑出版社，2010年，第86頁。
〔註12〕（西漢）司馬遷：《史記》卷四十三《趙世家》，北京：中華書局，1973年，第1785頁。
〔註13〕楊伯峻：《春秋左傳注》，北京：中華書局，1981年，第1290～1291頁。
〔註14〕（晉）杜預：《春秋經傳集解》，上海：上海古籍出版社，1988年，第1296頁。
〔註15〕周振鶴主編、李曉傑著：《中國行政區劃通史·先秦卷》，上海：復旦大學出版社，2009年，第248頁。

國。」顧棟高曰：「趙括采邑當在其處。」馬保春認為，屏或與「並」有關，有可能在晉中一帶，但確址不考〔註16〕。

樓：趙衰子趙嬰的采地，馬保春認為或在今山西省石樓縣或其附近。〔註17〕

絳：《史記·趙世家》：「（晉定公十五年（前497年））十月，范、中行氏伐趙鞅，鞅奔晉陽，晉人圍之。范吉射、荀寅仇人魏襄等謀逐荀寅，以梁嬰父代之；逐吉射，以范皋繹代之。荀櫟言於晉侯曰：『君命大臣，始亂者死。今三臣始亂而獨逐鞅，用刑不均，請皆逐之。』十一月，荀櫟、韓不佞、魏哆奉公命以伐范、中行氏，不克。范、中行氏反伐公，公擊之，范、中行敗走。丁未，二子奔朝歌。韓、魏以趙氏為請。十二月辛未，趙鞅入絳，盟于公宮。」〔註18〕

《史記·晉世家》：「（定公）十五年，趙鞅使邯鄲大夫午，不信，欲殺午，午與中行寅、范吉射親攻趙鞅，鞅走保晉陽。」〔註19〕趙鞅當時已經是晉國執政，當是在晉都絳或其附近有采邑或宮室所在，故范氏、中行氏攻打趙鞅時，有「奔晉陽」、「走保晉陽」之說。

據馬保春考證，絳縣中至少有一部分地區歸趙武所管。《左傳》襄公三十年：「二月癸未，晉悼夫人食輿人之城杞者，絳縣人或年長矣，無子而往，與於食，有與疑年，使之年……趙孟問其縣大夫，則其屬也。召之而謝過焉，曰武不才，任君之大事，以晉國之多虞，不能由吾子，使吾子辱在泥塗久矣，武之罪也，敢謝不才，遂仕之，使助為政，辭以老，與之田，使為君復陶，以為絳縣師，而廢其輿尉。」〔註20〕正義曰：「諸是守邑之長，公邑稱大夫，私邑則稱宰，此言『問其縣大夫』，問絳縣之大夫也，絳非趙武私邑，而云則『其屬者』，蓋諸是公邑，國卿分掌之，而此邑屬趙武也。……據如《周禮》則縣師是王朝之官，而此言『絳縣師』者，絳是晉國所都之邑，蓋以居在絳邑，故繫絳以言之。」〔註21〕絳縣年老者所言其縣大夫為趙武的屬下，則可推知絳

〔註16〕馬保春：《晉國地名考》，北京：學苑出版社，2010年，第183頁。

〔註17〕馬保春：《晉國歷史地理研究》，北京：文物出版社，2007年，第210頁。

〔註18〕（西漢）司馬遷：《史記》卷四十三《趙世家》，北京：中華書局，1973年，第1790頁。

〔註19〕（西漢）司馬遷：《史記》卷三十九《晉世家》，北京：中華書局，1973年1685頁。

〔註20〕楊伯峻：《春秋左傳注》，北京：中華書局，1981年，第1170～1172頁。

〔註21〕（唐）孔穎達：《十三經注疏·春秋左傳正義》，北京：北京大學出版社，1999年，第1114～1115頁。

縣為趙武的采地，但是正義以為絳非趙武私邑，屬於趙武的只是絳縣的一部分，絳縣師只是因為其居於絳，而如此稱。晉都新田遺址中除了呈「品」字形分布的牛村、臺神、平望三座故城外，其東北部還有馬莊、呈王、北塢三座小城分布，近年較為一致的意見是，它們為晉卿之城，是勢力膨脹的晉卿在晉都的私城，且據《左傳》定公十三年「范氏、中行氏伐趙氏之宮，趙鞅奔晉陽」的文字記載，其中至少有一座為「趙氏之宮」。田建文先生進一步指出其中的呈王故城當是「趙氏之宮」，此或即趙武所居之城。〔註22〕

前後相合，可推測，趙武之孫趙鞅很有可能世襲了祖輩的采地。絳在今山西省侯馬市西。

溫：《左傳》昭公元年（前 541 年）：「趙孟適南陽，將會孟子餘。甲辰朔，烝于溫，庚戌，卒。」〔註23〕又《左傳》昭公三年（前 539 年）：「初，州縣，欒豹之邑也。及欒氏亡，范宣子、趙文子、韓宣子皆欲之。文子曰：『溫，吾縣也。』二宣子曰：『自郤稱以別，三傳矣。晉之別縣不唯州，誰獲治之？』文子病之，乃舍之。」杜預注曰：「州本屬溫，溫，趙氏邑。」〔註24〕是知趙武又為溫大夫矣，溫邑屬趙，且為趙氏祖廟所在。

《左傳》哀公二年（前 493 年）：「大子救之以戈，鄭師北，獲溫大夫趙羅。」〔註25〕趙羅乃趙氏之人，為溫大夫，則溫當屬趙氏所有。

《史記·魏世家》：「（昭王）十年（前 286 年），齊滅宋，宋王死我溫。……（安釐王）二年，（秦）又拔我二城，軍大梁下，韓來救，予秦溫以和。」〔註26〕可知，至遲戰國時魏昭王十年，溫已屬魏，後歸於秦。

溫地在今河南省溫縣西南。

寒氏：《左傳》定公十年（前 500 年）：「初，衛侯伐邯鄲午於寒氏。」〔註27〕杜注：「邯鄲，廣平縣也。午，晉邯鄲大夫。寒氏，即五氏也，前年，衛人助齊伐五氏。」〔註28〕《春秋地理考實》卷三：「五氏。《經》齊侯衛侯

〔註22〕馬保春：《晉國歷史地理研究》，北京：文物出版社，2007 年，第 211 頁。
〔註23〕楊伯峻：《春秋左傳注》，北京：中華書局，1981 年，第 1225 頁。
〔註24〕楊伯峻：《春秋左傳注》，北京：中華書局，1981 年，第 1239 頁。
〔註25〕楊伯峻：《春秋左傳注》，北京：中華書局，1981 年，第 1617。
〔註26〕（西漢）司馬遷：《史記》卷四十四《魏世家》，北京：中華書局，1973 年，第 1853～1854 頁。
〔註27〕楊伯峻：《春秋左傳注》，北京：中華書局，1981 年，第 1579 頁。
〔註28〕（晉）杜預：《春秋經傳集解》，上海：上海古籍出版社，1988 年，第 1677 頁。

次於五氏，杜注晉地。《匯纂》蓋晉大夫邯鄲午之私邑，今直隸廣平府邯鄲縣西有五氏城，亦曰寒氏城。」〔註29〕《匯纂》（《欽定春秋傳說匯纂》）明言寒氏為趙午私邑，也即其時寒氏為趙氏之地。寒氏在今河北省邯鄲市西。

晉陽：《左傳》定公十三年（前497年）：「晉趙鞅謂邯鄲午曰，歸我衛貢五百家，吾舍諸晉陽，午許諾。」〔註30〕杜注：「晉陽，趙鞅邑。」〔註31〕

《趙世家》：「晉定公之十四年，范、中行作亂。明年（前497年）春，簡子謂邯鄲大夫午曰：『歸我衛士五百家，吾將置之晉陽。』午許諾，歸而其父兄不聽，倍言。趙鞅捕午，囚之晉陽。乃告邯鄲人曰：『我私有誅午也，諸君欲誰立？』遂殺午。趙稷、涉賓以邯鄲反。晉君使籍秦圍邯鄲。荀寅、范吉射與午善，不肯助秦而謀作亂，董安于知之。十月，范、中行氏伐趙鞅，鞅奔晉陽，……范、中行敗走。丁未，二子奔朝歌。」〔註32〕

此事，《史記·晉世家》亦載：「午與中行寅、范吉射親攻趙鞅，鞅走保晉陽。」〔註33〕

至趙簡子時，又居晉陽，當范氏、中行氏聯合討伐趙鞅，趙鞅走保晉陽。於是，以趙鞅的嫡傳就形成晉陽趙氏，晉陽也就成了其政治中心，為後來趙國的建立奠定了基礎〔註34〕。

邯鄲、柏人：趙氏自趙勝開始居邯鄲。由前文「簡子謂邯鄲大夫午」又可知趙勝為邯鄲大夫。又據《趙世家》載：「晉定公二十一年（前491年），簡子拔邯鄲，中行文子奔柏人。簡子又圍柏人，中行文子、范昭子遂奔齊，趙竟有邯鄲、柏人。范、中行餘邑入于晉。趙名晉卿，實專晉權，奉邑侔於諸侯。」〔註35〕趙氏於是又有邯鄲、柏人。邯鄲城遺址位於今河北邯鄲市，柏人故址在今河北隆堯縣西。

臨：《左傳》哀公四年（前491年）：「冬十一月，邯鄲降，荀寅奔鮮虞，

〔註29〕清代江永《春秋地理考實》卷三。

〔註30〕楊伯峻：《春秋左傳注》，北京：中華書局，1981年，第1589頁。

〔註31〕（晉）杜預：《春秋經傳集解》，上海：上海古籍出版社，1988年，第1690頁。

〔註32〕（西漢）司馬遷：《史記》卷四十三《趙世家》，北京：中華書局，1973年，第1789～1790頁。

〔註33〕（西漢）司馬遷：《史記》卷三十九《晉世家》，北京：中華書局，1973年，第1685頁。

〔註34〕馬保春：《晉國歷史地理研究》，北京：文物出版社，2007年，第211頁。

〔註35〕（西漢）司馬遷：《史記》卷四十三《趙世家》，北京：中華書局，1973年，第1792頁。

趙稷奔臨。十二月，弦施逆之，遂墮臨。」〔註36〕杜注：「臨，晉邑。」〔註37〕正義曰：「稷初奔臨，欲據臨距國，今弦施逆稷，欲納之他邑，以臨險固，故毀之。」〔註38〕趙稷奔臨、據臨以守，又毀之。可知，臨當為趙邑。

平陽：《左傳》昭公二十八年（前514年）：「分羊舌氏之田以為三縣（注銅鞮、平陽、楊氏），……趙朝為平陽大夫。」〔註39〕杜注：「平陽，平陽縣。」〔註40〕西晉平陽郡平陽縣在今山西臨汾市西南南殿鄉。

《史記・韓世家》：「晉定公十五年（前497年），宣子與趙簡子侵范、中行氏。宣子卒，子貞子代立。貞子徙居平陽。」〔註41〕《史記・韓世家》明確記載：「貞子徙居平陽。」《水經注・汾水注》引《竹書紀年》曰：「晉烈公元年（前415年），韓武子（啟章）都平陽。」〔註42〕

《古本竹書紀年》：「晉烈公元年（前415年），韓武子都平陽。」此「平陽」與昭二十八年《傳》之「平陽」當是一地〔註43〕。

由以上史料可以推知，平陽從公元前497年到公元前415年一直都是韓的政治中心，說明平陽之地後歸韓所有，不再屬趙。

朝為趙勝曾孫，與邯鄲趙午之子趙稷為堂叔侄關係。《趙國史稿》推測趙朝亦在邯鄲趙氏與簡子鬥爭中站在邯鄲一邊，因而其地被簡子收復也是在簡子平定這場叛亂之後〔註44〕，不過《趙國史稿》認為此平陽在今河北磁縣東南當是不確。

中牟：《國語・齊語》記載：「桓公知天下諸侯多與己也，故又大施忠焉。可為動者為之動，可為謀者為之謀，……築葵茲、晏、負夏、領釜丘，以禦戎、狄之地，所以禁暴於諸侯也；築五鹿、中牟、蓋與、牡丘，以衛諸夏之

〔註36〕楊伯峻：《春秋左傳注》，北京：中華書局，1981年，第1628頁。
〔註37〕（晉）杜預：《春秋經傳集解》，上海：上海古籍出版社，1988年，第1733頁。
〔註38〕（唐）孔穎達：《十三經注疏・春秋左傳正義》，北京：北京大學出版社，1999年，第1631頁。
〔註39〕楊伯峻：《春秋左傳注》，北京：中華書局，1981年，第1493～1494頁。
〔註40〕（晉）杜預：《春秋經傳集解》，上海：上海古籍出版社，1988年，第1568頁。
〔註41〕（西漢）司馬遷：《史記》卷四十五《韓世家》，北京：中華書局，1973年，第1866頁。
〔註42〕（北魏）酈道元注，民國楊守敬、熊會貞疏，段熙仲點校、陳橋驛復校：《水經注疏》卷六「汾水」，南京：江蘇古籍出版社，1989年，第551頁。
〔註43〕馬保春：《晉國地名考》，北京：學苑出版社，2010年，第227頁。
〔註44〕見《趙國史稿》第122頁注③。

地，所以示權於中國也。」〔註45〕通過這段記載可知，春秋中期，齊築中牟城，是齊「衛諸夏」的一個重要軍事據點。

《韓非子·外儲說左下》記載：「中牟無令，魯平公問趙武曰：『中牟，三國之股肱，邯鄲之肩髀，寡人欲得其良令也，誰使而可？』武曰：『邢伯子可。』」〔註46〕其中既然提到「中牟無令」、「晉國之股肱」，則晉平公時中牟已屬晉無疑。此外，《晏子春秋》也有「晏子之晉，至中牟」〔註47〕的記載。查《史記》之《齊太公世家》、《趙世家》、《晉世家》及《左傳》可知事在齊景公九年、晉平公十九年（前539年）。則至遲此時，晉已有中牟。另外，「三國之股肱」下注曰：「趙、齊、燕也。」〔註48〕這條注解顯然有誤。其時中牟屬晉，並不歸趙氏所有，「趙」當作「晉」才是；再從中牟的地理位置考察，中牟與「燕」相距甚遠，與「衛」倒是相鄰。所以，「三國」指的應是「晉、齊、衛」，中牟處在三國之要衝。

《左傳》定公九年：「秋，齊侯伐晉夷儀，……晉車千乘在中牟。衛侯將如五氏，卜過之，龜焦。衛侯曰：『可也！衛車當其半，寡人當其半，敵矣。』乃過中牟。中牟人欲伐之。衛褚師圃亡在中牟，曰：『衛雖小，其君在焉，未可勝也。齊師克城而驕，其帥又賤，遇，必敗之，不如從齊。』乃伐齊師，敗之。」〔註49〕在這場齊、衛聯合伐晉的戰役中，晉國先敗後勝，中牟在其中發揮了重要作用，時在公元前501年。當時，中牟已歸趙氏，清代江永《春秋地理考實》卷三「中牟」條下曰：「定公九年，中牟嘗屬晉趙氏矣。」〔註50〕

《史記·孔子世家》：

佛肸為中牟宰。（《集解》孔安國曰：「晉大夫趙簡子之邑宰。」）趙簡子攻范、中行，伐中牟。佛肸畔，使人召孔子。孔子欲往。子路曰：「由聞諸夫子，『其身親為不善者，君子不入也』。今佛肸親以中牟畔，子欲往，如之何？」〔註51〕

〔註45〕《國語》，上海：上海古籍出版社，1978年，第247頁。

〔註46〕王先慎：《韓非子集解》，北京：中華書局，1998年，第306頁。

〔註47〕沈長雲等：《趙國史稿》，北京：中華書局，第111～112頁；白國紅：《試析春秋戰國之交趙氏對中牟的經營》，《邯鄲職業技術學院學報》，2007年第2期，第10～13頁，具體見第10頁。

〔註48〕王先慎.《韓非子集解》，北京：中華書局，1998年，第306頁。

〔註49〕楊伯峻：《春秋左傳注》，北京：中華書局，1981年，第1574～1575頁。

〔註50〕清代江永《春秋地理考實》卷三。

〔註51〕（西漢）司馬遷：《史記》卷四十七《孔子世家》，北京：中華書局，1973年，第1924頁。

　　根據下文《左傳》哀公五年「趙鞅伐衛，范氏之故也，遂圍中牟」〔註52〕，可推知佛肸叛趙入衛，則《孔子世家》記載「佛肸之畔」一事應當是發生在先。至於是公元前 497 年還是公元前 490 年，於本文討論關係不大，故暫不論。

　　《左傳》哀公五年（前 490 年）：「春，晉圍柏人，荀寅，士吉射奔齊。……夏，趙鞅伐衛，范氏之故也，遂圍中牟。」《說苑·立節》：「簡子屠中牟，得而取之。」此時（前 490 年），可以肯定地認為中牟再入趙氏之手〔註53〕。

　　長子、藺：《國語·晉語九》記趙襄子受知氏攻擊而退保晉陽前，亦曾有人建議他退保長子，因為「長子近，且城厚完」。長子位於今山西長子西南。

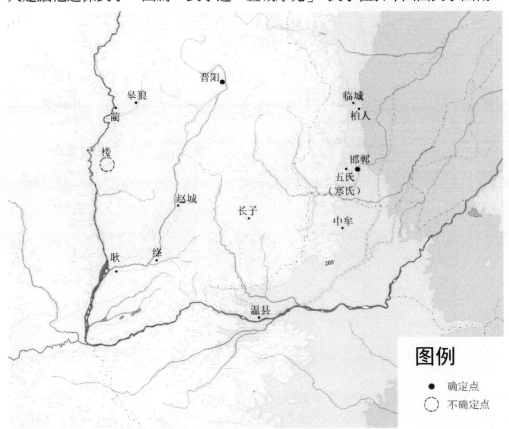

圖 1-1　春秋末期趙氏領地圖

〔註52〕楊伯峻：《春秋左傳注》，北京：中華書局，1981 年，第 1630 頁。
〔註53〕關於中牟春秋時期的歸屬問題，可詳見白國紅《試析春秋戰國之交趙氏對中牟的經營》，《邯鄲職業技術學院學報》，2007 年第 2 期，第 10～13 頁。

《戰國策・趙一》:「知伯說,又使人之趙,請蔡(當為「藺」之訛)、皋狼之地,趙襄子弗與。」〔註54〕此「蔡」字,鮑本作「藺」。元吳師道指出:「恐名偶同。《漢志》西河郡有皋狼縣,又有藺縣。『蔡』或為『藺』字訛。」後世皆持此說,此說當是。藺位於今山西呂梁市離石區西。

由上可知,長子、藺在趙襄子時期屬趙,這種歸屬可能早到趙簡子時期。

綜合上面的內容,可以對趙襄子建國前的趙氏領地有一個大致的判斷,即有趙城、皋狼、耿、屏、樓、絳(或一部分)、溫、寒氏、晉陽、邯鄲、柏人、臨、中牟、長子、藺。這樣趙氏就分別形成了以晉陽和邯鄲為核心的兩大區域。這樣看來,趙氏如果發展,西邊的黃河,構成天然阻礙,南邊則是魏、韓、晉君的勢力範圍,也是不宜與之發生衝突的。於是,趙氏發展空間一是向北方廣闊的少數民族盤踞的區域突破,另外則是向東挺近中原。觀之趙氏建國後早期的發展戰略及疆域拓展,正是如此。〔註55〕

二、趙國初期的疆域拓展

本節討論的時間範圍始於公元前 475 年趙國建國,迄於公元前 386 年趙敬侯即位遷都邯鄲,期間共歷趙襄子(前 475 年～前 425 年)、趙桓子(前 424 年)、趙獻侯(前 423 年～前 408 年)、趙烈侯(前 408 年～?)、趙武公(?～前 386 年)。

(一)趙襄子時期

1. 平復中牟之亂

公元前 475 年,趙簡子去世,太子毋恤代立,是為趙襄子。趙襄子即位後的第一件事,就是收復趙簡子剛去世就再次離趙入齊的中牟。

《韓詩外傳》:

昔者趙簡子薨而未葬,而中牟畔之。既葬五日,襄子興師而攻之,圍未匝,而城自壞者十丈。襄子擊金而退之。軍吏諫曰:「君誅中牟之罪而城自壞,是天助也。君曷為而退之?」襄子曰:「吾聞之於叔向曰:『君子不乘人於利,不厄人於險。』」使脩其城然後攻之。中牟聞其義而請降,曰:「善哉!襄子之

〔註54〕(西漢)劉向集錄:《戰國策》卷十八《趙一》「知氏帥趙韓魏而伐范中行氏」,上海:上海古籍出版社,1985 年,第 587 頁。
〔註55〕張龍鳳:《春秋末期趙氏領地考》,《邯鄲學院學報》,2017 年第 1 期,第 17～21 頁。

謂也。」〔註56〕

此事，《淮南子‧道應訓》亦有記載：

趙簡子死，未葬，中牟入齊（注曰：「中牟自入臣於齊也。」）。已葬五日，襄子起兵攻圍之，未合而城自壞者十丈。襄子擊金而退之。軍史諫曰：「君誅中牟之罪而城自壞，是天助我，何故去之？」襄子曰：「吾聞之叔向曰：『君子不乘人於利，不迫人於險。』使之治城，城治而後攻之。」中牟聞其義，乃請降。〔註57〕

春秋時，中牟地處在晉（趙氏）、齊、衛三國要衝，曾在晉（趙氏）、衛間易手，進入戰國，在趙襄子新立、國勢不穩的時候，中牟又趁機叛入齊，又成功被趙收復。趙國於是獲得了一個向中原發展的前沿陣地。

2. 北上滅代以及以磨笄山為切入點的代域研究

在平復了中牟之亂後，趙襄子又馬上實施了北上滅代的計劃。

據《史記》，趙簡子時期即萌生了滅代的意圖，並因此廢立太子。趙簡子最初所立的太子是伯魯，當時毋恤（即後來的趙襄子）因是庶出而備受歧視。趙簡子為了考察兒子們的能力，「乃告諸子曰：『吾藏寶符於常山上，先得者賞』。諸子馳之常山上，求，無所得。毋恤還，曰：『已得符矣。』簡子曰：『奏之。』毋恤曰：『從常山上臨代，代可取也。』」《史記‧趙世家》記載：「襄子姊前為代王夫人。簡子既葬，未除服，北登夏屋，請代王。使廚人操銅枓以食代王及從者，行斟，陰令宰人各以枓擊殺代王及從官，遂興兵平代地。」

（1）學者關於代國地域範圍的討論

關於春秋時期代國的範圍，主要有以下諸說：（1）沈長雲認為代所轄的地域，約當今河北懷安、蔚縣以西，山西陽高、渾源以東一帶，控制著河北的西北部及山西的東北部地區；〔註58〕（2）雁俠在探討趙國疆域問題時，指出通常所言在今河北蔚縣，不確。並依據《史記‧趙世家》、《戰國策‧趙策》等記載，認為代地範圍大致南至常山（今北嶽恒山），北至無窮之門（今河北省張北縣南），東有樂徐（今河北省易縣西南）、濁鹿（今河北淶源）等，西有平陰（今山西省陽高縣東南）以西。

〔註56〕許維遹：《韓詩外傳集釋》，北京：中華書局，1980年，第231～232頁。
〔註57〕何寧撰：《淮南子集釋》，北京：中華書局，1998年，第858～859頁。
〔註58〕沈長雲、魏建震等：《趙國史稿》，北京：中華書局，2000年，第32頁、113頁。

　　以上兩種看法中，沈長雲沒有詳細交待推斷的過程；雁俠的推論所依據的材料本不屬同一時期，早至建國之君——趙襄子時期，晚至趙國末期，跨越的時間範圍太大，他所指出的常山就是今天的北嶽恒山也尚存爭論〔註59〕。西漢賈誼《新書‧退讓篇》稱代「無國都處所，俗逐水草，無城郭宮室」。拉鐵摩爾在談到這一問題也說：「這裡（代地）的地勢較高，土地零碎，不利於灌溉。這裡很可能是舊的少數民族在被漢族從肥沃的河谷地區趕出來，開始轉變成新的少數民族——後世的真正游牧民族——的地點。」〔註60〕游牧民族的生活機動性很強，因此討論它的地域範圍，不能一概而論。

　　（2）代國地域範圍探討——以摩笄山（或稱磨笄山）地望為切入點

　　對於我們研究代國地域範圍頗為有益的是《史記‧趙世家》中關於趙襄子滅代的一段話：「（趙）襄子姊前為代王夫人。簡子既葬，未除服，北登夏屋，請代王。使廚人操銅枓，以食代王及從者，行斟，陰令宰人各以枓擊殺代王及從官，遂興兵平代地。其姊聞之，泣而呼天，摩笄自殺，代人憐之，所死地名之為摩笄之山。」正義云：笄，今簪也。又引《括地志》云：「摩笄山，一名磨笄山，亦名為〔鳴雞〕山，蔚州飛狐縣東北百五十里。」又引《魏土地記》云：「代郡東南二十五里有馬頭山，趙襄子既殺代王，使人迎其婦，代王夫人曰：『以弟慢夫，非仁也；以夫怨弟，非義也。』磨笄自刺而死，使者遂亦自殺。」

　　《水經注》卷十三《㶟水》篇云：

　　於延水又東南，逕茹縣故城北，王莽之穀武也。世謂之如口城。《魏土地記》曰：城在鳴雞山西十里，南通大道，西達寧川，於延水又東南逕鳴雞山西。《魏土地記》曰：下洛城東北三十里有延河，東流，北有鳴雞山。《史記》曰：趙襄子殺代王於夏屋而並其土，襄子迎其姊於代，其姊代之夫人也，至此曰：代已亡矣，吾將何歸乎？遂磨笄於山而自殺。代人憐之，為立祠焉。因名其山為磨笄山，每夜有野雞群鳴於祠屋上，故亦謂之為鳴雞山。《魏土地記》云：代城東南二十五里有馬頭山，其側有鍾乳穴。趙襄子既害代王，迎姊姊代夫人，夫人曰：以弟慢夫，非仁也；以夫怨弟，非義也。磨笄自刺而死。使

〔註59〕具體可見梁勇：《再論北嶽恒山地望及其歷史變遷——兼與王暢同志商榷》，《中國歷史地理論叢》，2004 年第 1 期，第 149～155 頁；王暢：《晉冀恒山之爭與中國山嶽文化》，《河北學刊》，2002 年第 6 期，第 145～148 頁。

〔註60〕拉鐵摩爾著，唐曉峰譯：《中國的亞洲內陸邊疆》，南京：江蘇人民出版社，2005 年，第 268 頁。

者自殺。民憐之，為立神屋於山側，因名之為磨笄之山。未詳孰是？

　　從這段話可以看出，代王夫人自殺之處——摩笄山當屬代地無疑，摩笄山對於春秋戰國之際代國的地域範圍的判定有很大的關係，那麼考辯摩笄山地望就很有必要和意義了。

　　《戰國策・燕策一》張儀說：「代王腦塗地，其姊聞之，摩笄以自刺也。故至今有摩笄之山，天下莫不聞。」〔註61〕這句話大略可以說明在戰國時期摩笄山的地望還是清晰的。《水經注》引《魏土地記》曰：「城在鳴雞山西十里，南通大道，西達寧州，於延水又東南徑鳴雞山西。魏土地記曰：下洛城東北三十里有延河東流，北有鳴雞山。《史記》曰：趙襄子殺代王於夏屋而並其土，襄子迎其姊於代，其姊代之夫人也，至此曰：『代已亡矣，吾將何歸乎？』遂磨笄於山而自殺，代人憐之，為立祠焉。因名其山為磨笄山，每夜有野雞羣鳴於祠屋上，故亦謂之為雞鳴山。《魏土地記》云：代城東南二十五里有馬頭山，其側有鍾乳穴，趙襄子既害代王，迎姊姊代夫人，夫人曰：以弟慢夫，非仁也；以夫怨弟，非義也。磨笄自刺而死。使者自殺。民憐之，為立神屋於山側，因名之為磨笄山。未詳孰是。」《魏土地記》是成書於三國魏時的地理著作，說明至遲在三國時期，對磨笄山的認識已經出現分歧，北朝地理學家酈道元也沒有搞清楚磨笄山到底是哪座山。這以後的史書，或執一說，或模稜兩可。如《魏書》卷十三〔註62〕、李昉《太平御覽》卷四十五〔註63〕、樂史《太平寰宇記》卷七十一「懷戎縣」條〔註64〕、《明一統志》卷五保安州「山

〔註61〕　（西漢）劉向集錄：《戰國策》卷二十九《燕一》「張儀為秦破從連橫謂燕王」，上海：上海古籍出版社，1978年，第1050頁。

〔註62〕　（北齊）魏收：《魏書》卷十三：「高宗乳母常氏，本遼西人，太延中，以事入宮，世祖選乳高宗，慈和履順，有劬勞保護之功，高宗即位，尊為保太后，尋為皇太后，謁於郊廟，和平元年崩，詔天下大臨三日，諡曰昭，葬於廣寧磨笄山，俗謂之鳴雞山。」北京：中華書局，1974年，第327頁。

〔註63〕　（宋）李昉等：《太平御覽》卷四十五：「鳴雞山，《隋圖經》曰鳴雞山，在懷戎縣東北，本名磨笄山，昔趙襄子殺代王，其夫人曰代已亡矣，吾將何歸，遂磨笄於山而自殺，代人憐之，為立祠焉，因以名其山為磨笄山，每夜有野雞群鳴於祠屋上，故亦謂為鳴雞山。」北京：中華書局，1960年，第218頁。

〔註64〕　（宋）樂史：《太平寰宇記》卷七十一「懷戎縣」條下：「雞鳴山，在縣東北七十里，本名磨笄山，昔趙襄子殺代王，夫人曰：『代已亡矣，吾將何歸？』遂磨笄於山而自殺。代人憐之，為立祠焉，因名其山為磨笄山。每夜有野雞群鳴於祠屋上，故亦謂之鳴雞山。後魏武成帝太后墓於山麓。」臺北：文海出版社，1980年，第543頁。

川」條〔註65〕、《畿輔通志》卷二十宣化府「雞鳴山」條等皆從雞鳴山立說。另外,《中國歷史地圖集》第一冊春秋「北燕」圖(28)、戰國「諸侯稱雄形勢(公元前350年)」圖(33~34)、戰國「燕」圖(41~42)等〔註66〕也將「摩笄山」標在了今涿鹿東北的鳴雞山處。而《元和郡縣圖志》卷十八「飛狐縣」條〔註67〕、《太平寰宇記》卷五十一「飛狐縣」條〔註68〕、明代尹耕《磨笄山辨》〔註69〕、《趙國史稿》〔註70〕等卻認為蔚縣東南的馬頭山才是磨笄山的所在。其中《磨笄山辨》贅引如下:

磨笄之辨,諸家不同,有謂在保安州東,即雞鳴山者;有謂在飛狐縣東北百五十里者;有謂在山東濟南府長清縣者。要皆求之於典籍文字之間,而不稽之於道里徒步之下,是故語意近真而指謫各異,考者轉增疑惑,莫可較一也。夫代為蔚地,其去濟南遼絕甚矣。長清之山,本名馬頭,無可辨也。雞鳴在蔚東北百五十里,其去恒山,則又倍之。豈所謂自上臨下,可見之地邪?況保安,上谷屬也,春秋之際,在外據之,元非代壤,而謂夫人者,望夫於此,自殺於此,不亦繆哉。考之《魏土地記》曰:「磨笄山,在代郡東

〔註65〕 (明)李賢等撰:《明一統志》卷五保安州「山川」條下:「磨笄山,在州城西北二十里。按《史記》,趙襄子姊為代王夫人,襄子既殺代王,迎其姊,夫人曰:代已亡矣,吾將何歸?遂磨笄自殺,百姓憐之,為立廟,因以名山。又唐太宗北伐至此,聞雞鳴,故又名雞鳴山。胡曾詩:春草綿綿帶日低,山邊立馬看磨笄。黃鶯也解追前事,來向夫人死處啼。金趙秉文詩:煙蒸山腹晴猶濕,河帶冰絲暖漸流。獨上雞鳴看日出,五雲多處是皇州。」《文淵閣四庫全書》(第472冊),臺北:臺灣商務印書館,第147頁。

〔註66〕 譚其驤主編:《中國歷史地圖集》第一冊(原始社會 夏 商 周 春秋 戰國時期),北京:中國地圖出版社,1982年。

〔註67〕 (唐)李吉甫:《元和郡縣圖志》卷十四河東道三蔚州「飛狐縣」:「磨笄山,在縣東北一百五十里。趙襄子姊為代王夫人,襄子既殺代王,迎其姊。夫人曰:『以弟慢夫,非仁也;以夫怨弟,非義也。』磨笄自刎,百姓閔之,為立祠。」北京:中華書局,1983年,第406頁。

〔註68〕 (宋)樂史:《太平寰宇記》卷五十一「飛狐縣」條下:「磨笄山,一名靡笄山,在縣一百五十里,《史記》趙襄子姐為代王夫人,襄子既殺代王,迎其姊,夫人曰:『以弟慢夫,非仁也;以夫怨弟,非義也。』磨笄自刎,百姓憫之,為立祠山上。今與媯川郡山相連,又《隋圖經》云:趙襄子登之以觀代國,一號看山。按代地,本姜姓之國,周末強大,在七國前稱王,以今雲中,馬邑,五原,安邊,定裏,皆為代國之地焉。」 臺北:文海出版社,1980年,第412頁。

〔註69〕 見黃彭年等撰:《畿輔通志》卷一百十一尹耕《磨笄山辨》,石家莊:河北人民出版社,1985年。

〔註70〕 沈長雲等:《趙國史稿》,北京:中華書局,2000年,第114頁。

南二十五里，一名馬頭山。」夫代郡廢城在蔚城東，今其東南二十餘里，所謂馬頭山者，人人知之，但不知其即為磨笄耳，而顧他求之，可乎？又《括地志》曰：「磨笄山在飛狐縣東北。」蔚州去山近，舍之不言，飛狐去山遠，取以為較，遂使考者不循其故，不玩其微。求之於蔚東北之道里，則以雞鳴為是，求之以馬頭之名稱，則以長清為疑。蓋瑣瑣於典籍文字之間，而不於道里徒步之下也。

尹耕之辨，提出了兩個值得思考的問題，其一是認為代王夫人「望夫於此，自殺於此」的磨笄山應當在「代壤」之內。那麼，這個使代王夫人成為「天下莫不聞」的烈女的地點有無可能不在代國疆域之核心區？我們說，這種可能是有的，或者說至少可以認為在代國的疆界線一帶。因為既要望夫，則於都城宮室之所無法實現，必達於區域交界一帶（趙、代之界）方符合情理；磨笄自殺的方式，說明代王夫人的自殺應該是及時的，當得知代王已死，悲痛欲絕，容不得她選擇更有效、更體面的自殺方式（如回宮自吊），情急之下，只有拔掉身置野外時唯有的可以致命的「笄」以殉情、解脫。而《魏土地記》所謂「使人迎其婦」之「迎」，似乎暗示了趙使是於路途之上遇代王夫人的，正說明她是於便於「望夫」的國界處自殺的。代北雞鳴山非代國與趙國的界限，而今蔚縣南部的馬頭山符合這個條件。

其二，馬頭山距離故代城近，而於飛狐縣遠，著家為何捨近求遠指其所在？這可能與《元和郡縣圖志》所記唐代建置有關，但是儘管如此，飛狐縣（今淶源縣）「東北百五十里」和代城東南「二十五里」的所指恰相一致，是同一個地點。可能在《魏土地記》成書的時代，北方少數民族南下，自代南來，今大南山北的代城地位顯高，於是以之來比；《括地志》成書的時代，大南山南邊的飛狐縣因為控扼飛狐古道，中原唐王朝放眼北塞外，自飛狐古道南部北進，飛狐縣地位反高，或將馬頭山劃歸飛狐縣，故以之比較。

如果我們將磨笄山的地望與代國疆界聯繫在一起，則唯一可行的方法就是從考古資料那裡取得一定的信息。關於從考古學上指認代國地域的問題，前人已做過一些探索工作。新近，林澐先生在探討匈奴族源的文章中旁及「磨笄山」的問題，林先生把春秋晚期到戰國時代的北方民族遺存從地域上分了六個區，其中 A 區包括「河北北部桑乾河河谷中圍繞燕然山的地區」。並認為 A 區考古遺存「從時代和地望來看，實際上應該是被趙國所滅的

『代』。」〔註71〕

林先生也根據代國的界域進一步談到了磨笄山的地望問題，指出：「……春秋時代的代國地望，歷來史家都據漢代的代縣所在地定在今蔚縣一帶，即桑乾河谷地的西部。但是……磨笄山的所在地，據《水經注》漯水（即今桑乾河）條引《魏土地記》的記載，有兩種不同的傳說，一說在今蔚縣以東；一說在今涿鹿東北，為燕然山西南端的雞鳴山（早期稱鳴雞山，引者），兩地均有為代王夫人所建的祠屋。如果春秋的代國確實在蔚縣地區，為什麼在燕然山地區會出現另一個民間流傳的磨笄山呢？現在我們既然已經在燕然山地區發現了直到春秋之際非常發達而突然衰落的遺存群，而且在蔚縣地區已作過比較詳細的考古調查，尚未發現類似情況，自然應該承認雞鳴山才是正宗老牌的磨笄山，而蔚縣以東那一座是後起的冒牌貨。《水經注》引西漢時梅福上事之言：『代谷者，恒山在其南，北塞在其北。谷中之地，上谷在東，代郡在西。』可見漢代仍把整個桑乾河谷地統稱為代谷，把春秋的代確定在這個河谷的東部，和古代的地理概念是毫無矛盾的〔註72〕。」看來，林澐先生是把磨笄山定在今涿鹿東北的燕然山的。但代國的疆域可能並不僅是「代谷」的東部，詳見下文。

考古學上的代文化到底是哪些遺存？其地域分布又如何？截至目前，在可能的代國地域範圍內，發現的春秋中期至戰國中期的考古遺存，以墓葬資料為多，主要有：北京市延慶縣靳家堡鄉玉皇廟、葫蘆溝、西梁垙（音光）、故城村、龍慶峽別墅工程〔註73〕、西撥子〔註74〕，河北懷來縣甘子堡

〔註71〕林澐：《關於中國的對匈奴族源的考古學研究》，《林澐學術文集》，北京：中國大百科全書出版社，1998年，第 377～378 頁。該文是在 1992 年 8 月呼和浩特召開的中國古代北方民族考古文化國際學術研討會上宣讀的論文，初載於《內蒙古文物考古》，1993 年，第 1、2 期合刊。

〔註72〕林澐：《關於中國的對匈奴族源的考古學研究》，《林澐學術文集》，北京：中國大百科全書出版社，1998年，第 378 頁。該文是在 1992 年 8 月呼和浩特召開的中國古代北方民族考古文化國際學術研討會上宣讀的論文，初載於《內蒙古文物考古》，1993 年，第 1、2 期合刊。

〔註73〕北京市文物研究所山戎文化考古隊：《北京延慶軍都山東周山戎部落墓地發掘記略》，《文物》，1989 年第 8 期，第 17～35 頁（下轉第 43 頁）；北京市文物研究所：《北京考古四十年》，北京：燕山出版社，1990 年；靳楓毅：《軍都山山戎文化墓地墓制及主要特徵》，《遼海文物學刊》，1991 年第 1 期，第 61～73 頁；靳楓毅：《歷經五年艱苦調查與發掘——北京軍都山東周山戎文化考古取得重要成果》，《北京考古》，1990 年第 3 期；北京市文物研究所：《龍慶峽別墅工程發現的春秋時期墓葬》，《北京文物與考古》（第 4 輯），1994 年。

〔註74〕北京市文物管理處：《北京市延慶縣西撥子村窖藏銅器》，《考古》，1979 年第

村〔註 75〕、北辛堡村〔註 76〕，河北宣化縣李家堡鄉小白陽村〔註 77〕、黃土坡，河北張家口市龐家堡區白廟鄉白廟村〔註 78〕、宣化區泥河子村〔註 79〕，河北涿鹿縣倒拉嘴村〔註 80〕。這些遺存主要分布在延慶—懷來盆地、張家口—宣化盆地、桑乾河河谷地帶，屬於冀北山地的西部。

　　楊建華先生對這些考古遺存作過深入的研究，她在《春秋戰國時期中國北方文化帶的形成》〔註 81〕一書中，根據地理特徵和文化面貌，將中國北方的長城沿線一帶分成了三個大區，即以隴山為中心的甘肅寧夏地區，以鄂爾多斯高原、岱海為主的內蒙古地區和以桑乾河、燕山為中心的冀北地區。上述諸考古遺址就位於她所劃分的冀北地區中以懷來、延慶、張家口為代表的西區，並同意靳楓毅先生〔註 82〕對這批文化遺存的命名，叫玉皇廟文化。楊先生又結合歷史事件和代國與中山國皆為「狄人」建立的國家這一條件，通過對這批墓葬資料同中山國考古遺存的比較，發現二者之間相似性不少，於是認為玉皇廟文化的族屬應該就是歷史文獻上的代國。

　　楊先生又根據玉皇廟文化墓葬所出土的格式刀、劍和動物飾牌的變遷脈絡，將這批墓葬分成了早、晚、末三期，如下表：

3 期，第 227～230 頁。

〔註 75〕賀勇、劉建中：《河北懷來甘子堡發現的春秋墓群》，《文物春秋》，1993 年第 2 期，第 23～40 頁。

〔註 76〕河北省文物局文物工作隊：《河北懷來北辛堡戰國墓》，《考古》，1966 年第 5 期，第 231～242 頁。

〔註 77〕張家口市文管所、宣化縣文化館：《河北宣化縣小白陽墓地發掘報告》，《文物》，1987 年第 5 期，第 41～51 頁。

〔註 78〕張家口市文物事業管理所：《張家口市白廟遺址清理簡報》，《文物》，1985 年第 10 期，第 23～30 頁；另外，中國社會科學院考古研究所和吉林大學考古專業於 1979 年對白廟遺址進行過發掘，資料尚未發表。

〔註 79〕張學武、陶宗冶：《河北張家口市泥河村出土一批青銅器》，《文物》，1985 年第 4 期。

〔註 80〕陳信：《河北涿鹿縣發現春秋晚期墓葬》，《文物春秋》，1999 年第 6 期，第 31～32 頁。

〔註 81〕楊建華：《春秋戰國時期中國北方文化帶的形成》，北京：文物出版社，2004 年，第 63～83 頁。

〔註 82〕靳楓毅：《軍都山玉皇廟墓地的特徵及其族屬問題》，《蘇秉琦與當代中國考古學》，北京：科學出版社，2001 年，第 194～213 頁。

表 1-1　冀北地區東周墓葬的分期與年代表

分　期	西　區	東　區	年　代
早期	小白陽、甘子堡、倒拉嘴、龍慶峽 M36、軍都山早期	三道營子、下旬子、燊子溝、窯上	春秋中期
晚期	白廟、軍都山晚期、龍慶峽 M30 和 M32、黃土坡	梨樹溝門	春秋晚期到戰國早期
末期	北辛堡	炮台山	戰國中期

（據楊建華《春秋戰國時期中國北方文化帶的形成》）

　　從這個分期和各期遺址的分布看，在地域上還是有一定變化的。早期玉皇廟文化的分布較廣，包括今延慶—懷來盆地、宣化盆地、涿鹿縣桑乾河谷地；晚期與早期相比，南部有所收縮，減少了涿鹿縣桑乾河谷地，而向西北擴展到今張家口市區一帶；末期只發現有懷來北辛堡遺存。

圖 1-2　代國形勢及摩笄山地望示意圖

　　這種時空變遷，可能與當時的歷史事件不無關係。早期玉皇廟文化的分布相對廣泛，可以說佔據今張家口地區的中南部（當然包括蔚縣）、北京市的延慶縣一帶，從文獻上看，這時的代國可能還包括今山西省的東北部一帶。《太平寰宇記》卷五十一飛狐縣「磨笄山」條下引「《隋圖經》云：趙襄子登之以觀代國，一號看山。按：代地，本姜姓之國，周末強大，在七國前稱王，以今雲中，馬邑，五原，安邊，定襄，皆為代國之地焉。」言「雲中、五原」似乎過於遙遠，但「定襄、馬邑」緊接今張家口地區西陲，當有可能是代域。（參見圖 1-2）

　　楊先生劃分的玉皇廟文化晚期為「春秋晚期到戰國早期」，正是代國遭受南方趙國的進攻、進而被其覆滅政權的時期。所以，這時代表張家口南部地區的涿鹿倒拉嘴村早期遺存的消失，表明桑乾河河谷地段似乎已經被代人放棄，因為這裡緊臨南方的趙國，《趙世家》云：「從常山上臨代，代可取也。」所臨之代域當是作為代國南疆的桑乾河及其支流壺流河河谷區。在戰國早期，這裡當屬趙國所有。而此前代王夫人南望代王、摩笄自殺之處，按照常理，當在代國南部與趙國交界一帶，即今大南山為是。而不大可能奔走於近乎代國北疆的今燕然山望代王，這不是南轅北轍嗎？

　　末期是戰國中期，此時燕國已向北方推求領地，迫使代人又放棄了延慶盆地的區域，在燕、趙兩方的夾擊下，只能龜縮於今懷來縣一帶。玉皇廟文化末期只發現的北辛堡墓地可能就是一種暗示。〔註83〕

　　至於趙氏滅代的進軍路線，考慮到當時飛狐道為代所有，趙取飛狐道攻打代似乎不易，所以推測趙軍越過夏屋山，沿桑乾河而上，再順其支流壺流河至其南岸的蔚縣。趙國滅代，飛狐道隨之為趙所有。

　　需要說明的是，就確立的滅代的計劃，到趙襄子時期滅代，可見代在趙國發展戰略中的重要地位。趙佔領代之後，獲取了土地和人口，疆域範圍拓展到今大同盆地及桑乾河流域的蔚縣盆地。代地與樓煩等少數民族相鄰，且南面中山國，這為趙國進攻中山提供了良好的地理條件。且代地產馬，人民善於騎射，《戰國策》記載：「此代馬胡駒不東，而崑山之玉不出也。」〔註84〕

〔註83〕張龍鳳：《從考古資料看「摩笄山」之地望》，《北方文物》，2007 年第 3 期，第 79～84 頁。

〔註84〕（西漢）劉向集錄：《戰國策》卷十八《趙一》「趙收天下且以伐齊」，上海：上海古籍出版社，1978 年，第 608 頁。

《史記》也有同樣記載〔註85〕，這在一定程度上增強了趙國的軍事戰鬥力量，代地遂成為趙國在北方的一個重要根據地。《史記》對此既有明言，趙武靈王在勸說公子成支持胡服騎射時曾說：「而襄主並戎取代以攘諸胡。」〔註86〕對重要的軍事要道飛狐道的控制則加強了趙與中山之間的聯繫。

3. 奪取左人及中人

《左傳》哀公六年（前489年）：「晉趙鞅率師伐鮮虞。」後又有翟封荼向趙鞅反映中山「其國數散，其君幼弱」〔註87〕等情況，說明趙鞅一直關注鮮虞中山國的國情，似欲尋找機會再次攻打。到趙襄子時，秉承父志，對鮮虞中山國展開進攻。

《國語·晉語九》：「趙襄子使新稚穆子伐狄，勝左人、中人，遽人來告，襄子將食，尋飯有恐色。」〔註88〕此事，《呂氏春秋·慎大》亦載：「趙襄子攻翟，勝左人、中人，使使者來謁之。襄子方食摶飯，有憂色。左右曰：『一朝而兩城下，此人之所以喜也，今君有憂色何？』襄子曰：『江河之大也，不過三日。飄風暴雨，日中不須臾。今趙氏之德行，無所於積，一朝而兩城下，亡其及我乎？』」

《趙世家》：「（敬侯）十一年，魏、韓、趙共滅晉，分其地。伐中山，又戰於中人。」《集解》徐廣曰：「中山唐縣有中人亭。」《正義》引《括地志》云：「中山故城一名中人亭，在定州唐縣東北四十一里，春秋時鮮虞國之中人邑也。」

《水經注》：「滱水又東，逕左人城南。應劭曰，中人城西北四十里。」下曰：「戴改中作左，城下增在唐縣三字。全改增同。守敬按：《寰宇記》唐縣下，引應劭《地理風俗記》，中人城西北四十里，有左人亭，鮮虞故邑。」〔註89〕

左人和中人均為鮮虞中山的城邑，左人在今河北省唐縣西北四五十里，

〔註85〕 《史記》卷四十三《趙世家》：「代馬胡犬不東下，崑山之玉不出。」北京：中華書局，1973年，第1818頁。

〔註86〕 （西漢）司馬遷：《史記》卷四十三《趙世家》，北京：中華書局，1973年，第1809頁。

〔註87〕 （漢）劉向撰，向宗魯校證：《說苑校證》卷十八《辨物》，北京：中華書局，1987年，第470頁。

〔註88〕 《國語》卷九《晉語》「趙襄子使新稚穆子伐狄」，山東：齊魯書社，2005年，第245頁。

〔註89〕 （北魏）酈道元注，民國楊守敬、熊會貞疏，段熙仲點校、陳橋驛復校：《水經注疏》卷十一「滱水」，南京：江蘇古籍出版社，1989年，第1053頁。

中人在今唐縣西北十餘里。趙襄子滅代後，佔據了代地重要的軍事通道——
飛狐道。這次攻打左人和中人，就極有可能是從代地出發，通過飛狐道，進
入滱水流域，沿滱水而達兩邑。此次趙國對中山城邑的攻伐，是一次試探之
舉。

（二）趙獻侯時期至趙武侯時期

經過趙襄子的經營，趙國疆域有所擴展，之後趙國進入了一個穩定調整
時期，後面的幾位國君在疆域拓展方面堪謂守成之君，幾無大動作。

趙獻侯時期將趙國都城遷到中牟。《趙世家》：「獻侯少即位，治中牟。」
《水經・沁水注》引《竹書紀年》曰：「晉烈公元年（趙獻侯九年，前 415 年），
趙獻子城泫氏。」泫氏在今山西省高平縣，當時處在魏國腹地。又獻侯十三
年（前 411 年），趙城平邑。《通鑒外紀》十：「周威烈王九年（趙獻侯十三年
〔註 90〕），齊伐趙東鄙，圍平邑。」平邑在今河北南樂縣東北。可見，在泫氏
和平邑修城，主要是防禦魏國和齊國，加強南境的防禦，起到拱衛都城中牟
的作用。

趙烈侯時，《古本竹書紀年》：「晉烈公十一年（趙烈侯四年，公元前 405
年），田悼子卒，田布殺其大夫公孫捽，公孫以廩丘叛於趙，田布圍廩丘，翟
角、趙孔屑、韓師救廩丘及田布戰於龍澤，田布敗逋。」趙於是有廩丘。

《趙世家》：「番吾君自代來。」此事記載在趙烈侯六年與九年（前 403 年
～前 400 年）間。番吾在今河北省平山縣東。由此可知，當時番吾屬趙。

小結：到戰國時，春秋趙氏遺留下來的趙城、皋狼、耿、屏、樓、絳（或
一部分）、溫、寒氏、晉陽、邯鄲、柏人、臨、中牟、長子、藺，其中的趙城、
耿、屏、樓、絳，這些地方再未見歸趙國所有。據孫繼民考證，耿當是歸魏所
有〔註 91〕，其說可信。絳，趙簡子卒後，趙襄子以晉陽為都，自是不再居絳。
《戰國策》記載：「張孟談曰：『夫董閼安于，簡主之才臣也，世治晉陽，而尹
澤（一作鐸）循之，其餘政教猶存，君其定居晉陽』。」〔註 92〕，《戰國策・
齊三》：「晉陽者，趙之柱國也。」高誘注：「柱國，都也。」另據《史記・晉

〔註 90〕沈長雲、魏建震等：《趙國史稿》，北京：中華書局，2000 年，第 132 頁。
〔註 91〕孫繼民：《戰國趙都遷耿管見》，《先秦兩漢趙文化研究》，北京：方志出版社，
　　　　2003 年，第 143～155 頁。
〔註 92〕（西漢）劉向集錄：《戰國策》卷十八《趙一》「知伯帥趙韓魏而伐范中行氏」，
　　　　上海：上海古籍出版社出版，1978 年，第 588 頁。

世家》：「（晉）幽公之時，晉畏，反朝韓、趙、魏之君。獨有絳、曲沃，餘皆入三晉。」至於趙城、屏、樓，極有可能都給了魏國。

又增加了代、左人、中人、泫氏、平邑、廩丘、番吾等地。趙襄子滅代之後，北部疆域範圍拓展到今大同盆地及桑乾河流域的蔚縣盆地，在東北部與燕、中山接壤。據《戰國策‧趙二》記載：「武靈王：『昔者先君襄主與代交地，城境封之，名曰無窮之門，所以昭後而期遠也。』」〔註93〕則趙國的極北地區到達無窮之門（今河北省張北縣南）。西北地區則與林胡、樓煩相鄰，樓煩大體分布在今山西寧武、岢嵐以西地區，林胡更在其西北，則趙國的西北界在今山西管涔、蘆芽山一線〔註94〕。西邊的幾座城邑皋狼、藺處在呂梁山脈以西、晉陝間黃河東岸的中段，南邊黃河北岸的幾個城邑則與魏、韓國呈犬牙交錯之勢。

三、趙敬侯至趙肅侯時期——從向中原擴張到收縮

這一時期起於公元前386年，迄於公元前326年，共歷三君，分別是趙敬侯（前386年～前375年）、趙成侯（前374年～前350年）、趙肅侯（前349～前326年）。趙敬侯元年（前386年）將都城由中牟遷到邯鄲，意欲向東南擴張，但遭到東南各鄰國的反抗，趙敬侯時尚能在東南有所收穫，成侯、肅侯在位的共近四十年間疆域變化較小。肅侯十七年（前333年）圍魏黃（今河南內黃）不克，便連接漳水、滏水的堤防修築南長城。

（一）趙敬侯時期（前386～前375年）

趙敬侯二年（前385年），敗齊於靈丘（今山東高唐、茌平之間）。三年（前384年），救魏於廩丘（今山東鄄城東北），大敗齊人。四年（前383年），魏敗趙兔臺。趙築剛平侵衛。兔臺，據錢穆考，魏侵趙兔臺，與趙築剛平侵衛，乃兩事，正義並說「並在河北」，未可據，沈長雲認為在今河南清豐西南，雁俠則認為似在趙東南，考察敬侯時期的一系列向東南的攻伐，筆者認為兔臺位於趙東南更為合理；剛平位於漯水南，距黃河不遠，今河南內黃、清豐之間。衛國地處中原，在趙國的東南方向，都城濮陽北瀕黃河，是黃河有名的渡口，是趙衛之間的交通通道。趙對衛這樣的弱小國家的進攻，意欲在不太耗費兵員財力的情況下擴展疆土，充實國力，徐圖發展，也有利於趙國都城邯鄲的拱衛。但

〔註93〕（西漢）劉向集錄：《戰國策》卷十九《趙二》「王破原陽」，上海：上海古籍出版社，1985年，第674～675頁。
〔註94〕沈長雲、魏建震等：《趙國史稿》，北京：中華書局，2000年，第124頁。

衛的存在，可以在趙、魏、齊之間保有一塊緩衝地帶，也是三國之間勢力制衡的一個因素，這也是衛國這樣的小國歷春秋爭霸之世，得以在戰國時期大國之間的夾縫中苟且生存的原因之一。因此，齊、魏不會對此袖手旁觀。五年（前382年），齊、魏為衛攻趙，取趙剛平。六年（前381年），借兵於楚伐魏，取棘蒲。八年（前379年），拔魏黃城。靈丘位於徒駭河北岸，今山東高唐、荏平之間。廩丘位於古濮水之北與黃河的夾角內，今山東鄆城東北。棘蒲位於今河北魏縣東南。黃城位於今河南內黃西，黃河以北，漳水之南，趙、魏在這一帶的爭奪比較激烈，黃城首當其衝。如果順次將這幾個城邑連接起來，則可以清楚地看出呈一條比較流暢的弧線，它位於趙國的東南，對趙國的統治中心——邯鄲呈拱衛之勢。（參見圖1-3）這些城邑堪稱是趙國的「衛星城」〔註95〕。

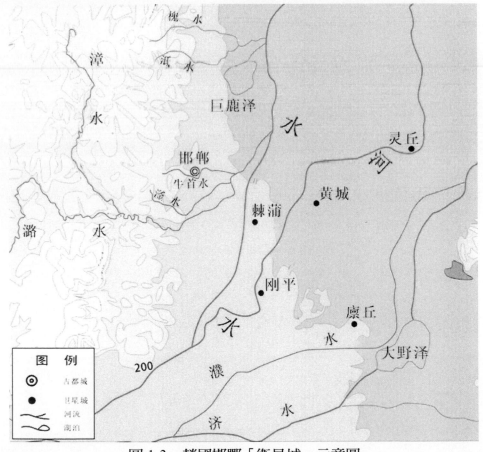

圖1-3　趙國邯鄲「衛星城」示意圖

〔註95〕沈長雲、魏建震等：《趙國史稿》，北京：中華書局，2000年，第357頁。

在東南方向的進攻告一段落後，趙敬侯進攻的目標指向中山。十年（前 377 年），與中山戰於房子。十一年（公元前 376 年）趙在與韓、魏共同滅掉晉國，瓜分了晉國領土後，再次進攻中山，戰於中人。

房子今高邑縣西南 7.5 公里的倉房村，房子不僅是中山的南部邊境城邑，而且房子還處在以邯鄲為中心的南北大道上，從邯鄲出發攻打房子非常便利，這兩點大概就是房子成為趙國攻打的首個對象的原因。沿著這條南北大道繼續往上便到了中人（今河北唐縣西南），中人是春秋時中山的中心，嘔夷水之北。趙敬侯的意圖在於佔領這兩座城邑後，即可形成對中山南北夾擊之勢。再派一路軍隊由晉陽從井陘東出太行，則呈三面包圍之勢。可惜的是，戰於中人的第二年敬侯去世了，趙國對中山的進攻隨之告一段落。

（二）趙成侯時期（前 374～前 350 年）

趙成侯三年（公元前 372 年），又向衛國進攻，取「鄉邑七十三」，魏（此時都城在安邑，今山西夏縣西北）出兵援衛，趙軍再次失利於藺。藺西鄰黃河，東面呂梁山，在今山西離石西，儘管該地很少被學者們提及，但它的地理位置十分重要，它堪稱是趙國的西部門戶，一旦藺失守，晉陽的西門戶即失守。因此藺在此後的戰爭中多次易手，這在後面會多次涉及（可參見下表）。魏此次為了援助衛國，攻打藺，也是為了牽制趙國在中原的兵力。

表 1-2　藺地事件簡表

時　　間	事　　件
公元前 455 年	知氏索藺於趙
公元前 372 年	魏敗趙於藺
公元前 351 年	秦攻趙藺
公元前 328 年	秦取趙藺
公元前 313 年	秦拔趙藺

就在趙國等國酣戰中原之際，西方的秦國崛起了，開始向東方擴張，這就使趙國有了後顧之憂，極大地牽制了趙國在中原的擴張。趙成侯四年（公元前 371 年），與秦戰於高安（今地不詳），打敗了秦國。前 351 年，秦國攻打趙國的藺，如前文所言，藺的地理位置非常重要，秦國已經認識到了這一點，但在當時，趙與秦並不直接接壤，中間隔有魏河西之地——魏國在晉陝

交界之黃河河段西岸的若干領土〔註96〕。秦國越魏渡河攻打藺，奪取了城池也很難守住，故之後藺多次易手。

　　趙成侯五年（公元前370年），伐齊於甄，甄位於黃河下游南岸，距廩丘不遠，在今山東甄城北。同年，魏在懷打敗趙國，懷位於太行山南麓、黃河北岸，處於豫北冀南的狹長地帶，位於太行山東麓南北大道上，今河南武陟西。懷深處魏國境內，卻為趙國的城邑，趙國失去了懷，疆域更加整合。趙成侯還多次與他國交換土地以調整趙國的領土和疆域。

　　還是在成侯五年，趙進攻韓國鄭（今河南新鄭）地。鄭早在春秋時即為兵家必爭之地，這是由其重要的地理位置決定的。鄭地處邯鄲所在的南北大道〔註97〕與經過雒邑（今河南洛陽）的東西大道的交匯處，堪稱交通要衝，據有鄭地，不僅是對邯鄲的拱衛，也有利於趙國勢力向中原的擴展。但鄭距離趙國很遠，且深處韓、魏包圍之中，鄭本為韓國都城，對韓國意義重大，韓必不會輕易放棄對鄭的爭奪。趙國實在沒有辦法長期占為己有，便將鄭地還給韓國，作為交換，得到了距離趙國較近的長子（今山西長治西南），長子屬於上黨地區，換得長子，長子與泫氏一起捍衛著壺口關，有利於趙國邯鄲的西部防禦。

　　趙成侯十一年（公元前364年），趙與魏交換土地，趙以深處魏國包圍中的中牟換取了繁陽。繁陽距剛平不遠，在今河南內黃西北，這一交換使趙國東南部疆域進一步得到鞏固，從這次易地還可以看出，趙遷都邯鄲後，中牟的重要性急劇下降以致被易。據《水經・洞渦水注》引《竹書紀年》：「梁惠成王九年，與邯鄲榆次、陽邑。」《太平御覽》卷一六三引《竹書紀年》：「梁惠王九年，晉取泫氏。」朱右曾《紀年存真》認為：「晉即魏也，以榆次、陽邑易泫氏也。」榆次位居太原盆地東緣，在今山西榆次，由晉陽向西、向南、向東南方向的道路都要經過榆次，交通位置如此重要的城邑卻為魏國所掌控，趙國必然不甘心如此，此次易地則遂了趙國的心願。陽邑在榆次南，今山西

〔註96〕《史記》卷一百十《匈奴列傳》曰：「（趙氏）其後既與韓魏共滅智伯，分晉地而有之，則趙北有代、句注之北，魏有河西、上郡，以與戎界邊。」北京：中華書局，1973年，第3885頁。魏之河西可分為兩部分，北為上郡。上郡，因方位得名，轄境相當於今山西洛河以東，黃梁河以北，東北到子長、延安一帶。（楊寬：《戰國史》，上海人民出版社，1998年，第677頁。）魏的雕陰、膚施等與秦接境。

〔註97〕《趙國史稿》，第248頁。

太谷東，也居太原盆地東緣，東倚太嶽山，獲得陽邑則使趙國在太原盆地增加了一個軍事據點，晉陽又增加了一個安全籌碼。

《水經・沁水注》引《竹書紀年》曰：「梁惠成王元年，趙成侯偃、韓懿侯若伐我葵。」《史記・魏世家》：「惠王元年，初，武侯卒也，子罃與公中緩爭為太子。……（韓）懿侯說，乃與趙成侯合軍並兵以伐魏，戰於濁澤，魏氏大敗。」趙成侯六年，韓趙聯軍伐魏，攻取葵，葵，距懷不遠，也位於河內。之後趙韓聯軍又在濁澤大敗魏軍，濁澤在今河南新鄭、禹縣之間。在與齊、衛的戰爭中，趙一直處於進攻態勢。趙成侯七年（公元前 368 年），趙出兵侵齊，至齊長城，從趙到齊長城，趙需要渡過黃河，還要渡過濟水。齊長城北側的臨淄出土過趙國的銅鈹。這也許就是趙國曾到於此的證明。〔註 98〕趙成侯九年（公元前 366 年），趙國與齊國戰於阿下（今山東陽谷東北），阿下位於黃河北岸，與齊長城在一條線上，趙國這個時期對齊的攻伐大略就在這一線上。

趙成侯十年（公元前 365 年），攻衛，取甄，甄位於黃河下游北岸與濮水的夾角之內，在今山東鄄城北。公元前 354 年，趙國出兵進攻衛國，攻取漆（今河南長垣西北）、富丘（未詳所在）。魏國救衛國，敗趙於三梁〔註 99〕。趙成侯十一年（公元前 364 年），秦攻魏，趙救之石阿，據錢穆考，在今山西隰縣北。十二年（公元前 363 年），秦攻魏少梁（今陝西韓城南），趙救魏。儘管趙兩次救魏，但魏還是於第二年發動了澮（今山西翼城東南澮山下）的戰爭。此事戰國策亦有記載，《戰國策・魏一》「魏公叔痤為魏將」：「魏公叔痤為魏將，而與韓、趙戰澮北，禽樂祚。」可見，戰爭當在澮水之北發生。澮水源出今山西翼城縣東南澮山下，故名。經絳縣、曲沃、侯馬、新絳入汾河。當時趙西南境大致與魏以澮水為界。魏緊接著攻取了距澮東部不遠皮牢（今山西翼城東北）。接下來發生了一系列的會盟活動。首先是趙成侯十三年（公元前 362 年），成侯與韓昭侯遇上黨；十七年（公元前 358 年），成侯與魏惠王遇葛孽（今河北肥鄉西南）；十九年（公元前 356 年），與齊、宋會平陸（今

〔註 98〕 孫敬明，《長城在齊國軍事防禦戰略中的地位》，《泰山學院學報》，2005 年第 4 期，第 22～27 頁。

〔註 99〕 （西漢）司馬遷：《史記》卷七十二《穰侯列傳》：「昔梁惠王伐趙，戰勝三梁。」北京：中華書局，1973 年，第 2325 頁；還可見《戰國策》卷二十四《魏三》「秦敗魏於華走芒卯而圍大梁」，上海：上海古籍出版社，1978 年，第 854 頁。

山東汶上），與燕會阿（河北安新縣安州鎮）。趙和韓因地域不連而矛盾較緩〔註100〕，面對魏國咄咄逼人的攻勢，為了獲取韓國的支持，趙在上黨與韓昭侯會面，上黨當時屬韓地，雙方會面的地點大概是成侯五年換取的長子。這次會面是很成功的，第二年，趙便助韓攻秦，不過關於這次戰事史書沒有過多的記載。這一時期，會盟的主要目的是為了緩和矛盾，求同存異，共存發展，而會盟地的選擇更是顯示出了友好公平。平陸即是一個絕好的例子，平陸距趙、齊、宋政治中心的距離基本是相等的。（參見圖 1-4）成侯與魏和燕的會盟地葛孽和阿則處於兩國邊境處，這些會盟地符合戰國時期選擇會盟地的規律。趙與魏的會盟僅獲得了短暫的關係緩和，公元前 355 年，魏獻趙榮椽，但在公元前 354 年，魏國即發兵圍趙邯鄲。

邯鄲南面的漳水又不足構成阻礙，東面也無險可守。從魏到邯鄲也非常便利，沿太行山東麓的南北大道即可到達邯鄲。趙國的中原擴張嚴重威脅了魏國的利益，兩國矛盾白熾化，最終導致了邯鄲之難。有學者據魏克邯鄲而不亡，對遷都邯鄲的時間提出了質疑，認為是趙肅侯時遷都邯鄲而非敬侯遷都。鍾鳳年對此觀點進行了駁斥，「按昔人每觀一國之首都失，便意謂其國即亡，最為治地理者之通病。殊弗知趙之邯鄲乃位於其國東南端，而全境亦為當時之大國，一部失安能便牽動通體？且如楚昭王失其郢於吳，頃襄王又失之於秦，燕王噲失薊於齊，齊湣王失臨淄於燕，同時兼各喪他地甚多，而俱未即亡。則趙僅失一邯鄲，何所見而獨應傾覆？」〔註101〕通俗地講，國都被攻佔，但只要國家機器還在運轉，就不算亡國。於是有學者提出了趙國當時存在一個陪都，這個陪都最早即是魏國獻榮椽而建的檀臺，後來被稱為信宮、信都，李公緒《趙記》〔註102〕云：「趙孝成王造檀臺，有宮，為趙別都，以朝諸侯，故曰信都。」位於今河北永年縣，在河北永年縣已發現了可以認為是當時信都的遺址。〔註103〕公元前 351 年，魏趙在漳水訂立盟約歸趙邯鄲，雙

〔註100〕侯廷生：《淺論戰國時代趙與韓魏的關係》，《趙國歷史文化論叢》，石家莊：河北人民出版社，第 308～311 頁，引文見 309 頁。
〔註101〕鍾鳳年：《戰國疆域變遷考序例》，《禹貢》半月刊第六卷第十期，臺灣大通書局印行，第 326～342 頁。
〔註102〕（宋）樂史撰：《太平寰宇記》卷五九河北道八「龍岡縣」，臺北：文海出版社，1980 年，第 465 頁。
〔註103〕孫繼民，《關於戰國趙都城的幾個問題》，《河北學刊》，1986 年第 6 期，第 49～52 頁，引文見第 52 頁。

方選擇在漳水會盟，應該是出於漳水處在兩國邊境上的考慮，另一方面就是雙方沿太行山東麓的南北大道抵於漳水都比較方便。

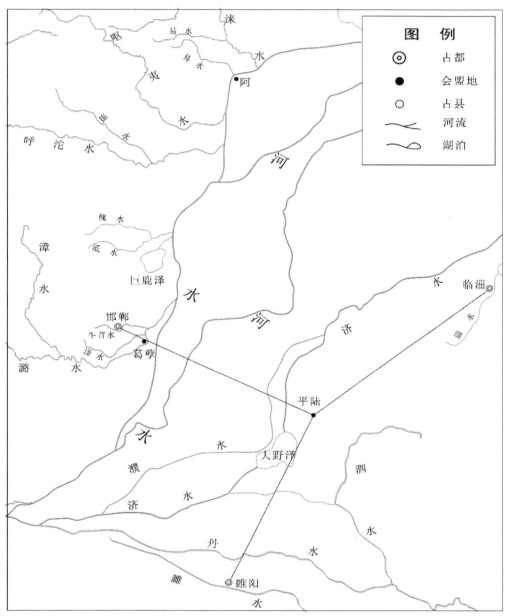

圖 1-4　趙成侯時期會盟地示意圖

　　據《水經・濁漳水注》：「漳水又東北逕列人縣故城南。《竹書紀年》惠成王八年（前 362 年），魏伐邯鄲，取列人者也。」列人位於今河北省肥鄉縣東北。又據《水經・濁漳水注》：「白渠古瀆又東逕肥鄉縣故城北，《竹書紀年》

曰：『梁惠王八年（前362年，趙成侯十三年），伐邯鄲，取肥』者也。」此肥城在今河北省邯鄲市肥鄉西。可知，是年魏攻取了趙國的列人和肥兩座城邑。

（三）趙肅侯時期（前349～前326年）

趙肅侯早期仍然謀求向中原地區的擴展，肅侯六年（前344年），攻克了齊國的高唐，高唐春秋時期即為齊邑，據《左傳》襄公十九年杜預注：「高唐在祝柯縣西北。」祝柯，春秋邑名，漢始於其地置祝阿縣。杜氏所說祝柯縣當即祝阿縣。其縣在今山東長清縣東北界，也即在禹城及齊河縣東南。故清《嘉慶重修一統志》謂高唐故城，在禹城縣西南四十里，恰與杜注一致。清禹城縣即今縣，高唐故城應在今高唐縣東、禹城縣西南四十里處。高唐因處於齊國西界，戰亂頻繁。如《史記·齊太公世家》莊公元年（前553年）：「晉聞齊亂，伐齊，至高唐。」〔註104〕《史記·晉世家》也記載：平公十年（前548年）「晉因齊亂，伐敗齊於高唐去，報太行之役也。」〔註105〕又如《左傳》哀公十年（前485年）曰：晉趙鞅帥師伐齊，「取犁及轅，毀高唐之郭，侵及賴而還。」戰國初三家分晉，趙與齊接壤，高唐在界上，趙國想由此進攻齊國，齊於此駐重兵防守，高唐成了齊國西部邊境上的軍事重鎮。據《史記·田敬仲完世家》，齊威王二十四年（趙肅侯十九年）威王曰：「吾臣有盼子者，使守高唐，則趙人不敢東漁於河。」〔註106〕這句話透露出三條信息：①說明高唐當時地處黃河東岸，而且離河很近；②說明當時齊、趙以河水為界；③說明高唐當時是齊國防禦趙國入侵的重要門戶。此外，其中提到盼子守高唐，則該地當時屬齊無疑，結合前文，可以知道至遲十九年，高唐復歸齊。

肅侯十七年（前333年），趙國對齊國與魏國相互稱王極為不滿，便出兵包圍了魏國的黃邑，沒有攻克。由前述可知，魏黃城在敬侯八年為趙所取。故推測後黃邑又歸魏，因此才在肅侯十七年再圍之。黃邑故址，在今河南內黃境內，是魏國靠近漳水的要邑，逾漳滏而北，就是趙的都城邯鄲。趙肅侯欲圍而克之，恐怕也是為了解除它對邯鄲的威脅。除了黃邑之外，鄴（今河

〔註104〕　（西漢）司馬遷：《史記》卷三十二《齊太公世家》，北京：中華書局，1973年，第1500頁。

〔註105〕　（西漢）司馬遷：《史記》卷三十九《晉世家》，北京：中華書局，1973年，第1684頁。

〔註106〕　（西漢）司馬遷：《史記》卷四十六《田敬仲完世家》，北京：中華書局，1973年，第1891頁。

北省磁縣東南鄴鎮）也是魏國在漳水南岸的主要城邑，比黃更靠近邯鄲。自
從魏文侯派遣西門豹為鄴令後，鄴大治，成為魏國北部的軍事重鎮，對趙都
邯鄲構成嚴重威脅，「蓋鄴治則邯鄲危，其勢實不容並存」〔註107〕。魏國常以
這兩座城邑為軍事據點發動對趙國的進攻，直逼邯鄲。且縱觀自趙敬侯四年
到肅侯十七年這五十一年間，趙、魏之間大小戰爭達十三次之多，趙敗了九
次。既然難以取勝，只得採取防禦手段，故而趙國在南界修築長城已成必然
之勢。

　　楊寬以為此長城是由漳水、滏水的堤防接連擴建而成的。據今人考證，
此長城在漳水北岸，西起自武安城西南，向東延伸到今河北省磁縣南，轉而
折向東北，達到今河北肥鄉西南。簡言之，趙南長城西起太行山下，而止於
漳水之濱。〔註108〕此長城大致呈現 V 字形，對趙國首都邯鄲形成拱衛之形，
在一定程度上抑制了魏人北侵的野心。（參見圖 1-5）

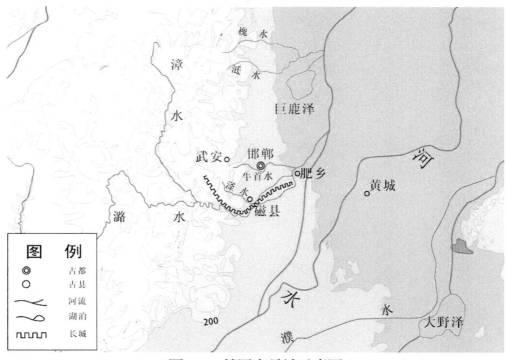

圖 1-5　趙國南長城示意圖

〔註107〕張維華：《中國長城建置考》，北京：中華書局，1979 年，第 90～109 頁，引
　　　　文見第 92 頁。
〔註108〕張維華：《中國長城建置考》，見第 93 頁。

公元前 328 年，秦命公子華與張儀率軍再次渡河攻魏，佔領蒲陽（今山西永濟北）。魏國被迫把上郡 15 縣及河西孤鎮少梁（今陝西韓城）獻出，秦則將焦、曲沃退還與魏。至此，秦已全部佔有了黃河以西的土地。於是，趙國西部與秦國之間不復有魏河西地，變為僅以河為界。秦趙之間少了一層地理上的阻擋，必然引起趙國的恐慌。趙主動出擊，在肅侯二十二年（前 328 年）派趙將趙疵攻打秦國，趙疵兵敗被殺，《史記》記載：「秦殺疵河西。」秦國還趁勝攻取了趙國的藺（今山西離石西）和離石（今山西離石）。藺和離石處在黃土丘陵區，緊鄰呂梁山區，秦國對這兩地的佔領，可以之為戰略基地，屯兵儲糧，避免渡河作戰的不易，有利於其勢力越過呂梁山進入太原盆地。趙國位於呂梁山西麓的城邑僅剩中陽（今山西中陽西，後文有考證），趙國的西部疆域也隨之龜縮至呂梁山西麓。

小結：趙敬侯至趙肅侯六十年間，趙國經歷了一個初步發展的時期。趙國遷都邯鄲，正式參與各國在中原的角逐，趙國的戰事主要集中在東南部。西部秦國崛起，趙秦邊界線一度東移至緊貼呂梁山西麓。趙肅侯時修築的南長城可以控制太行山東麓的南北大道，阻止由這條道路南來的進攻力量。這道長城明確體現了長城的軍事防禦工程的性質，標誌著趙國戰略上的收縮。

四、趙武靈王和惠文王時期——由「屏南拓北」轉為南進

這段時期始於公元前 325 年，迄於公元前 266 年。趙武靈王時期從公元前 325 年至公元前 299 年，在位 27 年。趙武靈王銳意進取，厲行改革。胡服騎射加強了趙國軍事力量，趙國終有實力展開對中山的進攻，中山幾被滅亡。趙武靈王北略胡地，沿陰山修築長城，趙國疆域迅速擴大，成為當時唯一能與強秦抗衡的強國。公元前 298 至公元前 266 年為趙惠文王在位時間，趙惠文王最終攻滅中山，但趙國的西部不斷受到強秦的蠶食，趙國則在東部、南部和東南部略地以進行補償。

（一）趙武靈王時期（前 325～前 299 年）

公元前 325 年趙武靈王即位，面對之前趙氏向中原進攻的屢屢失敗，適時地改變了軍事戰略。趙武靈王對趙國形勢的分析是：「東有河、薄洛之水，與齊、中山同之，無舟楫之用；自常山以至代、上黨，東有燕、東胡之境，西有樓煩、秦、韓之邊，今無騎射之備。」梁啟超說：「三卿分晉，趙有代、句注以北，而魏有西河、上郡，皆與狄界邊。其後秦滅義渠，魏西河、上郡入於

秦。自此三晉之中，惟趙邊胡，而其所當之衝，視秦、燕為更劇。趙不創胡，胡必弱趙。趙之憂患在是，趙之所以盛強亦在是。」且如趙武靈王所言「中山在我腹心」，於是胡地和中山之地成為趙氏的進攻目標。

中山是白狄鮮虞部建立的國家，自春秋時入居河北平原後，吸收了華夏族的先進經濟、文化，擁有較為發達的農業、手工業，軍力也很強勁。戰國時期中山國共歷七代，即文公—武公—桓公—成公—王䰠—王䤜—王尚。中山桓公定都靈壽，其時中山西倚太行，它東北與燕國為鄰，西北、西、南均與趙接壤，其疆域達到最盛，北界達於今保定市、滿城向西一線與燕之南長城相接；南界約在今冀州、高邑一線；西到太行山東麓；東至今保定市至冀州、衡水一線。約當今保定地區南部和石家莊地區大部，恰當太行山東側，昔稱「東陽之地」。境內地勢西高東低，有山地、丘陵、平原和河流。各個強國如果能夠佔領或控制利用中山，不僅可以明顯增強己方陣營的力量，改變實力對比關係；還能威懾鄰國，向幾個戰略方嚮用兵，造成十分有利的態勢。如郭嵩燾所言：「戰國所以盛衰，中山若隱為轄樞，而錯處六國之間，縱橫捭闔，交相控引，爭衡天下如中山者，抑亦當時得失之林也」。〔註 109〕不僅中山本身的地理位置如此重要，而且它的存在使趙國非常尷尬，中山將趙國領土分割成南北幾乎不相連接的兩部分，趙的南部領土只有通過鴟之塞（一名鴻上關）才能與北方領土連接。

中山國在戰國的歷史舞臺上，附魏則魏強，入趙則趙盛，中山之存亡為燕趙之利病，宛如舉重輕重的小砝碼，本身重量雖輕，卻能起到左右局勢的重要作用。〔註 110〕

其時適處戰國中期，實力最為強盛的齊、秦、楚國都把中原韓、魏之地作為自己的主要進攻方向。這種形勢為趙國的發展提供了時機。

趙武靈王接著進行了一系列的準備工作。〔註 111〕趙武靈王三年（公元前323 年），在鄗築城以防禦中山，鄗在今河北高邑縣東，位於中山國南部邊疆，是趙與中山長期爭奪的地方。四年（前 322 年），與韓會於區鼠（今地不詳），五年（前 321 年），娶韓女為夫人，與韓國建立了友好關係。

〔註 109〕（清）王先謙撰，呂蘇生補釋：《鮮虞中山國事表疆域圖說補釋》，上海：上海古籍出版社，1993 年，第 6 頁。

〔註 110〕何豔傑等：《鮮虞中山國史》，北京：科學出版社，2011 年，第 4 頁。

〔註 111〕（西漢）劉向集錄：《戰國策》卷十二《齊五》「蘇秦說齊閔王」，上海：上海古籍出版社，1978 年，第 436 頁。

《趙世家》:「(武靈王)九年(前 317 年),與韓、魏共擊秦,秦敗我,斬首八萬級。齊敗我觀澤。」《正義》引《括地志》云:「觀澤故城在魏州頓丘縣東十八里也。」今河南濮陽市清豐縣西南。觀澤並非趙地,而是屬趙。《史記·魏世家》:「(惠王)三年,齊敗我觀。」觀,一作觀澤。《水經·河水注》引《竹書紀年》曰:「梁惠成王二年,齊田壽率師伐趙(當作「我」),圍觀,觀降。」李曉傑據《新編年表》認為梁惠成王二年,實為三年,即公元前 368 年〔註112〕。此後,觀又屬魏。《史記·田敬仲完世家》:「(湣王)七年(前 313 年),與宋攻魏,敗之觀澤。」

十二年(前 314 年),燕國發生燕王噲讓國子之的內亂,中山乘機出兵攻打燕,趙武靈王趁機拉攏,出兵援救燕國。趙又以河東地向齊換取燕的河北地〔註113〕。趙換得的燕地包括武陽(今河北易縣東南)、鄚(今河北雄縣南)、易(今河北雄縣西),〔註114〕這次易地充分暴露了趙國欲攻打中山的戰略意圖,通過易地,中山的東北缺口不復存在,趙國對中山形成了四面包圍之勢。十七年(前 309 年),趙武靈王親自出巡趙國伸入中山的據點九門(今河北正定東南),在九門築了一座望臺,站在望臺上瞭望中山的動態。

當時,中山國的實力還很強大,趙武靈王十二年出兵援救燕國,中山曾「南戰於長子,敗趙氏;北戰於中山,克燕軍,殺其將。」〔註115〕十九年(前 307 年),趙進行了一次試探性的進攻,「北略中山之地」到房子(今河北高邑縣東)。後趙武靈王在四周巡視了一圈之後,感慨道:「今中山在我腹心,北有燕,東有胡,西有林胡、樓煩、秦、韓之邊,而無彊兵之救,是亡社稷,奈何?」為了對付四周的強敵,他大刀闊斧地推行軍事改革,一面實行胡服騎射,「以備燕、三胡、秦、韓之邊」;一面在黃河和漳水兩岸訓練水兵,「以守河、薄洛之水」,決心「報中山之怨」。

趙武靈王二十年(前 306 年),趙國正式開始攻打中山,到寧葭(今河北石家莊西北)。二十一年(前 305 年)趙國分兵兩路進攻中山。北路有牛翦率

〔註112〕 周振鶴主編、李曉傑著:《中國行政區劃通史·先秦卷》,上海:復旦大學出版社,2009 年,第 473 頁。

〔註113〕 (西漢)劉向集錄:《戰國策》卷二十《趙三》「齊破燕趙欲存之」,上海:上海古籍出版社,1978 年,第 683 頁。

〔註114〕 雁俠:《先秦趙國疆域變化》,《鄭州大學學報》,1991 年第 1 期,第 77~90頁,引文見第 82 頁。

〔註115〕 (西漢)劉向集錄:《戰國策》卷十二《齊五》「蘇秦說齊閔王」,上海:上海古籍出版社,1978 年,第 436 頁。

領的車兵和騎兵同趙希率領的胡兵及代軍，主要在中山西部及北部活動。先從寧葭進攻中山西邊的要塞陘山（又名井陘山，在今河北井陘縣舊城東北），接著向東北方向進軍，趙希和牛翦兩軍在曲陽（今河北曲陽縣附近）匯合，然後向西北推進，攻取丹丘（今河北曲陽縣西北）、華陽和恒山上的關隘鴟之塞。

華陽，《史記・趙世家》正義引《括地志》：「北嶽有五別名，一名蘭臺府，二曰列女宮，三曰華陽臺，四曰紫臺，五曰太一宮。」〔註116〕也就是說華陽即華陽臺，亦即北嶽恒山別名。鴟之塞，又名鴻上關、鴻之塞。《史記集解》注曰：「徐廣曰：『鴟，一作鴻。』」〔註117〕王先謙這樣解釋：「『鴻』之為『鴟』，『上』之為『之』，皆字形相近而譌。」〔註118〕發源於山西高原西北部恒山的唐河，由西北沿地層斷裂線橫穿太行山折向東南流。唐河的上游谷地是古代從冀中進入太行山區的天然孔道，循此谷道向西北行可直達晉東北要地靈丘，由此可分別轉至晉北大同盆地和晉中太原盆地，所以鴻上塞具有重要的戰略地位。對當時的趙國而言，鴻上塞是中山北面的門戶，趙據有鴻上塞，由滱水（唐河），向北即可通過飛狐道進入代地，也就把代入中山的北門打開了。

南路軍以「趙袑為右軍，許鈞為左軍，公子章為中軍，王並將之。」攻佔了中山南端的鄗（今河北高邑縣東）和西南部的石邑（今石家莊西南）、封龍（在石邑南）、東垣（今石家莊東北）。石邑「當井陘之口」，井陘口是由太行山裏的東西陘道進入中山國的陘口。趙佔據石邑就卡住了井陘口，使中山失去「太行之險」。佔據東垣，控制了與中山都城靈壽一水之隔的滹沱河南岸。靈壽城位於今河北省中部偏西的平山縣三汲鄉東南，建於北高南低的滹沱河北岸臺地，南、西、北三面 5 公里多為太行山的群山環抱，滹沱河水由西向東蜿蜒長流，水流湍急，有小黃河之稱。靈壽城具有險要的地理形勢及其完固的城防，〔註119〕再加上中山國主動獻出四座城邑求和，趙國暫停對中山的

〔註116〕 （西漢）司馬遷：《史記》卷四十三《趙世家》，北京：中華書局，1973 年，1812 頁。

〔註117〕 （西漢）司馬遷：《史記》卷四十三《趙世家》，1812 頁。

〔註118〕 （清）王先謙撰，呂蘇生補釋：《鮮虞中山國事表疆域圖說補釋》，上海：上海古籍出版社，1993 年，第 80 頁。

〔註119〕 馮秀環、馬興：《論戰國中山的國防制度》，《廣西社會科學》，2005 年第 12 期，第 141～143 頁，引文見第 142 頁。

進攻。石邑、封龍、東垣已經形成對中山國的半包圍的態勢，中山國已搖搖欲墜，危在旦夕。趙武靈王二十三年（前 303 年）、二十六年（前 300 年），趙再次攻打中山，無所得。

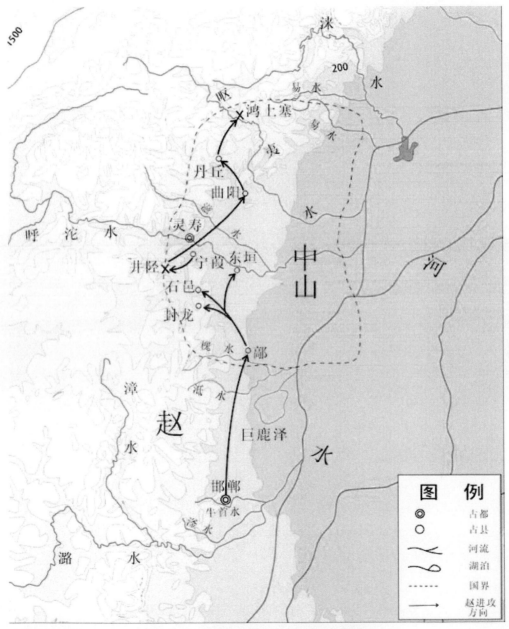

圖 1-6　趙國進攻中山路線示意圖

趙武靈王在進攻中山的戰爭進程中還伴隨著對胡地的進攻，此時的林胡、樓煩佔有晉北、陝北、大青山以南的廣大地區。趙武靈王改革第二年即開始攻略胡地，「（二十年）西略胡地，至榆中，林胡王獻馬。」二十六年（前 300 年）「攘地北至燕、代，西至雲中、九原」，二十七年（前 299 年）傳位於子何後，身穿胡服率軍西北略胡地。攻破草原諸族後，趙國擴地千里後，借助天然的地勢沿陰山修築了北長城。《史記·匈奴列傳》對趙武靈王所築長城的記載為：「自代并陰山下，至高闕為塞，而置雲中、雁門、代郡。〔註120〕」對於趙北長城，學術界頗有爭議的是高闕塞的位置，一種觀點是根據《水經注》的說法，以為在今內蒙古狼山的石蘭計山口；一種觀點以為在今烏拉山一帶。而高闕塞的位置是確定長城終點以及趙西部邊界的關鍵所在。辛德勇和唐曉峰先後撰寫了《陰山高闕與陽山高闕辨析——並論秦始皇萬里長城西段走向以及長城之起源諸問題》〔註121〕和《河套烏拉山在戰國時期的人文地理意義》〔註122〕，前文考證精審，論證嚴密，澄清了高闕塞的地望問題，後文則在此基礎上分析了烏拉山的人文地理意義。

辛德勇指出，「在河套地區南面的黃河對岸，是鄂爾多斯高原。在鄂爾多斯高原北部，鄰近黃河岸邊，有庫布齊沙漠，南部有毛烏素沙漠，再向南，便進入陝北黃土高原。河套地區的西南面，為烏蘭布和沙漠。在河套的西北面和北面，為狼山山脈，現在被視作陰山山脈的西端，也是陰山山脈地勢最高的地段。狼山主峰呼和巴什格，也是今陰山山脈主峰。狼山山脈東段，大致在今臨河、五原以北，又稱烏拉後山。在烏拉後山東段南側，從今內蒙烏拉特前旗的黃河北岸（緊鄰歷史時期的「北河」與「南河」這兩條河道相交匯的地點東北側不遠）起，斜向東北延伸，直至今包頭北面，為烏拉前山，也單稱烏拉山。烏拉山在今包頭北面，繼續向東北延伸，一直到今呼和浩特以北，這一段山脈稱為大青山。

『狼山—烏拉後山』與『烏拉前山—大青山』，雖然都是今陰山山脈的組成部分，但卻是南北並列的兩道山系。……在歷史時期，本來各自有著統一

〔註120〕（西漢）司馬遷：《史記》卷一百十《匈奴列傳》，北京：中華書局，1973 年，第 2885 頁。

〔註121〕辛德勇：《陰山高闕與陽山高闕辨析——並論秦始皇萬里長城西段走向以及長城起源諸問題》，《文史》，2005 年第 3 輯（總第 72 輯），第 5～64 頁。

〔註122〕唐曉峰：《河套烏拉山在戰國時期的人文地理意義》，《石泉先生九十誕辰紀念文集》，武漢：湖北人民出版社，2007 年。

的名稱。」據辛德勇考證，戰國時期的「陰山」指代的是由烏拉前山——大青山這一山系，故戰國高闕塞就不應是狼山上的石蘭計山口，而是在烏拉前山上。何清谷考察這一地區後推測烏拉特前旗宿荄鄉張連喜店附近的大溝口，很可能就是戰國高闕的所在地。〔註123〕高闕塞不僅是趙北長城的西端的一個山口，於是烏拉山的地理意義也就突現出來。唐曉峰在文章中進一步分析了高闕塞的人文地理意義，指出高闕是趙國西進終止的重要地理標誌，烏拉山阻止了趙國勢力向河套地區的發展，是趙國與匈奴的一段分界，趙國防範的不只北方，還有西方。〔註124〕

趙武靈王時期「擴地千里」，但也有失地，主要在西面。《史記》載：「（武靈王）十年，秦取我中都及西陽。」〔註125〕據考證，《史記‧趙世家》卷四十三所記述應為「秦取我中都、中陽。」（詳見第二章「中陽」條）中都在今山西平遙西，處於太原盆地地區；中陽在今山西中陽西，呂梁山脈中段西側，南川河流經該縣。秦國從中陽打到中都，必然要翻越矗立在兩地之間的呂梁山。呂梁山這一段的海拔在 1800～2000 米，山脊被黃河及汾河支流分割，形成嶺谷犬牙交錯的格局，開闊平坦的谷地則成為通過呂梁山進入太原盆地的主要通道。秦正是利用了這些山間谷地過呂梁山進入太原盆地汾水流域。趙武靈王十三年（前 313 年），秦拔趙藺。據肅侯二十二年（前 328 年），秦取趙藺，可知之後藺又被趙所奪回。終趙武靈王一世，秦趙在西面的邊界被秦推進到汾河流域。

（二）趙惠文王時期（前 298～前 266 年）

趙惠文王三年〔註126〕（前 296 年），滅中山，趙不僅獨佔了中山方圓五

〔註123〕辛德勇：《陰山高闕與陽山高闕辨析——並論秦始皇萬里長城西段走向以及長城起源諸問題》，《文史》，2005 年第 3 輯（總第 72 輯），第 5～64 頁，引文分別見第 7 頁、第 20 頁。

〔註124〕唐曉峰：《河套馬拉山在戰國時期的人文地理意義》，《石泉先生九十誕辰紀念文集》，武漢：湖北人民出版社，2007 年 5 月。

〔註125〕（西漢）司馬遷：《史記》卷四十三《趙世家》，北京：中華書局，1973 年，第 1804 頁。

〔註126〕此事，《史記‧六國年表》記載：「（惠文王四年）（前 295 年）圍殺主父」。與齊、燕共滅中山。」《史記‧六國年表》稱齊閔王二十九年（前 295 年）「佐趙滅中山」。可見，趙滅中山的時間記載有分歧。何豔傑認為：「推之當時趙國的情況，此事應是趙武靈王首倡之，未及全部完成而身死沙丘，惠文王繼之完成。此事為一事跨兩年，文獻失載，以致後世分歧。以當時的情況看，中山最後滅亡之時，應是公元前 295 年。」（見何豔傑等：《鮮虞中山國史》，北京：科學出版社，2011 年，第 99 頁。）

百里的廣闊土地，而且「起靈壽，北地方從，代道大通」，此前趙攻中山，雖攻下鴟之塞及以南至華陽的一段，但因有中山都城靈壽的阻塞，因而整個代道並未通暢。〔註127〕至此，太行山東麓的南北大道至此方可從邯鄲經由太行山前平原地區，過鴟之塞，再從飛狐道進入代國核心區——壺流河流域的蔚縣盆地。趙對代的統治不再有中山的阻擋。如范睢所言：「且昔者，中山之地，方五百里，趙獨擅之，功成、名立、利附，則天下莫能害。」〔註128〕。

據晉郭緣生《述征記》，飛狐道為太行八陘之第六陘。陘，《說文》的解釋為：「山絕坎也」；《爾雅》：「山絕陘」；疏：「山形連延中忽然中斷者名陘」。《辭海》解釋有兩種含義：一是山脈中斷的地方為陘，二是陘同「徑」。就太行八陘而言，應該是指兩山中斷之處的狹長地帶，即自然道路，《山西通志》載，「飛狐陘原是廣昌縣（今河北淶源縣）與今河北蔚縣之間的一條峽谷古道」。飛狐陘是太行八陘中，唯一沿南北兩個水系的峽谷河道延伸。它縱跨兩個水系（永定河水系和大清河水系）的支流——北口河與淶水河，分別向北、南延伸。且存在較長的嶂谷構造段。所謂「嶂谷」是指峽谷壁呈垂直型，即人們所形容的崖壁直上直下，如刀劈斧砍，峽谷上下空間寬度基本相等。它表明這裡地殼上升速度太快，河流以下切為主，側蝕速度遠小於底蝕速度，是一種青年型河谷發育類型。飛狐陘從北口村至岔道村，就是屬於這種嶂谷型峽谷，長約 20 公里。北宋時的地理名著《輿地廣紀》即這樣描述飛狐陘，「兩崖峭立，一線微通」。飛狐道地勢險要，戰略地位重要，它位於晉冀兩省之間，位於太行、五臺、恒山之交，是由華北平原進入代地、以至北方邊郡的路徑最近、最為險要的通道。〔註129〕河北淶源東有紫荊關、南有倒馬關，山西靈丘西有平型關和雁門關，都是險峻的要塞。峭立山崖中的飛狐古道成為太行山北部各州郡的咽喉和紫荊、倒馬等關隘所依託的外險，曾有「戒備兩關（即紫荊關、倒馬關），不如戒備飛狐」之說。

滅中山後，趙將之前從齊國手裏換得的鄭、易二地給燕。這一舉動充分暴露了之前趙國易地欲吞併中山的意圖。為了鞏固既得土地，趙惠文王八年（前291年），築南行唐城，南行唐在今河北行唐東北，距中山故都靈壽不遠。

〔註127〕 沈長雲、魏建震等：《趙國史稿》，北京：中華書局，2000年，第249頁。
〔註128〕 （西漢）劉向集錄：《戰國策》卷五《秦三》「范睢至秦」，上海：上海古籍出版社，1978年，第190頁。
〔註129〕 尹鈞科：《歷史名塞飛狐道》，待刊。

南行唐城的修築既起到對靈壽城的防禦作用，而且也扼守了從靈壽至代的道路。

趙惠文王十一年（前 288 年），趙董叔與魏氏伐宋，得魏在河陽之地（《史記‧趙世家》）。此河陽，即河雍，在今河南孟縣西。趙南界南擴。同年，秦趁趙攻打宋國內空虛之機，出兵攻取了梗陽（今山西清徐縣）。清徐位於太原盆地，汾水西岸，往北不遠即是晉陽，由此我們可以看出秦國的下一步進攻戰略所覬覦的對象——晉陽，如果秦奪取了晉陽，不僅可以向西從太原盆地溯洞渦水（今瀟水）谷地至今壽陽，再沿桃河經井陘過太行山進入河北平原，從北面直逼趙國統治核心——邯鄲；而且可以向北邊進攻，對代地構成威脅。惠文王十二年（前 287 年）由蘇秦發起，趙、齊、燕、魏、韓結成的聯合伐秦局面本為趙提供了一個收復失地的機會，但這次伐秦終因聯軍內部出現分歧而未能成功。秦國的進攻步伐沒有停止，十七年（前 282 年），秦怨趙不與己擊齊，伐趙，拔趙兩城。《秦本紀》載：「（昭王）二十五年，拔趙二城。」《秦簡編年記》載：「昭王二十五年，攻茲氏（今山西汾陽南）。」楊寬綜合以上史料以為其中一城指茲氏，而另一城又據《西周策》所載以為是祁（今山西祁縣）〔註 130〕。且在十四年（前 285 年），秦與趙會於中陽。中陽先屬趙，後屬秦，選擇此地會盟不僅表明是對趙國的諷刺，還顯示了秦國在實施戰爭打擊的同時，採用外交方式作為強化政治威懾，進行心理征服。會見秦王，趙王本就心存畏懼，史書關於之後的澠池之會（惠文王二十年，前 279 年）的記載即是明證，「趙王畏秦，欲毋行。」〔註 131〕此時秦國的勢力已經深入到汾水流域，趙王出於自身安危的考慮，在這一區域必然要有一個可以依託之地，這個地方應該就是茲氏，那麼可以認為這時茲氏還是屬於趙國的。至趙滅國，史書沒有提到趙何時失去它，所以今從楊說，認為就是在惠文王十七年，茲氏為秦攻佔。茲氏位於太原盆地西側，是秦國從中陽過呂梁山後的第一站，且秦國還佔領了茲氏之東的中都，對茲氏形成東西夾擊之勢，其北還有為秦所據的梗陽，趙對茲氏已經防守無力，於是，秦國順勢將茲氏收入囊中。佔領了茲氏，且有中都的依託，這種局面非常有利於對祁的進攻，秦便一舉攻下了祁。至此，秦在太原盆地已有四個據點，分別是茲氏、中都、祁和

〔註 130〕　楊寬：《戰國史》，上海：上海人民出版社，1998 年，第 399 頁。
〔註 131〕　（西漢）司馬遷：《史記》卷八十一《廉頗藺相如列傳》，北京：中華書局，1973 年，第 2442 頁。

梗陽。十八年（前 281 年），秦拔趙石城。（錢穆考，今河南林縣西南八十五里；應屬魏境。胡注通鑒即西河離石。肅侯二十二，秦已取之，或重複入秦。）

面對秦對太原盆地的蠶食，趙國通過在東部、南部和東南部的進攻以獲取心理上的補償。

趙惠文王十四年（前 285 年），惠文王親政，趙國在東部和東南部得地較多。十五年（前 284 年），趙相國樂毅將趙、秦、韓、魏、燕攻齊，取靈丘。早在敬侯二年（前 394 年），趙就敗齊於靈丘，可見當時趙並沒有佔領。十六年（前 283 年），廉頗將，攻齊昔陽，取之。昔陽在今河北晉州市西北，為故中山之地，趙所取之地不應是昔陽，「昔陽」實乃「陽晉」之誤〔註 132〕，《史記》：「趙惠文王十六年，廉頗為趙將伐齊，大破之，取陽晉。」〔註 133〕陽晉在今山東鄆城西。十七年（前 282 年），樂毅將趙師攻魏伯陽（今河北磁縣西南），而秦怨趙不與己擊齊，伐趙，拔兩城。《史記·十二諸侯年表》：「秦拔我兩城」。《雲夢秦簡》中《編年記》有「二十五年攻茲氏」（惠文王十七年為秦昭王二十五年），恰與《史記》記載相合。故址在今山西汾陽。十九年（前 280 年）又將伯陽還給魏。伯陽隔漳水與趙長城相望，趙攻佔伯陽，大略是出於威懾魏國，進而鞏固邯鄲城南的防禦工事的意圖，且在十八年（前 281 年），趙惠文王親自到東陽（太行山東），決黃河的水來進攻魏國，結果「大潦，漳水出」〔註 134〕，緣漳水南岸的兩座魏國城邑分別是伯陽和鄴，鄴早在魏文侯時期（前 445 年～前 397 年）通過西門豹的治理而大治，而伯陽大略則因這次漳水決口受到破壞，趙在起到威懾作用後便趁勢將其歸還魏。此外，趙還向南攻取了魏國的防陵和安陽。二十四年（前 275 年），廉頗將，攻魏房子（誤，當作防陵，今河南安陽西南）〔註 135〕，拔之，因城而還；又攻安陽（今河南安陽附近），取之。太行山以東的南北大道至武靈王時，更為通暢，可北達代地，在和平時期，通達的道路有利於物品運輸、商業往來等，而在戰爭期間，

〔註 132〕楊寬：《戰國史》（增訂本），上海：上海人民出版社，1998 年，第 399 頁。
〔註 133〕（西漢）司馬遷：《史記》卷八十一《廉頗藺相如列傳》，北京：中華書局，1973 年，第 2439 頁。
〔註 134〕（西漢）司馬遷：《史記》卷四十三《趙世家》，北京：中華書局，1973 年，第 1820 頁。
〔註 135〕《廉頗藺相如列傳》載此事時說廉頗所取魏之二地為防陵、安陽。「後三年，廉頗攻魏之防陵、安陽，拔之。」（《史記》卷八十一《廉頗藺相如列傳》，北京：中華書局，1973 年，第 2444 頁。）

敵方也可以利用交通之便進攻，前有「邯鄲之難」為鑒，因此趙南長城以南的道路處於魏國的掌控之中，始終讓趙國統治者不安，於是接連攻下防陵和安陽。十九年（前 280 年），趙奢將，攻齊麥丘（今山東商河），取之；二十五年（前 274 年），燕周將，攻昌城（今山東淄博東南）、高唐（今山東高唐東），取之。如前文所言，肅侯六年（前 344 年），趙攻佔高唐，至遲在肅侯十九年（前 331 年）高唐復屬齊，此時，它又被趙攻取，高唐緣何在趙、齊間反覆易手？從地理位置上看，一則在於其地處於古黃河之東，濟水、漯水之西。往東有大道可直達都城臨淄，往西可通晉、秦等國，故高唐當交通衝要。據錢林書研究，戰國時期的齊國，除國都臨淄外，還建有四個別都，連國都臨淄合稱五都，都主要設在邊地交通方便的地方，高唐為其中之一；〔註 136〕再則高唐位於黃河東岸、齊趙分界之處，任何一方佔領了這個地方，自然就會獲得心理上的安全感以及戰略上的優越性；三則齊在北面有黃河、濟水兩道防線，趙佔領此地之後，齊不僅失去一道防線，而且趙涉濟水，更可以威脅齊北部地區。所以，高唐成了趙、齊反覆爭奪的城邑（可參見下表）。

表 1-3　高唐事件簡表

時　　間	事　件
公元前 344 年	趙攻克了齊國的高唐
公元前 331 年	高唐復屬齊
公元前 274 年	趙攻高唐
公元前 265 年	趙割高唐給齊

　　趙不僅與齊的交戰屢屢告捷，得地甚多，在二十三年（前 276 年），趙還派樓昌攻打魏幾（今河北大名東南），未能得勝，十二月，又派大將廉頗領兵攻取了幾。

　　小結：趙武靈王北略林胡、樓煩之地，將趙國西北邊境線推移到長城一線，即今烏拉前山—大青山南麓，也就是古陰山山脈。趙惠文王三年終滅中山，此舉對於趙國的地理意義在於：不僅佔有了中山「方五百里」廣闊土地，擴展了趙國的疆土，而且趙國位於太行山東麓的領土從此可以連成一片，太

〔註 136〕錢林書：《戰國齊五都考》，《歷史地理》（第五輯），上海：上海人民出版社，1987 年，第 115～118 頁。

行山東麓的南北大道由邯鄲，經故中山國，通過鴟之塞和飛狐道即可進入代地，便利並加強了趙國統治中心與代地的聯繫。秦國在這一時期不斷從西面蠶食趙國的領土，在太原盆地佔據了茲氏、中都、祁和梗陽四個城邑。趙則通過在東部、南部和東南部侵佔土地以獲得心理上的補償。

五、長平之戰與趙國的政治地理格局

從公元前 265 年至公元前 222 年為趙國的末期，共歷三位國君及趙公子嘉。趙孝成王在位時間從公元前 265 年到至 245 年，共 21 年。趙悼襄王在位時間從公元前 244 年至前 234 年，共 11 年。趙幽繆王在位時間從公元前 235 年至前 228 年，共 8 年。公元前 228 年秦軍攻破邯鄲，趙幽繆王被俘，趙公子嘉入代稱王，直至公元前 222 年秦軍攻代被俘。趙國經過趙武靈王和趙惠文王兩代的經營，疆域遼闊，國力強盛，成為秦國的勁敵，「嘗抑強齊，四十餘年而秦不能得所欲」，〔註 137〕這必為秦國所不容，秦趙之間的長平之戰便是這個矛盾的集中表現。而趙國經此重創，舉國「壯者盡」，國力一落千丈，趙國滅亡的序幕緩緩拉開。

趙孝成王元年（前 265 年），趙割濟東三城（今）盧、高唐、平原地城邑市五十七給齊，以求田單為將攻燕，〔註 138〕得到燕的中陽。盧（今山東長青縣西南）、高唐、平原（今山東平原縣南）等地為齊所據，其中高唐本為齊地，這次應是還屬。趙還以靈丘封楚相春申君（前 261 年），趙國在東部失去了大片領土。中陽疑為中人之誤，《集解》徐廣曰：「一作『人』。」《正義》：「燕無中陽。」中人，今河北唐縣西北，其時為燕所有，故所攻之地應為中人。同年，趙又攻取韓國的注人。注人一般以為即魏敗秦之注，在今河南汝州市西，也有學者認為此注人應在韓國北境，毗鄰趙國之處，疑趙不太可能費力越魏境而佔領韓南境之地，茲採後說。

范雎在秦拜相，獻遠交近攻之策，使秦對六國的作戰方略發生了重大變化，改變了出兵豫東的主攻方向，把晉南豫北通道作為主要進軍路線，奪取和鞏固沿途的三晉城市，以趙國作為首要的打擊對象。趙孝成王四年（前 262 年），秦將白起攻取了韓國的野王（今河南沁陽），此舉將韓上黨郡與韓

〔註 137〕 （西漢）劉向集錄：《戰國策》卷二十《趙三》「說張相國」，上海：上海古籍出版社，1978 年，第 711 頁。

〔註 138〕 （西漢）劉向集錄：《戰國策》卷二十一《趙四》「燕封宋人榮蚠為高陽君」，上海：上海古籍出版社，1978 年，第 750～751 頁。

本土隔絕了。上黨郡郡守馮亭把上黨郡十七縣獻給了趙國，趙國內部經激烈討論後決定接受。上黨不但是韓國的戰略重鎮，也是秦國通向趙國的門戶。

　　上黨地區適處沁、漳二河匯合之處，在今山西省的東南部，其東及東南是太行山脈，大致與今河北省及河南省分界，西南是中條山及王屋山，與今河南省分界；西面是太嶽山脈；北邊是五臺山及八賦嶺等山地。這個多山的地區所以稱之為上黨，據《釋名》講是「黨所也，在山上其所最高，故曰上黨也。」而狄子奇箋注《國策地名考》所引舊志則認為是其「地極高，與天為黨，故曰上黨。」兩說各有其理，不知孰是，但這個地區形勢險要卻是事實。〔註 139〕《讀史方輿紀要》這樣評述上黨郡的地理形勢「據高設險，形勢完固。」清《嘉慶重修一統志》曰：「上黨四塞之固，東帶三關，據天下肩脊，當河朔咽喉，肘京洛而履蒲津，倚太原而跨河朔，太行瞰其面，並門負其背」。據《漢書》：「上黨郡。秦置，屬并州。有上黨關、壺口關、石研關、天井關。」師古注曰：「研音形。」〔註 140〕王先謙《漢書補注》曰：「吳卓信曰壺口、石研、天井，《後書·馮衍傳》所謂上黨三關也。先謙曰：『《一統志》上黨關在今屯留縣境，壺口關詳見壺關縣下，石研關即井陘關，又見常山井陘下，天井關又見高都縣下。』」「上黨四塞之固，東帶三關」一句確是出自《後漢書》〔註 141〕，《大清一統志》也記載此句出自《後漢書》「馮衍與田邑書」。《後漢書》此句的注曰：「三關謂上黨關、壺口關、石陘關也。陘音形。」《後漢書》注「井陘關」曰：「井陘關也。要害之塞，故曰名關。《東觀記》作『石陘關』。」這與吳卓信所言稍有出入，即其中一關為壺口關而非天井關，應以《後漢書》為是。壺口關和井陘關前文已有詳述，關於上黨關，據《大清一統志》，「上黨關在屯留縣境，《魏書·地形志》：『上黨郡有上黨關。』《新志》：『關先屬猗氏，後屬屯留，此西關也。』」《漢書》「猗氏」條下曰：「《說文》陭下云：『上黨，陭氏阪也』後漢因續志作猗，

〔註139〕 錢林書：《戰國時期上黨地區及上黨郡》，《地名知識》，1985 年第 2 期，第13～14 頁（下轉第 11 頁），引文見第 13 頁。
〔註140〕 （東漢）班固撰：《漢書》卷二八上《地理志》第八上，北京：中華書局，1962 年，第 1553 頁。
〔註141〕 （南朝宋）范曄撰，唐李賢等注：《後漢書》卷二十八上《桓譚馮衍列傳》第十八上，「夫上黨之地，有四塞之固，東帶三關，西為國蔽」，第 970 頁，北京：中華書局，1973 年。

與河東猗氏混，蓋傳寫致偽，……《一統志》:『故城在今岳陽縣東南百里。』」
上黨關的具體地望仍需做進一步的研究，但大致處於上黨郡的東南境亦即太
行山上，應當沒有什麼問題。〔註 142〕這三個關口均處於上黨東面的太行山
上，是由山西高原進入河北平原的重要通道。

自戰國以來，上黨為兵家攻守重地。戰國人周固說過，秦國如果佔據韓
國和魏國的上黨、太原兩地，那秦的佔地就有天下之半，可以控制齊、楚、三
晉的命脈了。〔註 143〕如此看來，趙收復上黨可以將戰線移至離邯鄲較遠的上
黨高地，憑藉有利地形與秦軍作戰，將上黨變成一條防禦秦國東侵的戰略防
禦帶。而若秦得上黨，則可以將河東、河西、南陽和上黨連成一片，建立一條
不用經崤函險道就可居高臨下進攻趙國的戰略通道，特別是形成西北南三面
夾擊邯鄲的有利形勢。〔註 144〕秦國唾手可得的上黨卻被趙得到，秦國的東進
戰略也因此受到阻礙，長平之戰旋即爆發。

長平，在今山西高平縣西北二十多里。出縣城向南，是一條百來里長的
谷地，兩邊群山綿延，丹河從谷地中穿過。丹河發源於今高平、長子界山丹
朱嶺，逶迤東南流。《水經·沁水注》引《上黨記》說:「丹水出長平北山，南
流，秦坑趙眾，流血丹川，由是俗名為丹水，斯為不經矣。」〔註 145〕至於趙
軍由邯鄲進軍長平的具體路線，據靳生禾實地考察，當由都城邯鄲西上，逾
滏口陘，再西行過壺口關，始入上黨腹地，從此折西南行，沿八諫水（今淘清
河），經八義村（今長治縣西南），過故關（今山西高平東北）進入長平戰區，
再循小東倉河河谷，經金門鎮（今高平東北店上村）至泫氏（今山西高平），
然後分兵布防。長平之戰的大決戰是在長平以東丹水流域的山地中進行的。
長平之戰三年對峙，以趙國的戰敗而告終，秦國佔領了上黨地區，秦趙之間
的地理障礙僅存太行山，而秦可以利用井陘和壺口關通道進入太行山山前平
原，不僅如此，趙國在汾水流域的晉陽、榆次等城邑已呈孤懸之勢，秦國輕
而易舉即可將其據為己有。

在趙孝成王七年（前 259 年），「王齕將伐趙武安、皮牢，拔之。司馬梗

〔註 142〕參見辛德勇《兩漢州制新考》中有關論述，《文史》，2007 年第 1 輯，第 5～
75 頁，引文見第 23 頁。
〔註 143〕唐根希:《長平之戰再研究》，《南京郵電學院學報》，1999 年第 3 期，第 22
～26 頁（下轉第 39 頁下），引文見第 23 頁。
〔註 144〕沈長雲、魏建震等:《趙國史稿》，北京:中華書局，2000 年，第 204 頁。
〔註 145〕楊寬:《戰國史》，上海:上海人民出版社，1998 年，第 415 頁。

北定太原。」〔註146〕此太原所指為趙之太原郡，轄境相當於今山西句注山以南，霍山以北，五臺、陽泉以西，黃河以東地區。趙孝成王十八年，秦拔趙榆次（今山西晉中市轄區）、新城（今山西朔縣南）、狼孟（今山西太原市北陽曲），取三十七城，〔註147〕這是繼太原盆地的茲氏、中都、祁和梗陽四地之後秦在趙國西部佔領的又三個地點，新城的佔領表明秦國的勢力已經深入到大同盆地，趙國的北部地區處在秦國的威脅之中；而狼孟則處於太原盆地與忻定盆地之間，秦國佔領後，同樣威脅著趙國的北部地區；榆次如前文分析，不僅是晉陽所在的南北道路與東南方向的道路上的一個重要交叉點，也是晉陽所處的東西道路的重要節點，秦國由此打通了從太原盆地經由井陘進入河北平原的道路，這樣，趙都邯鄲面臨的將是秦國的垂直打擊，晉陽也處於秦國的四面包圍之中。趙國對秦國的野心並非無所察覺，長平之戰慘敗後，趙國加強了井陘道的防守，趙孝成王十一年（前254年），「城元氏，縣上原」。〔註148〕這正是趙國的未雨綢繆之舉。此時，汾水流域，晉陽僅存，秦國垂手可得之。在趙孝成王二十年（前245年），晉陽終屬秦。至此，趙國失去了汾水流域，趙西南境便大體以太行山及木馬水一線與秦為界。

長平之戰後，趙國疲弊，燕王喜聽從栗腹的建議，不顧燕趙兩國唇齒相依的同盟關係，妄圖趁火打劫攻打趙國，攻取了趙國的昌城（今河北冀縣西北）。趙對燕趁人之危的行徑恨之入骨，於是從孝成王十五年（前250年）到十八年（前247年），趙燕之間戰事不斷，十九年（前246年），趙、燕兩國相互交換土地，趙以龍兌（今河北滿城北）、汾門（今河北徐水西北）、臨樂（今河北固安南）交換燕的葛（今河北任丘西北）、武陽（今河北易縣南）、平舒（今河北大城東）。通過易土，雙方的疆域都得到整合，燕趙重新劃定了一條以武陽、葛、平舒三地所在的邊界線。

這次雙方交換的土地都在河北省中部，趙國給燕的其他土地，原先竟是燕國腹地。龍兌、汾門、臨樂分別位於燕下都的東面和東北面，控扼下都和上都之間的通道，原先都應是燕國的土地。

這次土地變換，是由於此前不久，趙國在與燕國作戰中，獲取燕國大片

〔註146〕 （西漢）司馬遷：《史記》卷五《秦本紀》，北京：中華書局，1973年，第214頁。
〔註147〕 （西漢）司馬遷：《史記》卷五《秦本紀》，見第219頁。
〔註148〕 （西漢）司馬遷：《史記》卷四十三《趙世家》，北京：中華書局，1973年，第1827頁。

土地引起的。公元前三世紀中葉以前,趙國忙於對付魏、韓、秦、齊等勁敵,無暇北顧,而此時的燕國又十分羸弱,因此燕趙間一直沒有大戰。趙國為安定後方,還於公元前 315 年立公子職為燕王,即是公元前 311 年接替燕王噲的燕昭王。公元前 314 年齊宣王破燕,趙國又以河東之地存燕。燕國在昭王時國力得到振興。於公元前 284 年和趙國等五國聯兵打敗齊國,彼此關係比較融洽。可是此後情況發生變化,公元前 251 年,燕國乘趙國長平之戰失利,錯誤估計形勢,以六十萬軍隊攻打趙國,結果反被趙國打敗,趙將「廉頗逐之五百餘里,圍其國」。《戰國縱橫家書‧虞卿謂春申君章》稱:「今之燕王罪大,趙之怒深」,即是指這一事件。趙國在公元前 251 年至 249 年三年內,連續包圍燕都,迫使燕國割十城才撤兵。這就是《戰國策》記「張儀為秦破從連橫謂燕王」所說的:「且以趙王為可親邪?」趙興兵而攻燕,再圍燕都而劫大王,大王割十城郤以謝」。龍兌、汾門、臨樂等地,即是趙國所佔土地的一部分,但這些地方對燕國的上都和下都安全都構成極大威脅,所以不得不用另外一些找過可以接受的土地進行交換,易地之事由此發生。

這次土地交換,燕國固然是為了解決防務危機,而趙國則是為擴大河間佔領區,達到打通渤海通道的目的。

河間漢代為河間國,轄四縣,其戰國範圍要大的多。《戰國策》記「文信侯欲攻趙以河間」,「趙王立割五城以廣河間」。《戰國縱橫家書‧李園謂辛梧章》:「燕使蔡鳥股符肽璧奸趙入秦,以河間十城封秦相文信侯」。是燕趙都擁有河間之地。《戰國策》又記蘇代謂燕昭王曰:「故齊雖強國也,西勞於宋,南罷於楚,則齊軍可敗而河間可取」。知齊國也擁有河間之地。應劭釋河間為兩河之間,應是指商周黃河的東、西兩渠,是《禹貢》「九河」之地的一部分。這裡溝渠縱橫,湖沼星羅。尤其在商周黃河經此入海時,更是水流遍地,是各國之間的「隙地」。但在黃河遷離後,由於地理環境發生變化,生產條件得到改善,立即成為各國爭奪兼併的對象。《戰國策》說「河間封不定而齊危」。已成為當時這個地區的不穩定因素。爭奪的結果,趙國獲得了這片土地。《史記‧趙世家》記公元前 241 年趙國取齊饒安,其地在今鹽山,表明趙國勢力已擴展到渤海。〔註149〕

趙孝成王二十一年(前 244 年),廉頗攻取了繁陽(今河南內黃縣西北)。

〔註149〕韓嘉穀:《「平舒」戈、「舒」豆和平舒地理》,《東北亞研究——北方考古研究》(四),鄭州:中洲古籍出版社,1994 年,第 313~314 頁。

該地在繁水之北，故其時趙、魏兩國當以繁水為界。

六、趙國疆域的萎縮

趙悼襄王即位之初，面對的是秦國的步步包抄，當時存在一條晉南豫北通道，這條道由陝晉邊界的臨晉（今陝西大荔）東渡黃河，沿中條山北麓東行，從軹（今河南濟源）穿過太行山麓與黃河北岸之間的狹長走廊，即可進入河內，來到邯鄲所在的冀南平原。走廊的西端為太行第一陘，古稱軹道，山險路狹；東端是寧邑（今河南修武），戰國時屬魏。秦國借助此道即可進入邯鄲所在的冀南平原，向北進軍進攻邯鄲，與邯鄲北面的秦軍配合南北兩面夾擊。秦國的進攻策略已經昭然若揭，趙為了防守來自南面的進攻，意欲打通平邑與中牟之間的道路，形成一道屏障阻礙秦軍的進攻，但據《正義》，「時二邑皆屬魏，欲渡黃河作道相通，遂不成也。」（中牟早在公元前 364 年屬魏；趙於公元前 411 年在平邑築城，如《正義》記載無誤的話，則之後平邑又屬魏。）

趙國此時已無望向西、南突破，於是轉而向西北、向東進攻，拔燕武遂（今河北徐水西北遂城）、方城（今河北固安西南），韓皋可能是近武遂、方城的趙地，趙取兩地後，為加強控制而城之。悼襄王九年（前 236 年）取狸（今河北任丘東北）、陽城（今河北保定西南），悼襄王四年（前 241 年），攻取齊的饒安（今河北鹽山西南）。當趙攻得燕的狸、陽城的時候，秦將桓齮、楊端和又攻取了趙國河間的六個城，之後漳水流域也完全被秦佔據、河間各城也全部易手。〔註 150〕

《史記·秦始皇本紀》：「（始皇七年，公元前 240 年，趙悼襄王五年）將軍驁死。以攻龍、孤、慶都。」

從理論上講，秦國可通過兩條路徑實現此次進攻，一是自太行山以西經井陘入趙，二是從前一年奪取的衛國土地上繞過邯鄲向北挺進。但《史記·秦始皇本紀》又記載，秦國在「以攻龍、孤、慶都」之後，「還兵攻汲」，汲縣屬河內。若是經井陘入趙，再攻河內的話，要沿著太行山脈一路南下，地形十分複雜，趙國若突然出兵，秦軍倉促之間翻越太行山向西撤退會非常困難。秦人豈能不考慮其中的危險性？再者說，太原─井陘─龍、孤、慶都─汲這樣的進軍路線根本沒有走回頭路，似乎也稱不上「還」兵攻汲。因此，秦王政

〔註 150〕楊寬：《戰國史》，上海：上海人民出版社，1998 年，第 429 頁。

七年對趙國腹地的進攻取道衛國舊地比較合理。〔註151〕

趙幽繆王即位，面對秦軍咄咄逼人的進攻之勢，趙已經是疲於應付。幽繆王元年（前235年），在柏人築城，趙於此築城的目的應該是出於防禦秦國由井陘從北面南下攻打都城邯鄲的需要。

幽繆王二年（前234年），秦將桓齮攻趙南昌城之外的平陽（今河北磁縣東南）和武城（今河北磁縣東南）；第二年，桓齮從上黨越太行山，攻取趙地赤麗（今地不詳）和宜安（今河北槁城西南），趙首都邯鄲已經深處秦的包圍之中。幽繆王五年，趙國代地發生大地震，六年，趙國出現饑荒。趁機秦國分兵兩路進攻趙國。秦國伐趙的主攻路線是走晉南豫北通道，另一支軍隊從上黨等地直下井陘，對趙實行夾擊。幽繆王八年，邯鄲屬秦。趙國公子嘉率領餘部奔代自立為王，公元前222年，秦攻取代，趙國滅亡。

小結：長平之戰，趙國損失慘重，徹底改變了秦趙的實力對比，而且上黨之地盡入秦手，趙國失去了太行山西的一塊前沿陣地，由此改變了雙方的軍事地理形勢。秦對榆次等城邑的佔領更是加強了對井陘所在的東西道路的控制，秦由此打開進攻趙都邯鄲的門戶，實現對趙都邯鄲的南北夾擊，最終滅亡趙國。

〔註151〕 崔建華：《〈戰國策〉「國子曰秦破馬服君之師」章繫年考》，《史學月刊》，2012年第3期，第128～129頁。

第二章　趙國地名考證

趙國地名研究是趙國歷史地理研究的一個非常基礎、極為重要的工作，地名不明，與之相涉的其他問題的研究幾乎無法進行。本項研究所採用的史料，主要以《史記》、《戰國策》、古本《竹書紀年》等文獻為主，並結合古文字等考古資料。考古資料可以提供一些趙國地名的確切例證，可彌補文獻史料的不足。如戰國貨幣銘文，作為重要的材料，可與文獻對照，互相印證；或不見文獻，可補文獻不足。

1. 皋狼（郭狼）

《趙世家》：「孟增幸於周成王，是為宅皋狼。」《集解》引徐廣曰：「或云皋狼地名，在西河。」《索隱》按：「如此說，是名孟增號宅皋狼。而徐廣云『皋狼地名，在西河』。按《地理志》，皋狼是西河郡之縣名，蓋孟增幸於周成王，成王居之於皋狼，故云皋狼。」又：「（武靈王十九年）召樓緩謀曰：「我先王因世之變，以長南藩之地，屬阻漳、滏之險，立長城，又取藺、郭狼，敗林人於荏，而功未遂。」《通鑒地理通釋》：「『郭狼』，疑是『皋狼』。」《史記‧秦本紀》：「孟增幸於周成王，是為宅皋狼。」《正義》：「《地理志》云西河郡皋狼縣也。按：孟增居皋狼而生衡父。」《戰國策》卷十八《趙一》「知伯帥趙、韓、魏而伐范中行氏」：「知伯說，又使人之趙，請蔡、皋狼之地，趙襄子弗與。」《戰國策》卷二十二《魏一》「知伯索地於魏桓子」：「知伯大說。因索蔡、皋梁於趙，趙弗與。」注曰：「鮑本『梁』作『狼』。」周成王將皋狼這個地方賞賜給他做封邑。從此，孟增便自號「宅皋狼」，以示榮耀。皋狼成為趙氏發展自身勢利的根據地，是趙國祖先的發祥地。漢西河郡皋狼，即今山西

呂梁市方山縣〔註1〕。

戰國璽印有「咎郎左司馬」〔註2〕，李家浩考證「咎郎」即是皋狼〔註3〕。

2. 屏

《左傳》僖公二十四年（前636年）：「狄人歸季隗於晉，而請其二子。（晉）文公妻趙衰，生原同、屏括、樓嬰。」杜預注：「原、屏、樓，三子之邑。」三者皆是以邑為氏。屏為趙衰子趙括采邑。《路史》卷二十九《國名紀》六：「屏，屏封屏翳國。」顧棟高曰：「趙括采邑當在其處。」《春秋地名考略》卷四「原」條下曰：「臣謹按，原即周襄所賜邑，詳周地。《路史》曰炎帝平翳封屏國，趙括采邑當在其處。」馬保春認為，屏或與「並」有關，有可能在晉中一帶，但確址不考〔註4〕。

3. 絳

《趙世家》：「（晉定公十五年，前497年）十月，范、中行氏伐趙鞅，鞅奔晉陽，晉人圍之。」

晉景公十五年（前586年）自故絳遷都於此，謂之新田或新絳，也稱作絳。在今山西省侯馬市西〔註5〕。

4. 樓

趙衰子趙嬰的采地。

《春秋地名考略》卷四「原」條下云：「臣謹按，原即周襄所賜邑，詳周地。《路史》曰炎帝臣屏翳封屏國，趙括采邑當在其處，又今隰州永和縣南十里有樓山城，後周置歸化縣，隋開皇十八年改曰樓山，大業初廢，武德初復置東和州，貞觀初廢入永和縣，取縣南樓山為名。」馬保春據此認為或在今山西省石樓縣或其附近〔註6〕。

〔註1〕繆文遠：《戰國制度通考》，成都：巴蜀書社，1998年，第162頁。
〔註2〕《璽匯》0049。
〔註3〕李家浩：《戰國官印考釋（二篇）》，《文物研究》（第七輯），合肥：黃山書社，1991年，第346～348頁；李家浩：《十一年皋落戈銘文釋文商榷》，《考古》，1993年第8期，第758～759頁，具體見第758頁。
〔註4〕馬保春：《晉國地名考》，北京：學苑出版社，2010年，第183頁。
〔註5〕周振鶴主編、李曉傑著：《中國行政區劃通史·先秦卷》，上海：復旦大學出版社，2009年，第284頁。
〔註6〕馬保春：《晉國歷史地理研究》，北京：文物出版社，2007年，第210頁。

5. 臨

《左傳》哀公四年（前 491 年）：「冬十一月，邯鄲降，荀寅奔鮮虞，趙稷奔臨。十二月，弦施逆之，遂墮臨。」杜注：「臨，晉邑。」正義曰：「稷初奔臨，欲據臨距國，今弦施逆稷，欲納之他邑，以臨險固，故毀之。」馬保春認為：「趙稷先奔臨，而後毀之，說明臨為趙氏所有，故可既奔之、又毀之。」〔註7〕此說可信。

臨邑古城位於河北臨城縣治西南 5 公里的南臺村南隅，故被當地村民俗稱為「南城子」。城址建於丘陵臺地之上，地勢平坦。其西、北兩面為下河河道，水源自西而東注入泜河；東為無名河道，南依丘陵之顛。其地形三面環水，易守難攻。該古城始建於春秋，湮廢於唐代〔註8〕。

臨城，戰國時處在趙與中山接界的地方，戰略地位很重要。同當時的鄗、柏人三城均依水而建，呈鼎足之勢，一同拱衛著趙與中山的邊界地帶。

6. 寒氏

《左傳》定公十年（前 500 年）：「初，衛侯伐邯鄲午於寒氏。」杜注：「邯鄲，廣平縣也。午，晉邯鄲大夫。寒氏，即五氏也，前年，衛人助齊伐五氏。」

《春秋地理考實》卷三：「五氏。《經》齊侯衛侯次於五氏，杜注晉地。《匯纂》蓋晉大夫邯鄲午之私邑，今直隸廣平府邯鄲縣西有五氏城，亦曰寒氏城。」明清廣平府邯鄲縣即今河北省邯鄲市，寒氏在其西。

《匯纂》（《欽定春秋傳說匯纂》）明言寒氏為趙午私邑，春秋時寒氏為趙氏地當是無疑。

7. 鄗

《魏世家》：「（魏惠王）十四年（趙成侯十七年），與趙會鄗。」

《趙世家》：「（武靈王十九年）王遂往之公子成家，因自請之，曰：『……吾國東有河、薄洛之水，與齊、中山同之，無舟楫之用。自常山以至代、上黨，東有燕、東胡之境，而西有樓煩、秦、韓之邊，今無騎射之備。故寡人無舟楫之用，夾水居之民，將何以守河、薄洛之水；變服騎射，以備燕、三胡、

〔註7〕馬保春：《晉國歷史地理研究》，北京：文物出版社，2007 年，第 212 頁。
〔註8〕河北省臨城縣城建局城建志編寫組：《河北臨城縣臨邑古城遺址調查》，《考古與文物》，1993 年第 6 期，第 28～37 頁。

秦、韓之邊。且昔者簡主不塞晉陽以及上黨，而襄主并戎取代以攘諸胡，此愚智所明也。先時中山負齊之彊兵，侵暴吾地，係累吾民，引水圍鄗，微社稷之神靈，則鄗幾於不守也。先王醜之，而怨未能報也。今騎射之備，近可以便上黨之形，而遠可以報中山之怨。而叔順中國之俗以逆簡、襄之意，惡變服之名以忘鄗事之醜，非寡人之所望也。』」這可能是武靈王的父親趙肅侯在位時的事。有學者研究認為此事可能發生在趙肅侯十八年（前332年）。據《趙世家》，公元前333年，趙國派兵攻魏黃城（今河北內黃縣西），並支持楚國圍齊徐州。次年，齊魏合軍伐趙，趙「決河水灌之」，齊魏兵罷。此後至趙武靈王即位的公元前325年，齊趙關係雖然一直處在不融洽的狀態中，但並無大的衝突發生。因此，趙武靈王所說的中山「恃齊圍鄗」事件，有極大可能發生在公元前332年齊魏伐趙之時，中山可能配合齊魏進攻了趙國的鄗邑。中山軍決槐水圍鄗邑，「鄗幾不能守。」由於趙決黃河水擋住了齊魏軍隊的進攻，中山也被迫從鄗邑撤軍。〔註9〕

《趙世家》：「（武靈王）三年，城鄗。」又「（武靈王）二十一年，攻中山。趙袑為右軍，許鈞為左軍，公子章為中軍，王并將之。牛翦將車騎，趙希并將胡、代。趙與之陘，合軍曲陽，攻取丹丘、華陽、鴟之塞。王軍取鄗、石邑、封龍、東垣。中山獻四邑和，王許之，罷兵。」武靈王即位的第三年，在鄗築城以防禦中山，但不久鄗還是被中山奪去了。

《戰國策‧燕三》「燕王喜使栗腹以白金為趙孝成王壽」：「令栗腹以四十萬攻鄗，使慶秦以二十萬攻代。趙使廉頗以八萬遇栗腹於鄗，使樂乘以五萬遇慶秦於代，燕人大敗。」

《史記‧信陵君列傳》載魏無忌因竊符救趙有功（前257年，趙孝成王九年），「趙王以鄗為公子湯沐邑，魏亦復以信陵奉公子。公子留趙」〔註10〕。

可見，鄗本為趙邑，後為中山所得，趙又復得之，燕國曾經攻打鄗，未果。《趙國史稿》稱鄗為趙之重地，趙國與中山長期在此爭奪。鄗故址在今河北省柏鄉縣北。

〔註9〕段連勤：《北狄族與中山國》，石家莊：河北人民出版社，1982年，第127～28頁。

〔註10〕（西漢）司馬遷：《史記》卷七十七《魏公子列傳》，北京：中華書局，1973年，第2382頁。

8. 柏人

《趙世家》：「晉定公二十一年，簡子拔邯鄲，中行文子奔柏人。簡子又圍柏人，中行文子、范昭子遂奔齊。趙竟有邯鄲、柏人。」又「幽繆王遷元年（前235年），城柏人」。在這之前，趙悼襄王九年（前236年）秦國攻取了趙國的鄴城，趙國失去南面的一個重要門戶，邯鄲面臨危機，於是趙王加固柏人城。1984年河北臨城縣東柏暢村的柏暢遺址中一戰國兵器窖藏出土趙「柏人」戈，內刻「柏人」二字〔註11〕。又戰國趙刀幣有「白人」，「白人」即「柏人」。

《高祖本紀》：「高祖之東垣，過柏人。」《正義》引《括地志》云：「柏人故城在邢州柏人縣西北十二里。」

《元和郡縣圖志》載：「柏人故城在堯山縣西北十二里。春秋時晉邑，戰國時屬趙。」柏人故址在今河北隆堯縣西。據《趙都邯鄲城研究》，柏人故城址位於隆堯雙碑鄉城角村和亦城村南，泜水南岸的臺地上，城東、南、西三面1000米以外皆為低緩的崗坡丘陵。時代東周至漢代〔註12〕。

9. 平邑

《古本竹書紀年》：「（晉）烈公四年，趙城平邑。五年，田公子居思，伐邯鄲，圍平邑。」《趙世家》：「（趙獻侯）十三年，城平邑。」《集解》引《漢書·地理志》曰：「代郡有平邑縣。」晉烈公四年，即趙獻侯十二年（前412年），與《趙世家》記載有一年之差，對此，楊寬已有辨證，兩處記載為同一件事，時間以《趙世家》為準，為趙獻侯十三年〔註13〕，即公元前411年。由此可見，此平邑離邯鄲較近，非《漢書·地理志》所言「平邑」。

《水經·河水注》引《紀年》載：「晉烈公十年（前325年），齊田肦與邯鄲韓舉戰於平邑，邯鄲之師敗逋，獲韓舉，取平邑、新城。」

《趙世家》：「（趙惠文王）二十八年（前271年），藺相如伐齊，至平邑。」《正義》引《括地志》云：「平邑故城在魏州昌樂縣東北四十里也。」平邑故

〔註11〕劉龍啟、李振奇：《河北臨城柏暢城發現戰國兵器》，《文物》，1988年第3期，第50～54＋56頁。

〔註12〕段宏振：《趙都邯鄲城研究》，北京：文物出版社，2009年，第170頁。

〔註13〕楊寬：《戰國史料編年輯證》，上海：上海人民出版社，2001年，第163頁；另《趙國史稿》認為在公元前412年，見該書第132頁，李曉傑認為在公元前414年，見《中國行政區劃通史·先秦卷》第485頁。

址在今河北南樂縣東北。

又「悼襄王元年，大備魏。欲通平邑、中牟之道，不成」。《正義》：「平邑在魏州昌樂縣東北三十里。相州湯陰縣西五十八里有牟山。按：（中）牟山之側，時二邑皆屬魏，欲渡黃河作道相通，遂不成也。」「（趙悼襄王）五年，傅抵將，居平邑；慶舍將東陽河外師，守河梁」。

《戰國策·中山》「中山與燕趙為王」：「中山與燕、趙為王，齊閉關不通中山之使，其言曰：『我萬乘之國也，中山千乘之國也，何侔名於我？』欲割平邑以賂燕、趙，出兵以攻中山。」《戰國策釋地》釋曰：「鮑曰屬代郡，吳曰：『《正義》古城在魏州昌樂縣東北』，釋曰：代郡固非，魏州之平邑在今南樂縣東北七里，趙地也，亦非齊所割，所當闕疑。」中山與趙、燕、魏、韓五國相王，其時在公元前 323 年，如前文所述，齊國於前 325 年攻取了平邑，此時平邑恰不為趙所有，所以，此說有誤，但認為此平邑不在代郡的看法是正確的。

《貨系·先秦卷》收錄有「平邑」方足布，該書《釋文表》認為：「地名，戰國魏地，今河南省南樂縣平邑村，另疑平陽後改平邑，為戰國趙地，今山西省大同市東南。」〔註14〕此說有誤，兩處平邑均為戰國趙邑。

平邑不僅屏障中牟，而且也拱護邯鄲。

10. 藺

《趙世家》有多處關於「藺」記載：

（成侯三年）伐衛，取鄉邑七十三，魏敗我藺。

（成侯二十四年）秦攻我藺。

（肅侯）二十二年，張儀相秦。趙疵與秦戰，敗，秦殺疵河西，取我藺、離石。

（武靈王）十三年，秦拔我藺，虜將軍趙莊。

（武靈王十九年）召樓緩謀曰：「我先王因世之變，以長南藩之地，屬阻漳、滏之險，立長城，又取藺、郭狼，敗林人於荏，而功未遂。」

《戰國策》也有多處記載：

《戰國策·趙一》：「知伯說，又使人之趙，請蔡、皋狼之地，趙襄子弗與。」

〔註14〕馬飛海主編：《中國歷代貨幣大系 1·先秦貨幣》1810，上海：上海人民出版社，1988 年，第 474 頁，釋文表見第 1103 頁。

〔註15〕此「蔡」字，鮑本作「藺」。元吳師道指出：「恐名偶同。《漢志》西河郡有皋狼縣，又有藺縣。『蔡』或為『藺』字訛。」後世皆持此說，此說當是。

《戰國策·趙三》：「秦攻趙，藺、離石、祁拔。趙以公子郚為質於秦，而請內焦、黎、牛狐之城，以易藺、離石、祁於趙。趙背秦，不予焦、黎、牛狐。秦王怒，令公子繒請地。趙王乃令鄭朱對曰：『夫藺、離石、祁之地，曠遠於趙，而近於大國。有先王之明與先臣之力，故能有之。今寡人不逮，其社稷之不能恤，安能收恤藺、離石、祁乎？……』秦王大怒，令衛胡易伐趙，攻閼與。」〔註16〕

《戰國策·西周》：「蘇厲謂周君曰：『敗韓、魏，殺犀武，攻趙，取藺、離石、祁者，皆白起。……今公破韓、魏，殺犀武，而北攻趙，取藺、離石、祁者，公也。……』」〔註17〕

李曉傑依《新編年表》將以上所記載「秦攻趙藺、離石、祁」之事繫於公元前281年，即趙惠文王十八年。

可見，趙肅侯又將藺從秦國手裏奪回，趙武靈王十三年，藺又屬秦，其後藺又重歸趙，故又有趙惠文王十八年秦攻藺事。

另外，《戰國策·韓一》記載：「秦圍宜陽，游騰謂公仲曰：『公何不與趙藺、離石、祁，以質許地，則樓緩必敗矣』。」〔註18〕此事在公元前308年，即趙武靈王十八年。由前文可知，藺不曾為韓占，此處疑有脫字。

趙國兵器有「三年藺令戈」，銘曰：「三年藺令孫長善□庫工師肖揭冶」和「九年藺令戈」，其銘曰：「九年藺令戈重劑上庫工師鵲冶同□。」〔註19〕三晉貨幣中有面文為「閵」的尖足布、方足布和圓足布。朱華先生認為閵就是趙地「藺」〔註20〕。《貨系》亦著錄了「閵」尖足布〔註21〕，30枚「閵」方

〔註15〕（西漢）劉向集錄：《戰國策》卷十八《趙一》「知伯帥趙韓魏而伐范中行氏」，上海：上海古籍出版社，1985年，第587頁。

〔註16〕（西漢）劉向集錄：《戰國策》卷二十《趙三》「秦攻趙藺離石祁拔」，上海：上海古籍出版社，1985年，第683~684頁。

〔註17〕（西漢）劉向集錄：《戰國策》卷二《西周》「蘇厲謂周君」，上海：上海古籍出版社，1985年，第55頁。

〔註18〕（西漢）劉向集錄：《戰國策》卷二十六《韓一》「秦圍宜陽」，上海：上海古籍出版社，1985年，第947頁。

〔註19〕張光裕、吳振武：《武陵新見古兵三十六器集錄》，《香港中文大學中國文化研究所學報》，1997年第6期。

〔註20〕朱華：《三晉貨幣》，太原：山西人民出版社，1994年，第155頁。

〔註21〕馬飛海主編：《中國歷代貨幣大系1·先秦貨幣》713~720、730~731，第280

足布〔註22〕,「閼」圓足布〔註23〕,「閼」刀幣〔註24〕,「閼」圜錢〔註25〕,「閼半」尖足布〔註26〕。

藺,《漢書·地理志》隸西河郡,《趙世家》:「今中山在我腹心,北有燕,東有胡,西有林胡、樓煩,秦、韓之邊。」《正義》「林胡、樓煩即嵐、勝之北也。嵐、勝以南石州、離石、藺等,七國時趙邊邑也。秦隔河也。」在今山西呂梁市離石區西。

至於《臨縣曜頭古城址》考古報告中提到:「據遺物特徵可斷定,該城始建於戰國初年,城牆經多次修補,直至秦漢仍很繁華,可能是當時的藺。」〔註27〕據《史記·周本紀》:「三十四年,蘇厲謂周君曰:『秦破韓、魏,扑師武,北取趙藺、離石者,皆白起也。』」《正義》引《括地志》曰:「離石縣,今石州所理縣也。藺近離石,皆趙二邑。」《大清一統志》卷一百四十四:「藺縣古城,在永寧州西。」今山西臨縣位於唐永寧州西北,且距戰國離石(今山西離石西)稍遠,似不符和文獻的記載。所以該報告沒有確指還是謹慎的。

11. 兔臺

《趙世家》:「(敬侯)四年,魏敗我兔臺。」《正義》:「兔臺、剛平並在河北。」

兔臺,今地不詳。雁俠認為,敬侯時邊事多在東南,兔臺似應在趙東南〔註28〕。

~282、284 頁,釋文見第 1086 頁。
〔註22〕馬飛海主編:《中國歷代貨幣大系 1·先秦貨幣》1457~1486,1988 年,第 415~420 頁。
〔註23〕馬飛海主編:《中國歷代貨幣大系 1·先秦貨幣》2346~2421, 1988 年,第 42、563~575 頁,釋文見第 1109~1110 頁,其中 2347 號,黃錫全疑為類圓足布,見其《圓足布新議》,《先秦貨幣研究》,北京:中華書局,2001 年,第 174 頁注⑳。
〔註24〕馬飛海主編:《中國歷代貨幣大系 1·先秦貨幣》2783~2794、4003~4005,1988 年,第 (43) 706、1009 頁,釋文見第 1120、1138 頁。
〔註25〕馬飛海主編:《中國歷代貨幣大系 1·先秦貨幣》721~729,1988 年,第 282~283 頁,釋文見第 1086 頁。
〔註26〕馬飛海主編:《中國歷代貨幣大系 1·先秦貨幣》4065~4066,1988 年,第 1031 頁,釋文見第 1139 頁。
〔註27〕傅淑敏:《臨縣曜頭古城址》,見中國考古學會編《中國考古學年鑒》(1994),北京:文物出版社,1997 年,第 144 頁。
〔註28〕雁俠:《先秦趙國疆域變化》,《鄭州大學學報》,1991 年第 1 期,第 77~90 頁,具體見第 80 頁。

12. 剛平

《趙世家》：「（敬侯）四年，魏敗我兔臺。築剛平以侵衛。五年，齊、魏為衛攻趙，取我剛平。」《正義》：「兔臺、剛平並在河北。」錢穆認為：「漢剛平，晉置剛平。或此剛平即剛。魏侵趙兔臺，與趙築剛平侵衛，乃兩事，正義并說『並在河北』，未可據」〔註29〕又《戰國策·齊策五》：「衛得是藉也，亦收餘甲而北面，殘剛平，墮中牟之郭。衛非強於趙也，譬之衛矢而魏弦機也，藉力魏而有河東之地。」繆文遠認為據此可知剛平與中牟並為河東，乃趙地近齊處，並指出剛平故城在今河南清豐縣西南〔註30〕，不知何據。

13. 高唐

《趙世家》：「（肅侯）六年，攻齊，拔高唐。」又載：「（趙惠文王）二十五年，燕周將，攻昌城、高唐，取之。」

《田敬仲完世家》：「威王曰：「吾臣有盼子者，使守高唐，則趙人不敢東漁於河。」」

《戰國策趙四》：「燕封宋人榮蚠為高陽君，使將而攻趙。趙王因割濟東三城令盧、高唐、平原陵地城邑市五十七，命以與齊，而以求安平君而將之。」

高唐在齊國西界，往東有大道可直達都城臨淄，往西可通晉、秦等國，即當交通衝要，也是西方各國進攻齊國的門戶，堪稱齊國西部邊境要邑，有學者認為高唐是齊國的陪都，也有學者認為高唐是齊國的都城之一。〔註31〕正因為高唐的地理位置重要，戰略地位特殊，所以齊國在此養兵備邊，《戰國策·燕策一》：「且異日也，濟西不役，所以備趙也；河北不師，所以備燕也。今濟西、河北，盡以役矣，封內弊矣。」趙、齊兩國長期在此拉鋸、爭奪。

高唐，位於今山東高唐東北。

14. 房子

《趙世家》有多處記載：

（敬侯）十年，與中山戰於房子。《正義》：「趙州房子縣是。」

（武靈王）十九年春正月，大朝信宮。召肥義與議天下，五日而畢。王

〔註29〕錢穆：《史記地名考》，北京：商務印書館，2001年，第758頁。
〔註30〕繆文遠：《戰國制度通考》，成都：巴蜀書社，1998年，第163頁。
〔註31〕吳長川：《先秦陪都功能初論》，西北大學碩士學位論文，2008年；潘明娟：《先秦多都並存制度研究》，陝西師範大學博士學位論文，2009年。

北略中山之地，至於房子，遂之代，北至無窮，西至河，登黃華之上。」《正義》：「趙州縣也。」

「（惠文王）二十四年，廉頗將，攻魏房子，拔之，因城而還。」《集解》引徐廣曰：「屬常山。」這件事，《史記·廉頗藺相如列傳》也有記載：「廉頗攻魏之防陵、安陽，拔之。」《史記地名考》「房子」條下錢穆案：「常山房子，乃趙武靈北略中山所得，何緣魏人越邯鄲而有之？徐說定非也。」〔註32〕《趙世家》中的房子訛誤，當為《列傳》中的防陵。〔註33〕

《漢書·地理志》載：常山郡有房子縣。東漢時，常山郡改為常山國，仍轄房子縣。魏晉時期，房子屬於趙國，並為都治。徐廣所云「屬常山」，是根據漢代的行政隸屬而言的。據《讀史方輿紀要》，房子故址在今河北省高邑縣西南 15 里。因常山地在戰國時屬於中山國，故房子在戰國時先屬中山，後屬趙。

河北省秦皇島市出土戰國趙兵器「十一年房子令」戈，銘文「十一年房子令趙結下庫工師□梁治」，「方子」即「房子」〔註34〕。

15. 中人

《左傳》昭十三年：「晉荀吳自著雍，以上軍侵鮮虞及中人。」杜注：「中山望都縣西北有中人城。」

《國語·晉語九》：「趙襄子使新稚穆子伐狄，勝左人、中人，遽人來告，襄子將食，尋飯有恐色。」〔註35〕《列子·說符》載：「趙襄子使新稚穆子攻翟，勝之，取左人、中人；使遽人來謁之，襄子方食而有憂色。」〔註36〕《國語》與《列子》均未明言具體時間，楊寬認為此事當在晉出公二十二年韓、趙、魏三晉共滅智伯而三分其地之後〔註37〕，《趙國史稿》則認為《國語》編者將其置於趙滅知伯之前，知其應發生在趙伐取代國及滅亡知氏之間。又左人、中人地在中山國疆域之北部而與代地相臨，故知新稚穆子伐取二邑是由代地出發

〔註32〕錢穆：《史記地名考》，北京：商務印書館，2001 年，第 762 頁。
〔註33〕許作民：《廉頗拔魏防陵、安陽地望考》，《中國歷史地理論叢》，1994 年第 2 期，第 111～116 頁。
〔註34〕鍾柏生等編：《新收殷周青銅器銘文暨器影彙編》，臺北：藝文印書館印行，2006 年。
〔註35〕《國語》卷九《晉語》「趙襄子使新稚穆子伐狄」，山東：齊魯書社，2005 年，第 245 頁。
〔註36〕景中譯注：《列子》，北京：中華書局，2007 年，第 255 頁。
〔註37〕楊寬：《戰國史料編年輯證》，上海：上海人民出版社，2001 年，第 111 頁。

的〔註38〕。後者更為合理，及趙奪取左人及中人，當在趙滅代不久。

《趙世家》：「（敬侯）十一年，魏、韓、趙共滅晉，分其地。伐中山，又戰於中人。」《集解》徐廣曰：「中山唐縣有中人亭。」《正義》引《括地志》云：「中山故城一名中人亭，在定州唐縣東北四十一里，春秋時鮮虞國之中人邑也。」應劭《地理風俗記》：「唐縣西四十里，得中人亭。」《博物記》：「中人，在（唐）縣西四十里。」自漢至晉初唐縣在今縣東北二十五里，自此向西四十里為今唐縣西北十餘里。〔註39〕

16. 葛孽

《趙世家》：「（成侯）十七年，成侯與魏惠王遇葛孽。」《集解》引徐廣曰：「在馬丘。」《史記會注考證》：「徐廣云：『葛孽在馬丘』，不知馬丘何地方。《讀史方輿紀要》云：『在曲周縣西。』」〔註40〕錢穆認為：「今肥鄉縣西南二十里。《國策》（此處指《戰國策》）：『魏王抱葛孽、陰成為趙養邑』，是也。」〔註41〕其實《讀史方輿紀要》本是將此附在「肥鄉縣」條下「邯溝城」：「葛孽城在縣西，《戰國策》：『魏王抱葛孽陰成為趙養邑。』」後世學者多據《讀史方輿紀要》認為葛孽在今河北省肥鄉縣西南。

17. 中陽、西都、西陽、中都

《趙世家》：「（武靈王）十年，秦取我中都及西陽。」《集解》引徐廣曰：「年表曰『秦取中都、西陽、安邑。十一年，秦敗我將軍英』。太原有中都縣，西河有中陽縣。」此事，《秦本紀》亦有記載：「二十二年，蒙武伐齊。河東為九縣。與楚王會宛，與趙王會中陽。」《集解》：「《地理志》西河有中陽縣。」《正義》引《括地志》云：「中都故縣在汾州平遙縣西十二里，即西都也。西陽即中陽也，在汾州隰城縣東十里。《地理志》云西都、中陽屬西河郡。此云『伐取趙中都西陽』。《趙世家》云『秦即取我西都及中陽』。年表云『秦惠文王後元九年，取趙中都、西陽、安邑。趙武靈王十年，秦取中都安陽』。本紀、世家、年表其縣名異，年歲實同，所伐唯一處，故具錄之，以示後學。」此中陽亦即《趙世家》「（惠文王）十四年，相國樂毅將趙、秦、韓、魏、燕攻齊，

〔註38〕沈長雲、魏建震等：《趙國史稿》，北京：中華書局，2000年，第115頁注①。
〔註39〕路洪昌：《中山早期地域和中人、中山其名》，《河北學刊》，1988年第1期，第73～76頁。
〔註40〕顧祖禹：《讀史方輿紀要》卷十五，北京：中華書局，2005年，第680頁。
〔註41〕錢穆：《史記地名考》，北京：商務印書館，2001年，第766頁。

取靈丘。與秦會中陽」的「中陽」。「安邑」是魏而非趙地也，當為衍文。

　　高士奇《春秋地名考略》卷五有比較詳細的論述：

　　「昭二年晉人執陳無宇於中都。杜注：中都晉邑在西河界休縣東南，臣謹按《史記‧秦本紀》惠文君後九年伐趙取中都西陽安邑，《六國表》：『趙武靈王十年秦取我中都西陽安邑。』而《趙世家》則云：『秦取我西都及中陽。』一事而互異，蓋世家誤也。《史記正義》：『世家注西都即中都，中陽即西陽，是矣。』《水經注》：『侯甲水自祁縣西北逕太谷，又西北連祁藪，又西北逕中都故城南，即晉執陳無宇處是也，又西合嬰侯水逕鄔縣古城南入鄔陂，而歸於汾流。』《括地志》：『中都在汾州平遙縣西。』《元和郡縣志》：『中都故縣在平遙縣西十二里，平遙縣，漢為平陶縣，屬太原郡，晉因之，漢介休縣，亦屬太原郡，晉改為界休，屬西河國，平陶在東，界休在西，地相連接，故杜預云然也，今中都故城在汾州府平遙縣西十二里，西南至介休五十里，再按漢地里志有中都縣，《後漢志》同劉昭注即引晉執陳無宇事，誤也，又徐廣《趙世家》西都注云：秦紀年表作中都，太原有中都縣，夫既知西都為中都之誤，而又引漢縣作注，亦誤也，漢中都縣，文帝為代王都之，晉屬太原國。』《元和郡縣志》：『高齊文宣帝省榆次縣，自縣東十里移中都理之，隋仍改名榆次縣，見《隋地理志》，今太原府榆次縣東十五里有中都城，與界休之中都相去甚遠也，此縣晉時猶在，如果在介休，杜預即當直云今縣，如野王長子之例，乃云中都在界休，便知非一地矣。』」

　　通過對以上這段話的推敲，可以得出的結論是：晉時「中都」與趙世家所說「中都」不是一處，北魏以前兩漢時期位於平遙、介休一帶，北魏以後遷至其北榆次縣界。趙「中都」位於今山西平遙西。

　　《集解》：「《地理志》西河有中陽縣。」漢中陽縣治與今山西中陽縣同。另據清錢坫、徐松《新校注地里志集釋》云：「《水經》河水南過中陽縣西，注：中陽縣，城在東，東翼汾水，隔越重山，不濱於河也。松按，段氏引戴氏說，以《水經》地望考之，中陽西濱河，當在今汾州府寧鄉縣境，趙世家云取我西都及中陽，是也。」〔註42〕其時寧鄉民國時改曰中陽，位於今山西中陽縣西。

　　《六國表》：「取趙中都、西陽。」《集解》引徐廣曰：「太原有中都縣，西

〔註42〕四庫未收書輯刊編纂委員會：《四庫未收書輯刊》（陸輯）（10），《新校注地里志集釋》卷十三，北京：北京出版社，1998年，第325頁。

河有中陽縣。」似徐廣所見版本為「中都、中陽」。清人梁玉繩執「西都、中陽」說〔註43〕，日本學者瀧川資言在《史記會注考證》云：「愚按楓、三、南本，西陽作雲陽。」〔註44〕錢穆先生認為疑作「中都、中陽」〔註45〕，一事而互異，所論當各有所本。

戰國貨幣有面文有「中陽」的尖足布、方足布。〔註46〕又《內蒙古清水河縣拐子上古城發現秦兵器》〔註47〕記載出土編號 G：2 的「仲陽戈」，內一面自右向左橫刻「中陽」，胡一面縱刻「廣衍」，為戰國秦國兵器，或為秦佔領趙「中陽」之後鑄造。《內蒙伊盟新出十五年上郡守壽戈銘考》討論了1985 年內蒙古伊克昭盟伊金霍洛旗紅慶河鄉哈什拉村牛家渠出土的「十五年上郡守壽戈」，《近出殷周金文集錄》以為此戈時代當在戰國中期，其內部有「中陽、西都」的銘文。陳平先生認為：「《史記》原本該二地名當如中華聚珍版作西都與中陽。《集解》注前作中都，後作中陽，說明在劉宋時即有《史記》的某種傳本將西都訛成了中都。標點本則進一步將中陽又訛成了西都，據聚珍版《史記》，西都與中陽二地同時歸秦在趙武靈王十年，時值秦昭王九年。斯年較伊盟新出土秦戈鑄造之年早六年。故秦人於昭王十五年鑄成該戈後，將其首先置用於中陽、繼而置用於西都，於時、空觀念上看，都是可能的。」〔註48〕

另外，吳良寶先在《讀幣劄記（四則）》一文中認為：「《大系》1042_1052著錄有『西都』尖足布幣。尖足布是戰國早期趙國的鑄幣，西都應是趙國的城邑之名，但典籍未見明確記載。……尖足布『西都』與方足小布『中都』也許就是同一城邑所鑄造的不同形態的金屬貨幣，因時間有先後而致地名有異（尖足布早於方足小布）。《史記正義》引《括地志》云：『中都即西都』、『西

〔註43〕（清）梁玉繩：《史記志疑附錄》（二），北京：中華書局，1985 年，第 147 頁。
〔註44〕（日）瀧川資言：《史記會注考證》卷五，東京：東京大學東洋文化研究所，1957～1960 年，第 60 頁。
〔註45〕錢穆：《史記地名考》，北京：商務印書館，2001 年，第 773～774 頁。
〔註46〕黃錫全：《先秦貨幣研究》，北京：中華書局，2001 年，第 383 頁；朱華：《三晉貨幣》，太原：山西人民出版社，1994 年，第 155 頁；《貨系·先秦卷》1034～1041 頁。
〔註47〕李興盛、刑黃河：《內蒙古清水河縣拐子上古城發現秦兵器》，《文物》，1987 年第 8 期，第 63～64＋76 頁。
〔註48〕陳平、楊震：《內蒙伊盟新出十五年上郡守壽戈銘考》《考古》，1990 年第 6 期，第 550～553 頁，引文見第 552 頁。

陽即中陽」，也許並不像梁氏所說的『謬甚』。當然這還有待於更多的材料來加以證實。」〔註49〕

綜上，「西都、中陽」，「中都、西陽」，抑或「中都、中陽」，極有可能為同一地不同時間的別稱。

戰國貨幣也有面文為「中都」的方足布〔註50〕。《殷周金文集成》（簡稱《集成》）17‧10906著錄了一件「中都戈」。另據吳良寶《讀幣劄記（四則）》，方若《舊雨樓泉景》著錄了一枚方足小布（該布還見於戴葆庭《足齋集珍拓》等書），吳認為它是一枚傳形「中都」方足小布。〔註51〕戰國貨幣還有「中陽」尖足布〔註52〕，「西都」尖足布〔註53〕。

《呂氏春秋‧淫辭》：「空雄之遇，秦、趙相與約。」「空雄」，《聽言》作「空洛」。陳其猷云：「觀下文所言平原君、公孫龍，則此為趙惠文王事，而秦王為秦昭王也。《史記》《秦》、《趙世家》及《六國表》，秦昭王二十二年、趙惠文王十四年，秦、趙有中陽之會，此空雄蓋即中陽也。《聽言》作『空洛』者，乃雄誤為雒，又以雒、洛同字而誤作洛耳。」按，陳說是。〔註54〕空雄即中陽。

18. 大陵

《趙世家》：「（肅侯）十六年，肅侯遊大陵，出於鹿門。」《集解》徐廣曰：「太原有大陵縣，亦曰陸。」《正義》引《括地志》云：「大陵城在并州文水縣北十三里，漢大陵縣城。」《趙世家》又載：「（武靈王）十六年，秦惠王卒。王遊大陵。」

《漢書‧地理志》：「大陵屬平原郡，春秋時為晉平陵邑。」《左傳》昭公二十八年：「魏獻子為政，分祁氏之田以為七縣。」杜注：「七縣，鄔、祁、平

〔註49〕吳良寶：《讀幣劄記（四則）》，《徐州師範大學學報》，1999年第3期，第63～65頁，引文見第64頁。

〔註50〕馬飛海主編：《中國歷代貨幣大系 1‧先秦貨幣》1549～1579，第430～435頁，釋文見第1100頁。

〔註51〕吳良寶：《讀幣劄記（四則）》，徐州師範大學學報，1999年第3期，第63～65頁。

〔註52〕馬飛海主編：《中國歷代貨幣大系 1‧先秦貨幣》1034～1041，第342～344頁，釋文見第1092頁。

〔註53〕馬飛海主編：《中國歷代貨幣大系 1‧先秦貨幣》1042～1052，第344～345頁，釋文見第1092頁。

〔註54〕《戰國制度通考》第173頁。

陵、梗陽、塗水、馬首、盂。」又曰：「司馬烏為平陵大夫。」

《春秋地名考略》卷五高士奇謹按：「晉平陵縣，趙曰大陵，亦曰大陸，史記趙肅侯六年遊平陸，至於鹿門，又武靈王十六年遊大陸，夢處女鼓瑟而歌，劉昭曰大陵，即大陸也。漢置大陵縣，屬太原郡，晉因之，時為南單于所居……後魏遷治於城西南十里，故曰受陽，隋改為文水，以文穀水得名也，宋元豐間，因水患徙置南漳沱村，即今文水縣治。《水經注》汾水過大陵縣東，迤為鄔澤，東西四里，南北一十餘里，南接鄔。……夫鄔亦祁氏邑也，大陵與相接，故謂其先為祁氏邑，理可通也。今文水縣東北二十里有大陵城，《城邑考》大陵故城周十餘里，後魏廢，今為官田。」漢大陵縣治今文水、交城之間。據前《正義》所云，戰國大陵即漢大陵縣，也就是在今山西文水東北。

《史記地名考》「大陵」條下錢穆案：

漢大陵縣，今文水縣東北二十五里；春秋時晉平陵邑。然距邯鄲趙都甚遠，趙君無為屢來遊此；蓋注家誤說。劉邵《趙都賦》：「國乃講武，狩於清源。北連昭餘，南屬呼沱，西眄太陵，東結繚河。」邯鄲城西有牛首水，出於堵山，水經注謂其「洪湍雙逝，澄映兩川」；而洪波臺亦在邯鄲城西，與城東叢臺齊名。疑大陵當在堵山牛首水附近，蓋與洪波臺同為趙都西郊勝遊之地也。

「鹿門」條下又云：

據史文：「肅侯遊大陵，出於鹿門，大戊午扣馬曰：『耕事方急，一日不作，百日不食。』肅侯下車謝。」則大陵乃邯鄲郊外，鹿門乃邯鄲城門耳。（左昭十，齊城有鹿門。）否則豈有遠自邯鄲至盂縣，已踰千里之遙而始諫，而諫又曰「一日不作」乎？只緣注家輕據漢志有大陵縣，率謂即是趙君所遊，乃更妄舉盂縣白鹿山，謂鹿門在此。不循上下文，單就地名近似說之，其誤率類此；而此尤其較顯者。

趙武靈王遊大陵，名為遊，實際上是巡視趙秦邊境，所以後文又曰：「十七年，王出九門，為野臺，以望齊、中山之境。」即是再次巡視邊境。如果肅侯僅是出遊，出行距離有遠有近，斷不能因距都城遠近而判斷出遊地點。大陵位於今山西文水東北當是無疑。

19. 區鼠、淄鼠

《趙世家》：「（武靈王）四年，與韓會于區鼠。」《正義》：「蓋在河北。」此事，《韓世家》亦有記載：「（宣惠王）十一年，君號為王。與趙會區鼠。」

《戰國策・齊三》:「秦破馬服君之師,圍邯鄲。齊、魏亦佐秦伐邯鄲,齊取淄鼠,魏取伊是。」《戰國策補釋》:「齊欲伐魏,淳于髡謂齊王章:『齊取淄鼠,魏取伊是。』高注:淄鼠、伊是,皆趙邑也,鮑本作伊氏,注皆趙地,缺。按:淄鼠疑即區鼠,《六國表》「韓趙會於區鼠」,區、淄音近而歧。」〔註55〕

錢坫《補三國疆域志後序》:「司馬彪作《郡國志》多錄三代以來地名,然於春秋時若宋之老桃、管鄧,齊之祿甗、多魚,楚之大林、陽邱,鄭之依嘯、暴隧,缺漏者不可勝數。《史記》魏地有暘、有詭,趙地有區鼠,韓地有注人。《漢表》有棘邱、曲成、東柔、臨轅,並出高祖所封侯國,其名當易考見,劉昭注補時群編咸在,而略不一及,是所蔽也。」〔註56〕可見「區鼠」這個地名還是受到後世學者關注的,只可惜《後漢書》這樣相對早期的書都不著錄,不知何故,後世史書記載也缺略,無從考證,今地不詳。

20. 黃城

《趙世家》:「(敬侯) 八年,拔魏黃城。」《正義》引《括地志》:「故黃城在魏州冠氏縣南十里。」又載:「(肅侯) 十七年,圍魏黃,不克。築長城。」《正義》:「黃城在魏州,前拔之,卻為魏,今趙圍之矣。」

《戰國策・齊五》:「衛君跣行,告遡於魏。魏王身被甲底劍,挑趙索戰。邯鄲之中驚,河、山之間亂。衛得是藉也,亦收餘甲而北面,殘剛平,墮中牟之郭。……趙得是藉也,亦襲魏之河北燒棘溝,墜黃城。」

《讀史方輿紀要》「冠縣」「黃城」條下曰:

黃城在縣南,《括地志》:冠氏南有黃城,亦以黃溝為名,本趙邑,後屬魏。《史記・齊世家》:宣公四十三年,田莊子伐晉,毀黃城。又《趙世家》:敬侯八年,敗魏黃城。又肅侯十七年,圍魏黃城,不克。漢置黃縣,屬山陽郡。元帝封梁敬王子順為侯邑。《讀書記》:漢陳留郡有外黃縣,魏郡有內黃縣,而山陽郡有黃縣,俱在大河旁,為魏趙齊戰爭之地。王氏云:蘇秦說齊:趙襲魏之河北,燒棘蒲,隊黃城,此河北之黃城也,在冠氏南十里,蘇代約燕王決白馬之口,魏無黃、濟陽,此河南之黃城,在考城縣東二十四里。按:志云:蘇秦所言之黃,當是內黃縣今外黃城,見河南杞縣。」此說當是,今從之。《趙世家》「拔魏黃城」和「圍魏黃」的「黃城」位於今山東冠縣南,《戰國策》之「墜黃城」在今河南內黃西。

〔註55〕 (民國) 金正煒:《戰國策補釋》卷三,民國金氏十梅館刻本。
〔註56〕 (清) 王昶:《湖海文傳》卷二十五「序」,清道光十七年經訓堂刻本。

戰國尖足布有「黃城」，即黃城，在今山西冠縣南〔註57〕。

21. 靈丘

《趙世家》：「（敬侯）二年，敗齊於靈丘。」《集解》引《地理志》曰：「代郡有靈丘縣。」又「（惠文王）十四年，相國樂毅將趙、秦、韓、魏、燕攻齊，取靈丘。」《正義》：「蔚（丘）〔州〕縣也；（孝成王）趙以靈丘封楚相春申君」，《正義》引《括地志》云：「靈丘，蔚州理縣也。」唐代蔚州理縣在今山西靈丘縣。那麼，據《集解》、《正義》，「靈丘」當在今山西靈丘無疑，但靈丘在代地，齊國實難越趙、魏、中山等國而占之。

據《孟子正義》卷八「孟子謂蚔鼃曰：『子之辭靈丘而請士師，似也，為其可以言也。今既數月矣，未可以言與？』」下「疏」曰：

閻氏若璩釋地云：靈丘亦屬齊邊邑，《趙世家》：敬侯二年，敗齊於靈丘。《六國表》：敬侯九年、魏武侯九年、韓文侯九年，因齊喪共伐之，至靈丘。又《趙世家》：惠文王十四年，樂毅將趙、秦、韓、魏，攻齊，取靈丘。明年，燕獨深入取臨淄。加以蚔鼃去王遠無以箴王闕，特辭靈丘請士師，足徵為邊邑，實不知其所在。爾時趙別有靈丘，以葬武靈王得名，即今靈丘縣，孝成王以靈丘封黃歇，絳侯擊破陳豨於靈丘，皆其地。注：《史記》者以此之靈丘為齊之靈丘，無論齊境不得至代北，而敬侯時安得國有靈丘？胡三省注齊靈丘，又以漢清河郡之靈縣當之，抑出臆度，毋寧闕疑。江氏永羣經補義云：蚔鼃辭靈丘。趙岐注云：齊下邑，胡三省注通鑒謂即漢清河郡之靈縣，今之高唐夏津皆其地，疑此說是。楚魏皆嘗伐齊至靈丘，正是漢清河郡，今之東昌府地也，于欽齊乘則云：今滕縣東三十里明水河之南有靈丘故城未知何據〔註58〕

上文認為趙伐齊之「靈邱」應在齊邊界，錢穆也持這種觀點，他在齊地名「靈邱」條下案：「齊之靈邱，當是齊西北邊邑。《集解》、《正義》皆以山西靈邱說之，誤矣。《方輿紀要》藤縣東三十里有靈邱城，則當魏武時尚非齊地，樂毅時趙師亦何獨至南境？恐亦非也。」〔註59〕上文也否定了「漢清河郡之靈縣」以及「滕縣」說，有一定的說服力。漢清河郡之靈縣即清代東昌府之高唐州西南，清高唐州即今河北高唐縣，故後世學者多據此認為靈丘在今高唐

〔註57〕黃錫全：《平首尖足布新品數種考述——兼述這類布的種類、分布與年代》，《先秦貨幣研究》，北京：中華書局，2001年，第67～76頁，具體見第73頁。
〔註58〕（清）焦循：《孟子正義》卷八，清焦氏叢書本。
〔註59〕錢穆：《史記地名考》，北京：商務印書館，2001年，第435頁。

西南，看來還是值得商榷的。

趙敬侯二年後的一段時期，趙國戰爭主要集中在趙東南與魏、齊接界的地方：三年，救魏於廩丘，大敗齊人；四年，魏敗我兔臺，築剛平以侵衛；五年，齊、魏為衛攻趙，取我剛平；六年，借兵於楚伐魏，取棘蒲。趙惠文王十四年之後幾年也具有這樣的特點。這樣看來，其地似應在趙國之南、齊國之北，兩國接界的地方。

22. 列人

據《水經·濁漳水注》：「漳水又東北逕列人縣故城南。《竹書紀年》惠成王八年（前 362 年），魏伐邯鄲，取列人者也。」《漢書·地理志》列人屬廣平國。《讀史方輿紀要》卷十五「廣平府」「肥鄉縣」「列人城」：「縣北三十里列人堤上，戰國時趙邑也，《竹書紀年》：梁惠成王八年，伐邯鄲，取列人。漢置縣，屬廣平國。」列人位於今河北肥鄉縣東北。

中國錢幣博物館館藏一枚「剌」字空首聳肩尖足布，學者釋讀為「列人」〔註60〕，判定該幣為春秋晚期的晉國貨幣，列人，在邯鄲東，距邯鄲甚近，為春秋晚期趙氏勢力範圍，戰國入趙。

23. 昌城

《趙世家》：「（惠文王）二十五年，燕周將，攻昌城、高唐，取之。」《集解》徐廣曰：「屬齊郡。」《正義》引《括地志》云：「故昌城在淄州淄川縣東北四十里也。」又「（孝成王）十年，燕攻昌壯，五月拔之。」《集解》引徐廣曰：「一作『社』。」《正義》：「壯字誤，當作『城』。《括地志》云：『昌城古城在冀州信都縣西北五里。』此時屬趙，故攻之也。」此說當是。

《大清一統志》卷一百六十三「濟南府三」「昌國故城」：「昌國故城在淄川縣東北，古齊邑，亦名昌城。《史記·趙世家》：惠文王二十五年，燕周將攻昌城取之。」此昌城位於今山東淄博東南。

《讀史方輿紀要》卷十四「冀州」「昌成城」條下曰：「昌成城在州西北，故趙邑。《史記》：趙孝成王十年，燕攻昌城，拔之。」這個昌城位於今河北冀州市西北。

故趙於惠文王和孝成王時期攻取的齊昌城分別在兩處。一個在今山東淄

〔註60〕錢卓、車新亭：《山西出土「剌」字聳肩尖足空首布》，《中國錢幣》，1993 年第 2 期，第 49 頁；何琳儀：《剌人布幣考》，《古幣叢考》，合肥：安徽大學出版社，2002 年，第 107～110 頁。

博東南，另一個在今河北冀州市西北，在討論相關問題時，因區別視之，不可混而論之。

戰國燕有「昌」尖首刀〔註61〕，疑就是指的後者。

24. 梗陽

《趙世家》:「（惠文王）十一年，董叔與魏氏伐宋，得河陽於魏。秦取梗陽。」《集解》引杜預曰:「太原晉陽縣南梗陽城也。」《索隱》:「《地理志》云:『太原榆次有梗陽鄉。』與杜預所據小別也。」《正義》引《括地志》云:「梗陽故城在并州清源縣南百二十步，分晉陽縣置，本漢榆次縣地，春秋晉大夫祁氏邑也。」趙惠文王十一年，趙派董叔聯合魏軍攻宋，魏將河陽（今河南孟縣西）送給趙國。秦國因趙遲遲不肯出兵攻齊，欲對趙進行懲罰，於是乘趙伐宋國內空虛之機，出兵伐趙，奪取梗陽。

《左傳》昭公二十八年:「秋，晉韓獻子卒，魏獻子為政，分祁氏之田為七縣……魏戊為梗陽大夫。」杜注:「七縣，鄔、祁、平陵、梗陽、塗水、馬首、盂也。梗陽，在太原晉陽縣南。」西晉晉陽縣在今太原市南晉祠、晉源一帶，唐并州清源縣在今山西清徐縣。

《春秋地名考略》卷五「梗陽」條下曰:「襄十八年，中行獻子見梗陽之巫皋。杜注:梗陽，晉邑。在太原晉陽縣南。臣謹按:昭二十八年魏戊為梗陽大夫。《史記》:『趙惠文王十一年，秦取梗陽。』即此。漢為榆次縣地，《地里志》云榆次有梗陽。晉仍之。《水經注》京相璠曰:『今晉陽縣南四十里有梗陽城。』隋開皇十六年於梗陽故城置清源縣。大業初省入晉陽，唐初復置，宋因尋省縣還屬太原府，今仍之。」隋清源縣為今山西清徐縣。

梗陽，春秋晉大夫祁氏邑。晉滅祁氏，分為七縣，梗陽居其一。戰國屬趙，後屬秦。今山西清徐縣是也。

25. 南行唐

《趙世家》:「（惠文王）八年，城南行唐。」《集解》徐廣曰:「在常山。」《正義》:「行，寒庚反。《括地志》云:『行唐縣屬冀州。』為南行唐築城。」

《括地志集輯校》「恒州」「南行唐」條下曰:「行唐縣屬（冀）〔恒〕州。《史記·趙世家》:『城南行唐』正義引。按唐行唐縣即漢南行唐，為恒州屬

〔註61〕馬飛海主編:《中國歷代貨幣大系　1·先秦貨幣》2681～2683，第 678～679頁，釋文見第 1118 頁。

縣，『冀』字誤。」〔註62〕此說當是。《漢書・地理志》：「常山郡，高帝置。莽曰井關。屬冀州。……南行唐。」《括地志》訛誤大概源於此。

南行唐亦應是破中山所得地，在今河北行唐東北。

傳世戰國趙兵器有「南行陽令」劍，銘文「王立吏（事），南行陽命（令）翟卯左庫工（師）司馬合，治導執齊」〔註63〕。「南行陽」也見於戰國三孔布幣〔註64〕。裘錫圭釋幣文為南行陽，並考證「南行陽」即「南行唐」〔註65〕，存此備考。

26. 武平

《趙世家》：「（惠文王）二十一年（前 278 年），趙徙漳水武平西。……二十七年，徙漳水武平南。」

《正義》引《括地志》云：「武平亭今名渭城，在瀛州文安縣北七十二里。」按：二十七年又徙漳水武平南。據《括地志》，唐代瀛洲文安縣即今河北文安縣，武平當在其北無疑。但考諸趙國史實，趙國東北邊境至趙惠文王末年尚未擴展到今河北文安一帶，直到趙孝成王十九年（前 247 年），趙與燕易土，「以龍兌、汾門、臨樂與燕，燕以葛、武陽、平舒與趙」，此時趙才具有今河北文安一帶。可見，武平應該不在此地附近。《貨系・先秦卷》1001〜1011 著錄有「武平」尖足布〔註66〕，《釋文表》認為：「地名，戰國趙地，今河北省武安縣、涉縣之間，或河北省文安縣北。」吳良寶認為「尖足布是戰國早期的鑄幣，即使幣文『武平』地望在今河北文安，趙惠文王時已是戰國晚期，這在貨幣鑄造時間上也無法圓滿解釋。」吳良寶進一步說：「尖足布『武平』的地望只能在趙國疆域內尋求。尖足布『武平』、『武安』等常常伴出，武安一地在今河北武安縣西南，離趙都邯鄲很近。估計『武平』一地也當在邯鄲附近，否則趙惠文王不會『徙漳水武平西』（二十一年）、『徙

〔註62〕（唐）李泰等著、賀次君輯校：《括地志輯校》，北京：中華書局，1980 年，第 102 頁。

〔註63〕于省吾輯：《商周金文錄遺》，599 劍，影印本，北京：北京科學出版社，1957年。

〔註64〕馬飛海主編：《中國歷代貨幣大系 1・先秦貨幣》2462〜2463，第 583 頁，釋文見第 1112 頁。

〔註65〕裘錫圭：《戰國貨幣考（十二篇）》，《北京大學學報》，1978 年第 2 期，第 69〜83 頁，引文見第 72 頁。

〔註66〕馬飛海主編：《中國歷代貨幣大系 1・先秦貨幣》1001〜1011，第 337〜339頁，釋文見第 1091〜1092 頁。

漳水武平南』（二十七年）。其確切地望今已不可考。……戰國時趙武平的地望，暫時還是闕疑為好。」〔註67〕今同其說。此外，傳世戰國趙兵器有「三年武平令」劍，銘文「三年武平命（令）馬＝（司馬）元，右軍（庫）攻（工師）復（吏）秦，治疾報（執）劑」〔註68〕。

武平，今地不詳。

27. 茲氏

《史記・秦本紀》：「（昭王）拔我二城」；《趙世家》：「（惠文王十七年，即秦昭王二十五年）伐趙，拔我兩城」；《史記・十二諸侯年表》：「秦拔我兩城」。《雲夢秦簡》中《編年記》有「二十五年攻茲氏」，恰與《史記》記載相合。可知，秦拔趙二城中當有一城是茲氏無疑。楊寬認為：

是時秦乘五國合縱破齊之時機，攻取三晉之地，《秦本紀》、《趙世家》、《六國表》皆謂秦拔趙兩城，未明言何地。《西周策》第六章蘇厲謂周君曰：「敗韓、魏，殺犀武；攻趙，取藺、離石、祁，皆白起。」錢穆據此謂「殺犀武在秦昭王十四年，前攻趙拔兩城十一年，然則兩城者藺與祁也。云藺、離石者，兼言兩年事」。蓋秦攻離石即在秦昭王二十六年。見其所著《公孫龍說趙惠文王偃兵考》（《先秦諸子繫年》第四三五至四三七頁）。但秦簡《編年記》云是年攻茲氏，可知拔趙兩城，茲氏必為其一。韓連琪《睡虎地秦簡編年記考證》云：「秦攻茲氏，不見於史。《水經・原水》：『原公水出茲氏縣西羊頭山，並過其縣北，注：縣故秦置也。』是茲氏當即秦昭王取祁後改稱。……《漢書・地理志》有祁、茲氏並列太原郡，或至漢時茲氏又分祁、茲氏兩縣。」此說非是。祁縣在今山西祁縣東南，茲氏在今山西汾陽南。中隔大澤昭余祁，顯為兩城，不容混而為一。出土有茲氏尖足布與圓足布，皆為趙幣，可知趙已稱茲氏，非出秦之改稱。《趙世家》載惠文王十年秦取梗陽，梗陽在今山西清徐，由梗陽南下，即是祁城。由祁向西，越昭余祁澤，即為茲氏。是年秦攻取趙之兩城，必為祁與茲氏無疑。……蓋藺與離石同時為白起所拔，時在周赧王三十四年，較白起拔祁與茲氏遲一年。〔註69〕

即楊寬認為秦所拔另一城為祁，時在秦昭襄王二十五年。李曉傑對此提

〔註67〕吳良寶：《讀幣箚記（四則）》，《徐州師範大學學報》，1999年第3期，第63~65頁，引文見第64頁。

〔註68〕《小校》10・103・1。

〔註69〕楊寬：《戰國史料編年輯證》，上海：上海人民出版社，2001年，第824頁。

出質疑，《戰國策・趙三》亦載：「秦攻趙，藺、離石、祁拔。」據《新編年表》此事在公元前281年，即秦昭襄王二十六年，非二十五年〔註70〕。另外，秦簡《編年記》載：「（昭王）廿六年（趙惠文王十八年）攻離石。」〔註71〕，亦是一佐證。如此看來，另一城為祁的認識尚有可商之處。

《漢書・地理志》太原郡有「茲氏縣」，《史記・夏侯嬰傳》：「益食茲氏。」《大清一統志》卷一百五「汾州府」「古蹟」條下曰：「茲氏故城，即今汾陽縣治，漢初置縣更封夏侯嬰為茲氏侯。」故址在今山西汾陽。

《集成》17・11323 著錄了一件三晉兵器青銅戈，是戰國趙國兵器「八年茲氏令戈」，銘文：「八年茲氏命（令）吳庶，下庫工帀（師）長武。」此器應當是在茲氏鑄造的，在內蒙古境內出土。黃盛璋根據新鄭出土戰國兵器刻銘和雲夢簡文，考定此茲氏戈為趙戈。〔註72〕《貨系・先秦卷》著錄了多枚幣文為「茲氏」的尖足布，編號為732～739、800～802、810～811〔註73〕，該書第741～799是59枚幣文為「茲氏半」的尖足布〔註74〕。《燕珍》著錄了燕下都採集的面文為「茲氏分」的趙國平首聳肩尖足布33枚〔註75〕。茲氏省稱「茲」〔註76〕，《貨系・先秦卷》亦有著錄數枚尖足布〔註77〕。另有尖足布「北茲釿」〔註78〕，黃錫全以為「當即茲氏，山西汾陽南；或釋北鑾，在河北正

〔註70〕周振鶴主編、李曉傑著：《中國行政區劃通史・先秦卷》，上海：復旦大學出版社，2009年，第495頁。

〔註71〕黃盛璋：《雲夢秦簡〈編年記〉初步研究》，《考古學報》，1977年第1期，第1～22＋165～168頁，引文見第3頁。

〔註72〕黃盛璋：《試論三晉兵器的國別和年代及其相關問題》，《考古學報》，1974年第1期，第13～44頁，具體見第28頁。

〔註73〕馬飛海主編：《中國歷代貨幣大系1・先秦貨幣》732～739、800～802、810～811，上海：上海人民出版社，第284～286、287～296、296～297、298頁，釋文見1086～1087、1087、缺頁。

〔註74〕馬飛海主編：《中國歷代貨幣大系1・先秦貨幣》741～799，上海：上海人民出版社，第287～296頁，釋文見第1087頁。

〔註75〕石永慶、石磊：《燕下都東周貨幣聚珍》，北京：文物出版社，1996年，第203頁。

〔註76〕黃錫全：《平首尖足布新品數種考述——兼述這類布的種類、分布與年代》，《先秦貨幣研究》，北京：中華書局，2001年，第67～76頁，具體見第72頁。

〔註77〕馬飛海主編：《中國歷代貨幣大系1・先秦貨幣》740、803～807、812～814，上海：上海人民出版社，第287、297～298、298～299頁，釋文見第1087、1088、1088頁。

〔註78〕馬飛海主編：《中國歷代貨幣大系1・先秦貨幣》1027～1033，上海：上海人

定一帶」〔註79〕。

28. 武安

《史記・秦本紀》載：「（昭襄王四十八年）伐趙（武安）皮牢，拔之。」
又「白起為武安君。」《正義》：「故城在洺州武安縣西南五十里。七國時趙邑，
即趙奢救閼與處也。」《括地志輯校》：「按《元和郡縣志》說武安故城在武安
縣西南五里。《史記・秦本紀》『白起為武安君』《正義》說『在武安縣西南五
十里』，蓋衍『十』字。今依元和郡縣志改。」〔註80〕依此，在今河北武安縣
西南。

《中國歷代貨幣大系・先秦卷》著錄了 25 枚幣文為「武安」的尖足布
〔註81〕。《燕珍》著錄了一枚「武安」方足布 66LJ：0764～35（拓片在 242
頁），面文為「武安」，背文為「五」，作者稱武安，古地名，在今河北省武
安縣〔註82〕。《集成》17・10928 著錄的是一件「武安戈」，其銘「武安」當
是地名，表明了此戈鑄造的地點。雲夢睡虎地秦簡《編年記》有「四十八年，
攻武安。」〔註83〕

29. 棘蒲

《左傳》哀公元年：「齊侯、衛侯會於乾侯，救范氏及齊師、衛孔，鮮
虞人伐晉圍，取棘蒲。」齊召南《春秋左傳注疏》卷五十七考證云：「按杜
氏不注棘蒲所在，漢功臣陳武封棘蒲，注家亦不知所在也。」馬保春認為：
「鮮虞在太行山稍北地區，鮮虞伐晉所取之棘蒲，推測當在太行山東的可
能性較大。」〔註84〕

《趙世家》：「（敬侯六年）借兵於楚伐魏，取棘蒲。」《正義》：「今趙州平
棘縣，古棘蒲邑。」即今河北趙縣。錢穆認為趙敬侯時，魏地不能遠跨趙境而

　　　　民出版社，第 341～342 頁，釋文見第 1092 頁。
〔註79〕黃錫全：《平首尖足布新品數種考述》，《先秦貨幣研究》，北京：中華書局，
　　　　2001 年，第 67～76 頁，具體見第 72 頁。
〔註80〕（唐）李泰等著、賀次君輯校：《括地志輯校》，北京：中華書局，1980 年，
　　　　第 90 頁。
〔註81〕馬飛海主編：《中國歷代貨幣大系 1・先秦貨幣》1012～1026，上海：上海人
　　　　民出版社，第 339～341 頁，釋文見第 1092 頁。
〔註82〕石永慶、石磊：《燕下都東周貨幣聚珍》，北京：文物出版社，1996 年，第 239
　　　　頁。
〔註83〕睡虎地秦墓竹簡整理小組：《睡虎地秦墓竹簡》，北京：文物出版社，1978 年。
〔註84〕馬保春：《晉國地名考》，北京：學苑出版社，2010 年，第 112 頁。

遙領常山之平棘，但敬侯六年即公元前 381 年，魏國仍然統治中山，所言伐魏當是中山故土上之魏，所取棘蒲當是魏占中山之邑，結合魯哀公元年（公元前 494 年）鮮虞人伐晉取棘蒲之事，正是說明中山在滅於魏前，棘蒲是其南部城邑〔註85〕。

至於《戰國策·齊五》：「衛君跣行，告遡於魏。魏王身被甲底劍，挑趙索戰。邯鄲之中驚，河、山之間亂。衛得是藉也，亦收餘甲而北面，殘剛平，墮中牟之郭。……趙得是藉也，亦襲魏之河北燒棘溝，墜黃城。」鮑本「溝」作「蒲」。《戰國策釋地》「襲魏之河北燒棘溝」條下釋曰：「蓋趙河之北為魏所侵者，此時趙復襲奪之，非河東縣也，今趙州治即古棘蒲。」今從之。

30. 東垣

《趙世家》：「（武靈王）二十一年，攻中山。趙紹為右軍，許鈞為左軍，公子章為中軍，王並將之。牛翦將車騎，趙希並將胡、代。趙與之陘，合軍曲陽，攻取丹丘、華陽、鴟之塞。王軍取鄗、石邑、封龍、東垣。中山獻四邑和，王許之，罷兵。」《史記·蘇秦列傳》：「今趙之攻燕也，發號出令，不至十日而數十萬之軍軍於東垣矣。」《索隱》引《地理志》曰：「高帝改曰真定也。」《正義》：「趙之東邑，在恒州真定縣南八里，故常山城是也。」《史記·韓信盧綰列傳》：「（漢高祖十一年）十二月，上自擊東垣，東垣不下，卒罵上。東垣降，卒罵者斬之，不罵者黥之。更命東垣為真定。」《漢書·地理志》：「真定，故東垣，高帝十一年更名。」《鮮虞中山國事表疆域圖說補釋》「東垣」條下曰：「《漢志》：真定國真定縣，故東垣，高帝十一年更名。《通典》：今鎮州所理真定縣，中山國之東垣邑也，亦漢舊縣。《一統志》：東垣古城在今正定府正定縣南。《畿輔通志》：在縣南八里。蘇生按：戰國中山邑，後入趙，秦置縣。時因河東已有東垣縣，故名。光緒正定縣志云：『東垣故城，在縣南八里，今名古城。』今河北省石家莊市東北有西古城、東古城村，即其地。」〔註86〕東垣本中山國邑，後為趙地，故城在今河北石家莊市的東古城周圍，面積 3 平方公里〔註87〕。

〔註85〕路洪昌：《鮮虞中山國疆域變遷考》，《河北學刊》，1983 年第 3 期，第 60～65 頁，具體見第 61～62 頁。

〔註86〕（清）王先謙撰，呂蘇生補釋：《鮮虞中山國事表疆域圖說補釋》，上海：上海古籍出版社，1993 年，第 81 頁。

〔註87〕石家莊市圖書館文物考古小組：《河北石家莊市北郊西漢墓發掘簡報》，《考古》，1980 年第 1 期，第 52～55 頁；河北省地名委員會編：《河北省地名詞典》，石家莊：河北科學技術出版社，1991 年，第 1113 頁。

東垣地處燕南趙北，西擁太行山，是控扼晉冀東西往來的咽喉，又當太行山東麓南北的交通要道，東、南面臨遼闊的平原，滹沱河從北邊穿過，是古代水陸交通樞紐。

31. 封龍

《趙世家》：「（武靈王）二十一年，攻中山。趙袑為右軍，許鈞為左軍，公子章為中軍，王並將之。牛翦將車騎，趙希並將胡、代。趙與之陘，合軍曲陽，攻取丹丘、華陽、鴟之塞。王軍取鄗、石邑、封龍、東垣。中山獻四邑和，王許之，罷兵。」《正義》《括地志》云：「封龍山一名飛龍山，在恒州鹿泉縣南四十五里。邑因山為名。」《鮮虞中山國事表疆域圖說補釋》「封龍」條下曰：「《史記正義》：《括地志》云，封龍山，一名飛龍山，在恒州鹿泉縣南四十五里，邑因山得名。先謙案：封龍山在今元氏縣西北，水出其下為青龍河，東流入斯洨水。蘇生按：封龍山在今河北省元氏縣西北與獲鹿縣東南之交界處，則封龍故邑亦當在此地。」〔註88〕

封龍本為中山邑，後屬趙，在今河北石家莊市鹿泉區東南與元氏縣西北交界處。

32. 石邑

《趙世家》：「（武靈王）二十一年，攻中山。趙袑為右軍，許鈞為左軍，公子章為中軍，王並將之。牛翦將車騎，趙希並將胡、代。趙與之陘，合軍曲陽，攻取丹丘、華陽、鴟之塞。王軍取鄗、石邑、封龍、東垣。中山獻四邑和，王許之，罷兵。」《正義》引《括地志》云：「石邑故城在恒州鹿泉縣南三十五里，六國時舊邑。」石邑本為中山國地，後歸趙所有，今河北石家莊市鹿泉區南。

戰國趙國有「姤邑」三孔布〔註89〕，裘錫圭認為大概應釋讀為「石邑」〔註90〕。

〔註88〕（清）王先謙撰，呂蘇生補釋：《鮮虞中山國事表疆域圖說補釋》，上海：上海古籍出版社，1993 年，第 81 頁。

〔註89〕馬飛海主編：《中國歷代貨幣大系 1・先秦貨幣》2475，上海：上海人民出版社，第 585 頁，釋文見第 1112 頁。

〔註90〕裘錫圭：《戰國貨幣考（十二篇）》，《北京大學學報》，1978 年第 2 期，第 69～83 頁，引文見第 75 頁。

33. 左人

《國語・晉語九》：「趙襄子使新稚穆子伐狄，勝左人、中人。」〔註91〕（具體時間見「中人」條）韋昭注：「左人、中人，狄二邑。」

《鮮虞中山國事表疆域圖說補釋》「封龍」條下蘇生按：

鮮虞中山故邑，在今河北省唐縣西北。《續漢書・郡國志》：「唐縣有左人鄉。」《水經注・滱水注》：「滱水又東逕左人城南，應劭曰：『左人故城在唐縣西北四十里。』」

但《水經注疏》「滱水」：「滱水又東，逕左人城南。應劭曰，中人城西北四十里。」下曰：「戴改中作左，城下增在唐縣三字。全改增同。守敬按：《寰宇記》唐縣下，引應劭《地理風俗記》，中人城西北四十里，有左人亭，鮮虞故邑。酈氏截引之，乃緊承上句左人城，旨意極明，何全、戴未見及耶？考《注》下文，又引應劭云，唐縣西四十里得中人亭，是左人城在中人城西北四十里，中人城又在唐縣西四十里。則左人城去唐縣七八十里，全、戴憑臆改增，差謬層出矣。」〔註92〕由此可見，左人城去唐縣七八十里是矣，自漢至晉初唐縣在今縣東北二十五里，自此向西七八十里為今唐縣西北四五十里。

路洪昌據《河北通志稿》，認為「（左人）在唐縣西三十里雹水村」〔註93〕。

34. 狼孟

《史記・秦本紀》：「（莊襄王）三年（前248年），蒙驁攻魏高都、汲，拔之。攻趙榆次、新城、狼孟，取三十七城。」《正義》引《括地志》云：「狼孟故城在并州陽曲縣東北二十六里。」《史記・秦始皇本紀》：「十五年（前232年），大興兵，一軍至鄴，一軍至太原，取狼孟。」《集解》引《地理志》曰：「太原有狼孟縣。」可見，前248年到前232年間，狼孟又被趙奪回。《讀史方輿紀要》卷四十「太原府」「陽曲縣」「狼孟城」條下曰：「府北七十里，本趙邑。秦莊襄王二年攻趙狼孟，又始皇十五年伐趙軍，至太原，取狼孟，是也。尋置縣，屬太原郡，兩漢因之，晉屬太原國，後魏省，俗名黃頭寨，《括地志》狼孟城在故陽曲城東北二十六里。」《魏書・地形志》太原郡無「狼孟

〔註91〕《國語》卷九《晉語》「趙襄子使新稚穆子伐狄」，山東：齊魯書社，2005年，第245頁。

〔註92〕（北魏）酈道元注，民國楊守敬、熊會貞疏，段熙仲點校、陳橋驛復校：《水經注疏》卷十三「滱水」，南京：江蘇古籍出版社，1989年，第1053頁。

〔註93〕路洪昌：《鮮虞中山國疆域變遷考》，《河北學刊》，1983年第3期，第60～65頁，具體見第65頁注（25）。

縣」。1996 年，洛陽市第二文物工作隊在洛陽高新技術開發區發掘了一座北魏墓，墓葬編號為 96GM287，有刻銘磚 2 塊，其中一塊刻書「太原郡狼孟縣」，或可補北魏史闕〔註 94〕。

在今山西陽曲縣東北。

35. 新城

《史記‧秦本紀》：「（莊襄王）三年（前 248 年），蒙驁攻魏高都、汲，拔之。攻趙榆次、新城、狼孟，取三十七城。」《正義》引《括地志》云：「新城一名小平城，在朔州善陽縣西南四十七里。」今山西朔縣西南。

《中國歷代貨幣大系‧先秦卷》著錄了 9 枚有「新城」幣文的尖足布，編號為 1073～1081，其中 1073 為山西省原平縣出土。該書《釋文表》認為：「新城，地名，戰國趙地，今山西省朔縣南。」〔註 95〕

董常保、戴婕撰寫的《〈史記‧秦本紀〉「新城」注釋辨正》一文認為「新城」在今太原附近。〔註 96〕該文推斷多於考證，例如認為《秦本紀》行文為「榆次、新城、狼孟」的順序，新城應該在榆次和狼孟之間，即使不一定居於二地之間，也當在其附近。但換個角度，從三者方位上看，榆次在南，新城在北，狼孟居中，秦軍也極有可能是上下夾擊狼孟，故存在這樣的順序，三者空間上也許存在一定距離。所以，作者和筆者的看法都僅僅是推斷，難以經得起嚴格的推敲，該文章也沒有提供更多的史料依據，此文觀點不足採信。

36. 赤麗

《趙世家》：「（幽繆王遷）三年，秦攻赤麗、宜安，李牧率師與戰肥下，卻之。」李曉傑據《新編史記東週年表》〔註 97〕考證認為此事當在幽繆王二年，此說當是。〔註 98〕

《史記‧秦始皇本紀》：「（始皇十四年）攻趙軍於平陽，取宜安，破之，

〔註 94〕石戰軍：《北魏董富妻郭氏墓》，《中原文物》，1996 年第 2 期，第 100～101
　　　　頁。
〔註 95〕馬飛海主編：《中國歷代貨幣大系 1‧先秦貨幣》1073～1081，上海：上海人
　　　　民出版社，第 349～350 頁，《釋文表》見第 1094 頁。
〔註 96〕董常保、戴婕：《史記‧秦本紀》「新城」注釋辨正》，《南昌大學學報》，2008
　　　　年第 1 期，第 109～112。
〔註 97〕平勢隆郎：《新編史記東週年表——中國古代紀年の研究序章》，東京大學東
　　　　洋文化研究所叢刊第 15 輯，東京大學出版會，1995 年。
〔註 98〕周振鶴主編、李曉傑著：《中國行政區劃通史‧先秦卷》，上海：復旦大學出
　　　　版社，2009 年，第 496 頁。

殺其將軍。桓齮定平陽、武城。」《史記志疑》案曰:「《趙世家》秦攻赤麗、宜安,李牧與戰肥下,卻之,《李牧傳》趙以牧為大將軍,擊秦軍於宜安,大破秦軍,走秦將桓齮。則秦為趙所破,安有取地殺將之事?此秦史誕詞,史公未之改耳。赤麗、宜安攻而未拔,則桓齮所定者,只前年攻得之平陽武城而已,紀表不言攻赤麗,略之也。秦表云桓齮定平陽、武城、宜安,表當衍宜安二字,趙表當改拔為攻字。」

《史記·秦始皇本紀》:「(始皇)十三年,桓齮攻趙平陽,殺趙將扈輒。」《史記·趙世家》:「(幽繆王遷二年)秦攻武城,扈輒率師救之,軍敗,死焉。」始皇十三年與幽繆王遷二年為同一年,故此年秦應取打趙兩城,平陽、武城;據《趙世家》可知,此年秦還攻打赤麗、宜安,在這種危急的情況下,趙任命李牧為大將,率軍反攻,大破秦軍於肥。第二年,秦又攻打趙國,最終攻下宜安,定平陽武城。故《史記·六國年表》載:「王遷三年,秦拔宜安。」非《史記志疑》所說《六國年表》拔為攻之訛,紀表不言赤麗,非略之也,而是該年未攻打此城。

《讀史方輿紀要》:「肥累城,縣西南七里,古肥子國,白狄別種也。後並於晉。《史記》:『趙王遷三年秦攻赤麗、宜安,李牧與戰於肥下,卻之。』孔氏曰:『戰於肥纍之下也。』漢置肥累縣,屬真定國,後漢省。魏收志槁城有肥壘,即此城也。又赤麗城,闞駰曰:『在肥累故城南。』」〔註99〕《史記地名考》「赤麗」條下曰:「當在今槁城縣境,與宜安、肥累相近。」〔註100〕

赤麗本鮮虞中山地,後屬趙,故有秦伐趙赤麗之事。赤麗在古滹沱河南岸,今河北石家莊市藁城區西南。

37. 宜安

《趙世家》:「(幽繆王遷)三年,秦攻赤麗、宜安,李牧率師與戰肥下,卻之。」李曉傑據《新編史記東週年表》〔註101〕考證認為此事當在幽繆王二年,此說當是。〔註102〕

〔註99〕 （清）顧祖禹撰,賀次君、施和金點校:《讀史方輿紀要》卷十四《北直五》「肥累城」,北京:中華書局,2005 年,第 605 頁。

〔註100〕錢穆:《史記地名考》,北京:商務印書館,2001 年,第 435 頁。

〔註101〕平勢隆郎:《新編史記東週年表——中國古代紀年の研究序章》,東京大學東洋文化研究所叢刊第 15 輯,東京大學出版會,1995 年。

〔註102〕周振鶴主編、李曉傑著:《中國行政區劃通史·先秦卷》,上海:復旦大學出版社,2009 年,第 496 頁。

《史記·六國年表》載：「王遷三年，秦拔我宜安。」《正義》引《括地志》云：「宜安故城在恒州藳城縣西南二十里也。」唐代恒州藳城，今河北石家莊市藳城區。又《讀史方輿紀要》：「宜安城，縣西南二十五里。戰國時趙邑。《史記》：『秦始皇十四年，伐趙取宜安。又趙將李牧擊秦軍，取宜安，走其將桓齮。』」〔註103〕

宜安，在今河北河北石家莊市藳城區西南。

38. 平陽

《史記·秦始皇本紀》：「（始皇）十三年，桓齮攻趙平陽，殺趙將扈輒。……十四年，攻趙軍於平陽，取宜安，破之，殺其將軍。桓齮定平陽、武城。」《正義》《括地志》云：「平陽故城在相州臨漳縣西二十五里。」又云：「平陽，戰國時屬韓，後屬趙。」

平陽，在今河北臨漳縣南。

董珊也認為趙國平陽在漳水流域，並認為就是平陽君趙豹所封之地。見《趙世家》：「（惠文王）二十七年，徙漳水武平南，封趙豹為平陽君。此「徙」是在漳水流域建立新的軍事政治中心，該地跟魏國壤地相接，是為了限定趙國在南方的門戶。同時封趙豹於此，用意是相同的。〔註104〕

《中國歷代貨幣大系·先秦卷》著錄了 69 枚方足布，編號為 1730～1798，該書第 1102 頁《釋文表》認為：「平陽，地名，戰國韓地，在今山西臨汾市西南；戰國魏地，今河南滑縣東南；戰國趙地，今河北臨漳縣南，或在山西交城縣、定襄縣、臨汾縣。」〔註105〕可見，這個地名存在同名異地的現象，很難對號入座。

趙氏早期領地亦有稱之為「平陽」的地名。《左傳》昭公二十八年（前 514年）：「分羊舌氏之田以為三縣（注銅鞮、平陽、楊氏），趙朝為平陽大夫。」杜注：「平陽，平陽縣。」西晉平陽郡平陽縣在今山西臨汾市西南南殿鄉。北魏酈道元《水經·汾水注》稱：「汾水又南經白馬城西，魏刑白馬而築之，故世謂之白馬城，今平陽郡治。汾水又南經平陽故城東，晉大夫趙朝之故邑也……晉立平陽郡治此矣。水側有堯廟，前有碑。《魏土地記》曰：平陽城東

〔註103〕（清）顧祖禹撰，賀次君、施和金點校：《讀史方輿紀要》卷十四《北直五》「宜安城」，北京：中華書局，2005 年，第 604～605 頁。

〔註104〕董珊：《戰國題銘與工官制度》，北京大學博士學位論文，2002 年。

〔註105〕馬飛海主編：《中國歷代貨幣大系 1·先秦貨幣》1730～1798，上海：上海人民出版社，第 460～472 頁，釋文見第 1102 頁。

十里汾水東原上有小臺，臺上有堯神屋石碑。永嘉三年劉淵徙平陽。」以上所敘汾河流經去向與位置，適與臨汾市金殿鄉的地理形勢吻合〔註106〕。

《史記·韓世家》：「晉定公十五年（前497年），宣子與趙簡子侵伐范、中行氏，宣子卒，子貞子代立。貞子徙居平陽。」《史記·韓世家》明確記載：「貞子徙居平陽。」《水經注·汾水注》引《竹書紀年》曰：「晉烈公元年（前415年），韓武子（啟章）都平陽。」由此可見，韓氏正式將平陽作為都城，是在公元前415年。

《古本竹書紀年》：「晉烈公元年（前415年），韓武子都平陽。」此「平陽」與昭二十八年《傳》之「平陽」當是一地〔註107〕。

可以看出，平陽從公元前497年到公元前415年一直都是韓的政治中心，說明平陽之地後歸韓所有，再與趙氏無關。

39. 武城

《史記·秦始皇本紀》：「（始皇）十三年，桓齮攻趙平陽，殺趙將扈輒。……十四年，攻趙軍於平陽，取宜安，破之，殺其將軍。桓齮定平陽武城。」《正義》：「即貝州武城縣外城是也。七國時趙邑。」

《史記地名考》「武城」條下案：「平陽近鄴，今河南臨漳縣西；則武城即東武城，今山東武城縣西；正義謂屬洺州，是也。《趙策》：『封孟嘗君以武城。』亦即此。」

武城，位於今山東武城西北。但今天大多數學者認為武城在今河北磁縣西南，主要依據《後漢書·郡國志》「鄴……有平陽，有武城」。這兩者相距甚遠，從當時秦國的行軍路線及當時的戰爭形勢來看，後者似更符合情理。磁縣武城北依照過南長城，南據漳水，易守難攻，實為趙國邊塞重鎮，武城陷落，直接威脅到趙國都城邯鄲的安全，地理位置十分重要。〔註108〕

傳世戰國趙兵器「十四年武城令」戈，銘文「十四年武城命（令）□□首□，薔□□□，治章執齊」。〔註109〕該戈為易縣燕下都出土，銘文「執齊」，為趙兵器之特徵。

〔註106〕劉偉毅：《平陽城與白馬城》，《山西師大學報》，1990年第3期，第85頁。

〔註107〕馬保春：《晉國地名考》，北京：學苑出版社，2010年，第227頁。

〔註108〕王洪瑞：《趙將扈輒死地武城考》，《中國歷史地理論叢》，1998年第4期，第224頁。

〔註109〕《集成》17·11377戈。

40. 樂徐、平陰

《趙世家》:「（幽繆王）五年，代地大動，自樂徐以西，北至平陰，臺屋牆垣大半壞，地坼東西百三十步。」《集解》引徐廣曰:「徐，一作『除』。」《正義》:「樂徐在晉州，平陰在汾也。」《正義》:「其坼溝見在，亦在晉、汾二州之界也。」從《正義》的解釋看，樂徐、平陰兩地當在今山西境內無誤，但以代地範圍考察之，似乎不妥。

其實元代胡三省對此早有過指正。胡三省在《通鑒》卷六中注曰:「史記正義曰，樂徐在晉州，平陰在汾州。余謂上書代地震，則樂徐、平陰皆代地也，烏德在晉、汾二州界。水經注，徐水出代郡廣昌縣（今淶源縣）東南大岑下，東北流，逕郎山入北平郡（郡治在今滿城縣北）界。意樂徐之地，當在徐水左右。又代郡平邑縣（今陽高縣南），王莽曰平湖。十三州志，平湖在高柳（今陽高縣）南百八十里。水經注曰，代郡道人縣（今陽原縣西）城北有潭，潭而不注，俗謂之平湖。平陰之地蓋在此湖之陰也。」按胡三省的說法，樂徐約在今河北省淶源縣東南，平陰約在今山西省陽高縣南。今學者大致認同這個觀點。

《中國歷代貨幣大系‧先秦卷》著錄了 9 枚幣文為「平陰」的方足布，編號為 1798～1806，其中 1799 是 1963 年在山西省陽高縣出土的。該書第 1102 頁《釋文表》以為:「平陰，地名，戰國韓地，今河南省孟津縣附近；戰國趙地，今山西省陽高縣南。」〔註 110〕

41. 晉陽

《國語‧晉語九》:「趙簡子使尹鐸為晉陽。請曰:『以為繭絲乎，抑為保鄣乎？』簡子曰:『保鄣哉！』尹鐸損其戶數。簡子誡襄子曰:『晉國有難，而無以尹鐸為少，無以晉陽為遠，必以為歸。』」

《戰國策‧趙四》:「國子曰:『秦破馬服君之師，圍邯鄲。齊、魏亦佐秦伐邯鄲，齊取滋鼠，魏取伊是。公子無忌為天下循便計，殺晉鄙，率魏兵以救邯鄲之圍，使秦弗有而失天下。是齊入於魏而救邯鄲之功也。安邑者，魏之柱國也；晉陽者，趙之柱國也；鄢郢者，楚之柱國也。』」注曰:「姚本柱國，都也。鮑本言其於國如室有柱。」

〔註 110〕 馬飛海主編:《中國歷代貨幣大系 1‧先秦貨幣》1799～1806，上海:上海人民出版社，第 472～473 頁，釋文見第 1102 頁。

晉陽古城遺址位於今太原市西南晉源區〔註111〕。

戰國貨幣有「晉陽」尖足布〔註112〕,「晉陽半」尖足布〔註113〕。

42. 番吾

《戰國策・齊一》:「秦、趙戰於河漳之上,再戰而再勝秦;戰於番吾之下,再戰而再勝秦。四戰之後,趙亡卒數十萬,邯鄲僅存。雖有勝秦之名,而國破矣!是何故也?秦強而趙弱也。今秦、楚嫁子取婦,為昆弟之國;韓獻宜陽,魏效河外,趙入朝黽池,割河間以事秦。」〔註114〕《戰國策・趙二》:「王(趙武靈王)立周紹為傅,曰:『寡人始行縣,過番吾……』」〔註115〕

《趙世家》:「(烈侯)番吾君自代來。」《集解》徐廣曰:「番音盤。常山有番吾縣。」《正義》《括地志》云:「番吾故城在恆州房山縣東二十里。」此事記載在趙烈侯六年與九年(前403年~前400年)間。番蒲古今音異耳。《趙世家》:「(幽繆王)四年,秦攻番吾,李牧與之戰,卻之。」《正義》:「上音婆,又音盤,又作『蒲』。《括地志》云:『蒲吾城在恆州房山縣東二十里也。』」(參見《戰國策箋證》齊一)張琦云:「今正定府平山縣東南二十里蒲吾故城是。」可知,番吾在今河北平山縣東南。

《後漢書・郡國志》常山國蒲吾縣,南朝梁劉昭注云:「《史記》番吾君。」據《讀史方輿紀要》平山縣條云「蒲吾城,縣東南20里,戰國時曰番吾,為趙之重地。蘇秦曰:『秦甲度河踰漳,據番吾則兵必戰於邯鄲之下。』張儀亦曰:『據番吾迎戰邯鄲下。』又曰:『秦趙戰於番吾之下,再戰而再勝秦。』《史記》:『趙王遷四年,秦攻番吾,李牧與戰,卻之,即蒲吾也。』漢置蒲吾縣,晉及後魏縣皆治此。」

清程思澤《國策地名考》卷九「番吾」則以為在今邯鄲市南的磁縣一帶。

〔註111〕 常一民等:《晉陽古城遺址2002~2010年考古工作簡報》,《文物世界》,2014年第5期,第3~19頁。

〔註112〕 馬飛海主編:《中國歷代貨幣大系 1・先秦貨幣》903~907、930~946,上海:上海人民出版社,第319~320、324~327(41)頁,釋文見第1089、1090頁。

〔註113〕 馬飛海主編:《中國歷代貨幣大系 1・先秦貨幣》908~929,上海:上海人民出版社,第320~324頁,釋文見第1089~1090頁。

〔註114〕 (西漢)劉向集錄:《戰國策》卷八《齊一》「張儀為秦連橫說齊王」,上海:上海古籍出版社,1985年,第344頁。

〔註115〕 (西漢)劉向集錄:《戰國策》卷十九《趙二》「王立周紹為傅」,上海:上海古籍出版社,1985年,第667頁。

故《中國歷史地圖集》兩可其說，在今平山與磁縣兩地分別標出番吾。

　　據《正義》之解：「番上音婆、又音盤，又作蒲」，蒲吾即是由番吾音轉而來。以現存史料而言，中山國不見有番吾，趙國番吾出現在多處記載中，有可能趙並中山後，在今平山縣置番吾邑，漢代相沿為蒲吾縣〔註116〕。《漢書·耿純傳》注云：「蒲吾故城在今恒州靈壽縣南。」番吾故城現被黃壁莊水庫淹沒〔註117〕。

　　番吾，亦稱鄱吾，《史記·六國年表》：「（趙王遷四年）秦拔我狼孟、鄱吾，軍鄴。」與《趙世家》記載相符，鄱吾即番吾。另李曉傑認為或作播吾，《韓非子·外儲說》云：「趙主父令工施鉤梯而緣播吾，刻疎人跡其上，廣三尺，長五尺，而勒之曰：『主父常遊於此。』」是番吾因山而得名〔註118〕。

43. 離石

　　《趙世家》：「（肅侯）二十二年，張儀相秦。趙疵與秦戰，敗，秦殺疵河西，取我藺、離石。」《史記·周本紀》：「三十四年，蘇厲謂周君曰：『秦破韓、魏，扑師武，北取趙藺、離石者，皆白起也。』」《集解》：「《地理志》曰西河郡有藺、離石二縣。」《正義》：「藺音力刃反。《括地志》云：『離石縣，今石州所理縣也。』藺近離石，皆趙二邑。」《戰國策·趙三》：「秦攻趙，藺、離石、祁拔。」出土的戰國趙幣有「離石」尖足布〔註119〕、圓足布〔註120〕及圜錢〔註121〕。離石位於今山西呂梁市離石區西。藺和離石是趙國兩處重要的邊城，是秦向東發展必須克服的障礙，故常常在此發生戰爭。

　　《史記·蘇秦傳》：「已得宜陽、少曲，致藺、石，因以破齊為天下罪。」

〔註116〕孟繁峰：《曼葭及井陘的開通》，《文物春秋》，1992年S1期，第35～55頁，見50頁。

〔註117〕柳石、王晉：《中山國故都——古靈壽城考辨》，《河北學刊》，1987年第3期，第86～90頁，具體見第89頁。

〔註118〕周振鶴主編、李曉傑著：《中國行政區劃通史·先秦卷》，上海：復旦大學出版社，2009年，第328頁。

〔註119〕馬飛海主編：《中國歷代貨幣大系1·先秦貨幣》1060～1063，上海：上海人民出版社，第347頁，釋文見第1095頁。

〔註120〕馬飛海主編：《中國歷代貨幣大系1·先秦貨幣》2422～2455，上海：上海人民出版社，第42、576～581頁，釋文見第1111頁。

〔註121〕馬飛海主編：《中國歷代貨幣大系1·先秦貨幣》4074，上海：上海人民出版社，第1032頁，釋文見第1139頁。

錢穆以為此處脫「離」字〔註 122〕。

44. 元氏

《趙世家》：「（孝成王）十一年（前 255 年），城元氏，縣上原。」《集解》：「《地理志》常山有元氏縣。」《正義》：「元氏，趙州縣也。」胡三省云：「闞駰曰：趙公子元之封邑，故曰元氏。唐元氏縣屬趙州。」〔註 123〕

今河北省元氏縣西北。上海博物館館藏原氏扁壺，銘有「原氏，三斗少半，重十六斤」，「原氏」即「元氏」。〔註 124〕

45. 上原

《趙世家》：「（孝成王）十一年（前 255 年），城元氏，縣上原。」《讀史方輿紀要》「元氏縣」條下曰：「上原城，在縣西，亦趙邑也。《史記》：『趙孝成王城元氏，縣上原。』孔氏曰：『上原在元氏西，以地勢高平而名。』」《大清一統志》：「上原城，在元氏縣西。《史記》：趙孝成王十一年，城元氏，縣上原。《正義》：上原在元氏縣西，以地勢高平而名。」上原即位於今河北元氏縣西。

46. 寧葭

《趙世家》：「（武靈王）二十年，王略中山地，至寧葭。」《索隱》：「一作『蔓葭』，縣名，在中山。」其地望先秦至明代文獻，無一城因襲此名。直至清初，顧祖禹《讀史方輿紀要》卷十四「深州」條下云：「寧葭城。在（深）州東南，故趙邑。」王先謙提出異議，他在《鮮虞中山國事表疆域圖說》對「寧葭」案云：「作『蔓葭』者是也，『寧』、『蔓』古通，『曼』、『蔓』亦通用字，故『蔓葭』又或為『寧葭』矣。縣名無考，尋按地理，蔓葭殆綿曼之異名也。《漢志》：『真定國有綿曼縣。』《一統志》：『綿曼故城在今正定府獲鹿縣北。』其縣西冶河自山西平定州流逕井陘、平山而入滹沱者，即古綿曼水，今猶稱曰：『綿蔓河也。』趙武靈王十九年已略至房子，二十年益兵由西北略至蔓葭，蓋已並有其旁井陘之地。明年，遂令牛翦等自陘而北，合軍曲陽，其用兵次第如此。」即認定寧葭即是漢代的綿曼，在今河北石家莊市鹿泉區北。〔註 125〕近人多從此說。

〔註 122〕 錢穆：《史記地名考》，北京：商務印書館，2001 年，第 769 頁。

〔註 123〕 司馬光：《資治通鑒》，北京：中華書局，1956 年，第 3091 頁。

〔註 124〕 黃盛璋：《司馬成公權的國別、年代與衡制問題》，《中國歷史博物館館刊》，1980 年第 2 期，第 103～107 頁，具體見第 106 頁。

〔註 125〕 （清）王先謙撰，呂蘇生補釋：《鮮虞中山國事表疆域圖說補釋》，上海：上海古籍出版社，1993 年，第 78～79 頁。

　　路洪昌、李曉明在《中山早期地域和中人、中山其名》一文中對此說提出質疑，其理由主要是依據趙國進攻中山的行軍路線，文中指出：「認為寧葭即綿蔓故城，在今獲鹿縣北的南故城址，地處昔日中山國腹心之地，其北不遠即為中山都城靈壽，這與趙進攻中山的史實大相悖違，因為在趙軍『至寧葭』的第二年，即公元前 305 年，趙武靈王才率師『攻中山、取鄗、封龍、石邑、東垣』。這四座中山國南部的重邑，皆地處南故城以南，在此前一年趙軍是不可能自南向北逾越中山這些重要城邑，而達其腹地攻至寧葭的。故此，趙取之寧葭城址，斷不會在今南故城。」〔註 126〕路文在否定王說的同時，又對顧氏「深州東南」之說加以推演，認為寧葭城可能在今深縣城東南約 30 里的下博村東北一帶。

　　孟繁峰在《曼葭及井陘的開通》〔註 127〕一文中對以上觀點都予以了駁斥，提出了寧葭在今河北井陘威州鎮。

　　顧氏「深州東南」之說，孟文對其駁斥有理有據，不足採信。王先謙的「獲鹿之北」說和孟繁峰的「井陘威州」說各有所據，實難定於一尊，故暫時只能將寧葭的位置大致定於今河北石家莊市西部鹿泉（獲鹿縣更名為鹿泉區）、井陘一帶。

47. 長子

　　《國語·晉語》：「晉陽之圍，張談曰：『先主為重器也，為國家之難也，盍姑無愛寶於諸侯乎？』襄子曰：『吾無使也。』張談曰：『地也可。』襄子曰：『吾不幸有疾，不夷於先子，不德而賄。夫地也求飲吾欲，是養吾疾而干吾祿也。吾不與皆斃。』襄子出，曰：『吾何走乎？』從者曰：『長子近，且城厚完。』襄子曰：『民罷力以完之，又斃死以守之，其誰與我？』從者曰：『邯鄲之倉庫實。』襄子曰：『浚民之膏澤以實之，又因而殺之，其誰與我？其晉陽乎！先主之所屬也，尹鐸之所寬也，民必和矣。』乃走晉陽，晉師圍而灌之，沈竈產鼃，民無叛意。」〔註 128〕

　　《趙世家》：「（成侯五年，前 370 年）攻鄭，敗之，以與韓，韓與我長子。」《集解》：「《地理志》曰上黨有長子縣。」《漢書·地理志》上黨郡長

〔註 126〕　路洪昌：《中山早期地域和中人、中山其名》，《河北學刊》，1988 年第 1 期，第 73～76 頁，引文見第 76 頁。

〔註 127〕　孟繁峰：《曼葭及井陘的開通》，《文物春秋》，1992 年 S1 期，第 35～55 頁。

〔註 128〕　左丘明撰、鮑思陶點校：《國語》，濟南：齊魯書社，2005 年，第 247 頁。

子縣下顏師古注曰：「長讀曰長短之長，今俗為長幼之長，非也。」據《水經・濁漳水注》：「（濁漳水）又東，堯水自西山東北流，逕堯廟北，又東逕長子縣故城南，周史辛甲所封邑也，春秋襄公十八年，晉人執衛行人石買於長子，即是縣也，秦置上黨郡，治此。其水東北流入漳水，漳水東會於梁水，梁水出南山，北流逕長子縣故城南，《竹書紀年》曰梁惠成王十二年（趙成侯十七年，即公元前 358 年），韓取屯留、尚子（長子）、涅。尚子，即長子之異名也。」高士奇曰：「《唐十道圖》長子城，丹朱所築，丹朱堯之長子，因名，亦名丹朱城。」〔註 129〕又據《大清一統志》記載：「隋開皇九年於漢長子縣地置寄氏縣，十八年復曰長子，屬潞州，大業初屬上黨郡，唐屬潞州，五代因之，宋屬隆德府，金屬潞州，元因之，明屬潞安府，本朝因之。」可見，長子除了在隋開皇年間曾短暫名寄氏外，唐之後一直因襲長子的名稱至今，清長子與今同，在今山西長治市西南約 45 公里。《讀史方輿紀要》：「長子城在縣治西南，晉邑也。《左傳》襄十八年，晉人執衛行人石買於長子，後為趙地，智伯攻趙襄子將出從者曰長子近且城厚完。後又屬韓，《趙世家》成侯五年韓與吾長子，是也。漢置縣治此。」也即長子位於今山西長子西南。

戰國韓方足布有「郎子」布，釋為「長子」〔註 130〕。《文物》1972 年第 10 期發表郝本性《新鄭「鄭韓故城」發現一批戰國銅兵器》〔註 13〕，黃盛璋先生對此認為：「至於這次新鄭所出……可以斷為屬於韓地所造的兵器，還有雍氏、陽邑、長子。」〔註 132〕他還提到了「長子盃」，馬承源文中稱之為「長陵盃」，器物上有「長孖」的銘文，作者認為：「長孖即長子，在戰國為趙地。」〔註 133〕

48. 泫氏

《水經・沁水注》引《竹書紀年》曰：「晉烈公元年，趙獻子城泫氏。」朱右曾《汲冢紀年存真》卷下「元年趙獻子城泫氏」條下云：「泫氏，今澤州

〔註 129〕（清）高士奇：《春秋地名考略》卷五，見文淵閣《四庫全書》本。

〔註 130〕馬飛海主編：《中國歷代貨幣大系 1・先秦貨幣》1493～1517，上海：上海人民出版社，第 421～425 頁，釋文見第 1099 頁；黃錫全：《先秦貨幣研究》，北京：中華書局，2001 年，第 366 頁。

〔註 131〕郝本性：《新鄭「鄭韓故城」發現一批戰國銅兵器》，《文物》，1972 年第 10 期，第 32～40＋71～72＋76 頁。

〔註 132〕黃盛璋：《試論三晉兵器的國別和年代及其相關問題》，《考古學報》，1974 年第 1 期，第 13～44 頁，引文見第 18 頁。

〔註 133〕馬承源：《商鞅方升和戰國量制》，《文物》，1972 年第 6 期，第 17～24 頁，具體見第 19 頁。

府高平縣。」即今山西省高平縣。

　　《太平御覽》卷一六三引《竹書紀年》：「梁惠王九年（前 361 年，即趙成侯十四年），晉取泫氏。」《太平寰宇記》卷四十四引《竹書紀年》曰：「梁惠王九年，晉取泫氏縣。」朱右曾《紀年存真》認為：「晉即魏也，以榆次、陽邑易泫氏也。」榆次在今山西榆次，陽邑在今山西太谷東，此兩地臨近趙氏重要根據地晉陽；泫氏在今山西高平，在魏國腹地。趙以泫氏換取榆次與陽邑，既免除了泫氏管理的不便，又為鞏固趙國西部邊疆提供了許多便利。〔註 134〕

　　《貨系・先秦卷》收錄有方足布「郥氏」〔註 135〕、「郥氏半釿」〔註 136〕，何琳儀釋讀為「泫氏」〔註 137〕。

49. 丹丘

　　《趙世家》：「（武靈王）二十一年，攻中山。趙紹為右軍，許鈞為左軍，公子章為中軍，王並將之。牛翦將車騎，趙希並將胡、代。趙與之陘，合軍曲陽，攻取丹丘、華陽、鴟之塞。王軍取鄗、石邑、封龍、東垣。中山獻四邑和，王許之，罷兵。」《正義》：「蓋邢州丹丘縣也。」《鮮虞中山國事表疆域圖說補釋》「丹邱」條下王先謙案：「牛翦等別將一軍由井陘合軍曲陽，取丹邱、華陽、鴟之塞，是丹邱必與曲陽、華陽、鴟之塞切近，地無可考，故從闕疑。若邢州所屬，反在房子之南，相距遙遠，按之地形文義，兩無所合，《正義》未足據也。」這其下蘇生又按曰：「據《十三州志》云：『上曲陽有丹邱城。或曰丹邱，恒山別名也，城在山上，因名。』此與合軍曲陽事正合，是丹邱在今河北省曲陽縣西北也。」〔註 138〕錢穆《史記地名考》「丹邱」條下亦案曰：「今河北曲陽縣西北。」〔註 139〕此說當是。

50. 華陽

　　《趙世家》：「（武靈王）二十一年，攻中山。趙紹為右軍，許鈞為左軍，

〔註 134〕沈長雲、魏建震等：《趙國史稿》，北京：中華書局，2000 年，第 154 頁。

〔註 135〕馬飛海主編：《中國歷代貨幣大系 1・先秦貨幣》1980，上海：上海人民出版社，第 502 頁，釋文見第 1105 頁。

〔註 136〕馬飛海主編：《中國歷代貨幣大系 1・先秦貨幣》1442，上海：上海人民出版社，第 412 頁，釋文見第 1099 頁。

〔註 137〕何琳儀：《橋形布幣考》，《吉林大學學報》，1992 年第 2 期，第 53～57 頁，具體見第 55 頁。

〔註 138〕（清）王先謙撰，呂蘇生補釋：《鮮虞中山國事表疆域圖說補釋》，上海：上海古籍出版社，1993 年，第 79～80 頁。

〔註 139〕錢穆：《史記地名考》，北京：商務印書館，2001 年，第 777 頁。

公子章為中軍，王並將之。牛翦將車騎，趙希並將胡、代。趙與之陘，合軍曲陽，攻取丹丘、華陽、鴟之塞。王軍取鄗、石邑、封龍、東垣。中山獻四邑和，王許之，罷兵。」《集解》徐廣曰：「華，一作『爽』。」《正義》：「《括地志》云：『北岳有五別名，一曰蘭臺府，二曰列女宮，三曰華陽臺，四曰紫臺，五曰太一宮。』按：北岳恆山在定州恆陽縣北百四十里。」華陽即恒山，在今河北曲陽縣西北。

51. 上曲陽、下曲陽

《趙世家》：「（武靈王）二十一年，攻中山。趙袑為右軍，許鈞為左軍，公子章為中軍，王並將之。牛翦將車騎，趙希並將胡、代。趙與之陘，合軍曲陽，攻取丹丘、華陽、鴟之塞。王軍取鄗、石邑、封龍、東垣。中山獻四邑和，王許之，罷兵。」《集解》引徐廣曰：「上曲陽在常山，下曲陽在鉅鹿。」《正義》：「《括地志》云：『上曲陽故城在定州曲陽縣西五里。』」按：合軍曲陽，即上曲陽也，以在常山郡也。」

《大清一統志》：「上曲陽位於今河北曲陽縣西。」《讀史方輿紀要》「上曲陽城」條下曰：「縣治西四里。《括地志》：『故趙邑也。趙武靈王伐中山，合軍曲陽，即此。』漢置上曲陽縣，以在太行之陽轉曲處而名。」〔註140〕上曲陽本戰國中山邑，後入趙，在今河北曲陽縣西。

下曲陽：《史記·曹相國世家》：「高祖二年，拜為假左丞相，入屯兵關中。月餘，魏王豹反，以假左丞相別與韓信東攻魏將軍孫遬軍東張，大破之。因攻安邑，得魏將王襄。擊魏王於曲陽。」《漢書·地理志》：「下曲陽，都尉治。應劭曰：晉荀吳滅鼓，今鼓聚昔陽亭是也。師古曰：常山有上曲陽，故此云下。」《正義》引《括地志》云：「上曲陽，定州恆陽縣是。下曲陽在定州鼓城縣西五里。」唐代鼓城縣即今河北晉州市，故下曲陽位於今河北晉州市西。

戰國趙三孔布有「上邔陽」和「下邔陽」布，這二布李學勤先生釋為「上曲陽」、「下曲陽」。〔註141〕

〔註140〕（清）顧祖禹撰，賀次君、施和金點校：《讀史方輿紀要》卷十四《北直五》「上曲陽城」，北京：中華書局，2005年，第622頁。

〔註141〕國家文物局《中國古錢譜》編輯組：《中國古錢譜》，北京：文物出版社，1989年，第80～81頁；李零：《戰國鳥書箴銘帶鈎考釋》，《古文字研究》（第8輯），中華書局，1983年，第61～62頁。

52. 昔陽

《趙世家》：「（惠文王十六年）廉頗將，攻齊昔陽，取之。」《正義》引《括地志》云：「昔陽故城一名陽城，在并州樂平縣東。《春秋釋地名》云：『昔陽，肥國所都也。樂平城沾縣東〔有〕昔陽城。』肥國，白狄別種也。樂平縣城，漢沾縣城也。」昔陽為故中山之地，趙所取之地不應是昔陽，「昔陽」實乃「陽晉」之誤。（見前文）

《鮮虞中山國事表疆域圖說補釋》「昔陽」條下曰：

杜注：「樂平沾縣東有昔陽城，肥國都。」《匯纂》：「今山西太原府平定州有昔陽城，《元和志》之昔陽也。樂平去新樂幾三百里，參之道里，疑太回遠。今槁城西南亦有昔陽亭，《水經注》謂之鼓聚，與新樂接壤，且其地為肥國都。劉炫所謂肥、鼓並在鉅鹿，昔陽即是鼓都，在鮮虞東南，似較杜說為的。」江永曰：「槁城今屬正定府晉州」，隋分槁城地置昔陽縣，尋改為故城縣，唐以後因之。元於鼓城縣置晉州，然則昔陽者，今正定府之晉州，鼓子之國也，非肥都。」饒登逵曰：「《匯纂》謂槁城西南有昔陽亭，《一統志》云肥累故城（班固云：故肥子國。）槁城西南；下曲陽故城，（《元和志》：春秋時鼓子國。）在晉州西。案晉州在槁城東，昔陽既係鼓都，則宜在槁城東，何以與肥同在槁城西南，疑『西』字誤。」先謙案：《水經濁漳水清漳水注》各有昔陽城，一在下曲陽，酈道元以為鼓子國，即荀吳負甲息於門外之昔陽；一在沾縣，以為假道鮮虞所入之昔陽，即肥子國都，蓋承杜氏之誤也。顧氏祖禹因謂實有兩昔陽，一肥都，一鼓都，非是。且杜於昭二十二年《傳》荀吳負甲注仍云肥子所都，酈以是年《傳》昔陽為鼓子國，又與杜遠矣。

呂蘇生案曰：

杜注謂昔陽為肥都，在樂平沾縣，即今山西省昔陽縣。考諸地理，此昔陽遠在鮮虞之西南，與假道鮮虞偽會齊師事不合，顯非是。孔氏《正義》云：「劉炫以為齊在東，偽會齊師，當自晉而東行也。假道鮮虞，遂入昔陽，則昔陽當在鮮虞之東也。今案樂平沾縣在中山新市西南五百餘里，何當假道於東北之鮮虞而反入西南之昔陽也？既入昔陽而別言滅肥，則肥與昔陽不得為一，安得以昔陽為肥國之都也？昔陽即是肥都，何以復言鉅鹿下曲陽有肥纍之城，疑是肥取名於彼也？肥為小國，境必不遠，豈肥名取鉅鹿之城建都於樂平之縣也？十五年，荀吳伐鮮虞圍鼓，杜云：『鼓，白狄之別，鉅鹿下曲陽有鼓聚。』炫謂肥、鼓並在鉅鹿，昔陽即是鼓都，在鮮虞之東南也。二十二年《傳》云晉

荀吳使師偽羅者負甲以息於昔陽之門外，遂襲鼓滅之，則昔陽之為鼓都斷可知矣。」此論甚是。據《漢書・地理志》下曲陽下顏師古引應劭曰：「晉荀吳滅鼓，今鼓聚昔陽亭是。」《後漢書・郡國志》亦云：「下曲陽有鼓聚，故翟子國，有昔陽亭。」則昔陽與鼓聚同在一地，係鼓都甚明。下曲陽，即今河北省晉縣；昔陽，在今河北省晉縣西。〔註142〕

呂蘇生所說當是，今從其說。昔陽，當是春秋鼓子國都，位於今河北省晉州市西。

53. 苦陘

《趙世家》：（武靈王）二十一年，攻中山。趙袑為右軍，許鈞為左軍，公子章為中軍，王并將之。牛翦將車騎，趙希并將胡、代。趙與之陘。」《集解》引徐廣曰：「一作『陸』，又作『陘』。或宜言『趙與之陘』。陘者山絕之名。常山有井陘，中山有苦陘，上黨有閼與。」《史記・張耳陳餘列傳》：「陳餘者，亦大梁人也，好儒術，數遊趙苦陘。」《集解》引張晏曰：「苦陘，漢章帝改曰漢昌。」《正義》：「音『邢』。邢州唐昌縣。」《讀史方輿紀要》「無極縣」「苦陘城」條下曰：「縣東北二十八里。戰國時中山國屬邑。趙人陳餘數遊苦陘，即此。」〔註143〕苦陘，本戰國趙邑，後屬趙，今河北無極東北。

有戰國三孔布面文作「五陘」〔註144〕，一說「五」、「苦」音近，「五陘」當讀為「苦陘」。〔註145〕

54. 邯鄲

《趙世家》：「敬侯元年（前386年），武公子朝作亂，不克，出奔魏。趙始都邯鄲。」又載：「趙幽繆王八年（前228年）十月，邯鄲為秦。」由此可見，邯鄲作為趙國都城，凡158年。《漢書・地理志》：「邯鄲北通燕、涿，南有鄭、衛，漳、河之間一都會也。」1974年，侯仁之先生撰寫了《邯鄲城址的演變和城市興衰的地理背景》一文，文中作者結合古籍文獻和考古發掘資

〔註142〕（清）王先謙撰，呂蘇生補釋：《鮮虞中山國事表疆域圖說補釋》，上海：上海古籍出版社，1993年，第71~72頁。

〔註143〕（清）顧祖禹撰，賀次君、施和金點校：《讀史方輿紀要》卷十四《北直五》「苦陘城」，北京：中華書局，2005年，第608頁。

〔註144〕馬飛海主編：《中國歷代貨幣大系1・先秦貨幣》2484，上海：上海人民出版社，第586頁，釋文見第1112頁。

〔註145〕裘錫圭：《戰國貨幣考（十二篇）》，《北京大學學報》，1978年第2期，第69~83頁，具體見第75頁。

料對趙國都城邯鄲城進行了全面的闡述，是綜合研究邯鄲城的開山之作。該文指明了戰國時趙國都城邯鄲不僅包括現今邯鄲市區西南之「趙王城」，還包括春秋時期已經形成後被埋藏於現今城區以內地表以下的「大北城」部分。作者還指出「趙王城」之建成是在戰國初期，趙敬侯元年（前 386 年）遷都邯鄲時所建的是由西、東、北三座相毗連的小城組成的宮城，是一個政治、軍事堡壘；而「大北城」則建成於春秋時期，且當時商貿已很繁榮，冶鐵、製鞋等手工業頗發達，趙敬侯遷都後，即成為趙都邯鄲城之「郭城」。而由此「趙王城」與「大北城」，即「宮城」與「郭城」相結合，才是趙都邯鄲城。〔註 146〕簡而言之，趙都邯鄲城遺址位於今河北邯鄲市區及西南部郊區，分為王城與「大北城」兩大部分。

　　段宏振《趙都邯鄲城研究》將上面提到的遺址部分總結為趙都邯鄲城的核心城區，另外，基於聚落考古學的視點，作者的研究目光放大到核心城區周圍的城郊地區、遠郊地區乃至臨近地區，認為這些區域分布著眾多的城邑和普通聚落遺址群及墓葬群。所有這些遺址共同構成了邯鄲故城這一超大型聚落的結構和內容，從聚落遺址宏觀結構層次的角度觀察，趙邯鄲故城聚落體系的整體結構大致應包括四個層次：核心城區、近郊地區、遠郊地區、鄰近地區。核心城區即宮殿、官署、民居和工商業區等所在的主城區；近郊地區主要是郊區的普通聚落、墓地和王陵區等；遠郊地區是較遠的郊區，分布著城邑和普通聚落集群；鄰近地區指遠郊以外的更遠一些的地區，亦分布著城邑和普通聚落集群。〔註 147〕

　　戰國趙兵器有「甘丹上」戈和「甘丹上庫」戈，「甘丹上」即「甘丹上庫」之略，〔註 148〕「甘丹」即「邯鄲」，趙國貨幣有面文為「甘丹」的空首布、尖足布和刀幣等〔註 149〕。

55. 膚施、虎虒

　　《趙世家》：「（惠文王）三年（前 296 年），滅中山，遷其王於膚施。起靈壽，北地方從，代道大通。」《集解》引徐廣曰：「在上郡。」《正義》：「今

〔註 146〕 侯仁之：《邯鄲城址的演變和城市興衰的地理背景》，收錄在《歷史地理學的理論與實踐》，上海：上海人民出版社，1979 年，第 308 至 335 頁。
〔註 147〕 段宏振：《趙都邯鄲城研究》，北京：文物出版社，2009 年，第 32 頁。
〔註 148〕 黃盛璋：《試論三晉兵器的國別和年代及其相關問題》，《考古學報》，1974 年第 1 期，第 13～44 頁，具體見第 25 頁。
〔註 149〕 朱華：《三晉貨幣》，太原：山西人民出版社，1994 年，第 155 頁。

延州膚施縣也。」此事當在公元前 295 年,即趙惠文王四年,見前文。膚施的地望問題涉及到趙國的西部疆域問題,值得研究。

　　關於戰國膚施的地望,學者們提出了諸多看法。《讀史方輿紀要》:「在今延安府,附郭,戰國時為趙地。趙惠文王二年,主父滅中山,遷其王於膚施,即此。秦置縣,屬上郡。漢為上郡治。」後世學者的觀點大略有:榆林說、綏德說、延安說、靖邊說、山西五臺縣說等。如譚其驤《中國歷史地圖集》點注膚施於今陝西榆林市東南;楊寬認為在陝西綏德縣東南〔註 150〕;馬保春認為即今陝西延安市〔註 151〕;后曉榮《秦代政區地理》寫到:「認為從目前陝北秦漢城址考古調查看,陝西省靖邊縣龍眼古城是一座達到郡級標準的古城。龍眼古城為長方形,東西 1300 米,南北 600 米,城牆夯築,出土文物表明城址時代為秦漢,或許此古城應為秦漢上郡膚施故城」,也就是戰國趙國膚施古城故址〔註 152〕;李零在《再說滹沱──趙惠文王遷中山王於膚施考》一文中寫到:「南朝宋裴駰《集解》引徐廣說,謂膚施『在上郡』,是誤解的開始。從此,大家都以為,司馬遷說的膚施就是上郡膚施。唐張守節《正義》說,這個膚施是『今延州膚施縣也』,更是拿唐宋的膚施當早期的膚施。其實,膚施移治延安是隋大業三年(607)以後的事,早先的膚施是在榆林的東南。……它(膚施)是上郡的郡治所在,一直被秦佔領。公元前 296 年,這個膚施還在秦的手裏,未曾易主。這一點,無論如何,沒法推翻。證據不僅是文獻,還有出土文物。出土秦戈多記置用之所。現在,我們已經有十幾件上郡戈。這些戈可以排年,學者考證,大體上是秦惠文王後元到秦昭襄王晚年的器物。它們可以證明,趙惠文王滅中山時,上郡膚施確是秦地。這也就是說,趙遷中山王,根本不可能遷到這裡。……趙國的膚施,其實就是滹沱河上有的盧虒……故城在今山西五臺縣臺城鎮東北約 1000 米」〔註 153〕。

　　此外,李學勤先生認為,膚施本趙地、後入於秦的意見不確,《趙世家》所說的「遷其王於膚施」,「可能是中山尚被逐奔秦」,並認為「上郡置於昭王三年之說,係本《水經·河水注》,原文云:『帝原水西北出龜茲縣,東南流,……

〔註 150〕楊寬:《戰國史》(增訂本),上海:上海人民出版社,1998 年,第 373 頁。
〔註 151〕馬保春:《晉國地名考》,北京:學苑出版社,2010 年,第 134 頁。
〔註 152〕后曉榮:《秦代政區地理》,北京:社會科學文獻出版社,第 160 頁;《戰國政區地理》,北京:文物出版社,第 144 頁。
〔註 153〕李零:《再說滹沱──趙惠文王遷中山王於膚施考》,《中華文史論叢》,上海:上海古籍出版社,2008 年第 4 輯,第 25~33 頁,引文見第 29~30 頁。

又東南注奢延水，又東逕膚施縣南，秦昭王三年置，上郡治。』《水經注疏》熊會貞按：『《史記‧秦本紀》惠文王十年，魏納上郡十五縣，蓋魏置而秦昭王因之。《漢志》但云秦置。秦及兩漢，縣並為郡治，漢末廢，當在今榆林縣東南。』細味注文，膚施縣為秦昭王三年置，作為上郡治，並不是該年始置上郡，前人多有誤解」〔註154〕。

此處，姑不論以上各說正確與否，先把與「遷中山王於膚施」一事相關史實按時間排列出來：

《史記‧秦本紀》：「孝公元年（前 360 年）魏築長城，自鄭濱洛以北，有上郡。」

《史記‧秦本紀》：「（惠文王十年）（前 328 年）魏納上郡十五縣。」

《史記‧魏世家》：「（襄王）七年（公元前 328 年），魏盡入上郡於秦。秦降我蒲陽。」

《水經‧河水注》：「帝原水西北出龜茲縣，東南流，……又東南注奢延水，又東逕膚施縣南，秦昭王三年（前 304 年）置，上郡治。」

《史記‧趙世家》：「（惠文王）三年（前 296 年），滅中山，遷其王於膚施。起靈壽，北地方從，代道大通。」（依前說，在公元前 295 年）

《史記‧秦本紀》：「（秦昭襄王）二十年（前 287 年）王之漢中，又之上郡北河。」

根據《水經注》的記載，秦昭王三年（前 304 年），膚施成為秦上郡治所，至公元前 294 年，上郡仍屬秦，否則當時秦惠文王怎麼可能至「上郡北河」。至於楊寬認為「處上郡中心之膚施，在今陝西榆林縣南，原亦為趙邑，上年趙滅中山後，嘗遷中山王於此，亦當於此時為秦所得。《水經注》以為秦昭王三年以膚施為上郡郡治，『三年』當為『十三年』之誤」〔註155〕，並無其他佐證，難以採信。於是，「遷中山王於膚施」的時間當在上郡屬於秦之時無誤，那麼，趙國如何將中山王遷於秦地？只有兩種可能，一種如李學勤先生所言「可能是中山尚被逐奔秦」，另一種就是趙膚施本不在秦地，也並不是上郡治所所在，而是另有所在。前者只是為了釐清紛亂的史實而衍生的望文生義的推斷，並不可靠。後者，李零先生給出了答案，趙膚施其實就是位於滹沱河

〔註154〕李學勤：《秦孝公、惠文王時期銘文研究》，《中國社會科學院研究生院學報》，1992 年第 5 期，第 19～23 頁，引文見第 22 頁。

〔註155〕楊寬：《戰國史料編年輯證》，上海：上海人民出版社，2001 年，第 702 頁。

上游的虖虒，位於今山西五臺縣，靈壽古城的西北，兩地之間相距大約 100 公里。趙滅中山，把中山王遷到這裡，最合適。

戰國趙尖足布有「盧虒」（虖虒）〔註 156〕。

56. 靈壽（寧壽）

《趙世家》：「（惠文王）三年（前 296 年），滅中山，遷其王於膚施。起靈壽，北地方從，代道大通。」趙國滅亡中山，中山靈壽即為趙所據。現考古發掘資料已經證實，中山靈壽城位於今河北平山縣三汲鄉〔註 157〕，座落在北高南低的滹沱河北岸的臺地上，北倚東陵山，南臨滹沱河，地理形勢險要，西、北、南三面十餘里處均為太行山群山環抱，向東極目華北平原，〔註 158〕且整個城址呈現出中高外低的走勢，位於城北的黃山是整個城址的最高點。《孫臏兵法·雄牝城》：「城前名谷，背兀山，雄城也，不可攻也。城中高外下者，雄城也，不可攻也。城中有付丘者，雄城也，不可攻也。」中山國都靈壽城址顯然就是按照這樣的軍事防禦原則建立的，是一處進可攻，退可守，亡可以逃散入太行山中的重地〔註 159〕。但儘管城池固若金湯，終敵不過趙國鐵騎，可見趙國軍隊之強大。

趙國軍隊於趙武靈王二十一年（前 305）雖攻下鴟之塞及南至華陽一段，但因有中山都城靈壽的阻塞，因而整個代道未通，直至滅中山據靈壽後，代道才得以通暢。

戰國趙兵器有「寧壽令」戟，銘文如下：

十六年寧壽令余**恖**，上庫帀（工師）卓進、工固執齊。

郭一峰、張廣善認為「寧壽」應作「靈壽」，鑄造時間應是趙惠文王十六年（前 283 年）。〔註 160〕

〔註 156〕裘錫圭：《戰國貨幣考（十二篇）》，《北京大學學報》，1978 年第 2 期，第 69～83 頁，具體見第 76～77 頁，該文收入其《古文字論集》，北京：中華書局，1992 年，第 429～453 頁。

〔註 157〕河北省文物研究所：《戰國中山國靈壽城：1975～1993 年考古發掘報告》，北京：文物出版社，2005 年。

〔註 158〕柳石、王晉：《中山國故都——古靈壽城考辨》，《河北學刊》，1987 年第 3 期，第 86～90 頁。

〔註 159〕何艷傑等：《鮮虞中山國史》，北京：科學出版社，2011 年，第 76 頁。

〔註 160〕郭一峰、張廣善：《高平縣出土「寧壽令戟」考》，1992 年第 4 期，第 69～71＋66 頁。

57. 甄（鄄）

《左傳》莊公十四年，「冬，單伯會齊侯、宋公、衛公、鄭伯於鄄。」注曰：「鄄，衛地。今東郡鄄城也。……甄城音捐，一音真，或音旃，又舉然反，或作鄄。」

《趙世家》：「（成侯）五年（前 370 年），伐齊於鄄。……十年（前 365年），攻衛，取甄。」

《史記·田敬仲完世家》：「（威王）九年（據李曉傑考證，此紀年有誤，當是桓侯六年，即前 370 年〔註 161〕），趙伐我，取甄。」《正義》：「音絹。即濮州甄城縣也。」後又載：「宣王七年，與魏王會平阿南。明年，復會甄。」

由上可知，鄄城即甄城，本春秋時衛邑，後屬齊。公元前 370 年，為趙所攻取，後又為衛所佔，趙復取之，其後又被齊奪回。鄄，為趙、齊、衛三國交界的地區，因此引起三國的長期激烈爭奪。

另據《史記·齊太公世家》：「（齊桓公）七年，諸侯會桓公於甄。」《集解》引杜預曰：「甄，衛地，今東郡甄城也。」《史記·司馬穰苴列傳》：「齊景公時，晉伐阿、甄。」《索隱》：「按：阿、甄皆齊邑。……《地理志》云甄城縣屬濟陰也。」鄄城故址位於今山東鄄城縣北。

傳世齊係兵器有「坓」戈（《集成》10824），「大坓公」戟（《集成》11051），「坓」即「鄄」〔註 162〕。另傳世戰國齊係古璽有「鄄城發弩」〔註 163〕。

58. 廩丘

《古本竹書紀年》：「晉烈公十一年（趙烈侯四年，公元前 405 年）〔註 164〕，田悼子卒，田布殺其大夫公孫孫，公孫以廩丘叛於趙，田布圍廩丘，翟角、趙孔屑、韓師救廩丘及田布戰於龍澤，田布敗逋。」趙於是有廩丘。《趙世家》又載：「（敬侯）三年（前 384 年），救魏於廩丘，大敗齊人。」

《史記·六國年表》：「魏安釐王十一年（前 266 年），秦拔我廩丘。」楊

〔註 161〕李曉傑：《戰國時期齊國疆域變遷考述》，《史林》，2008 年第 4 期，第 98～103 頁，具體見第 101 頁。
〔註 162〕孫剛：《東周齊係題銘研究》，吉林大學博士學位論文，2012 年，第 185 頁。
〔註 163〕于豪亮：《古璽考釋》，《古文字研究》（第 8 輯），北京：中華書局，1981 年，第 255～260 頁，具體見第 259 頁。
〔註 164〕沈長雲認為該事發在趙烈侯四年，即公元前 405 年，見《趙國史稿》第 154頁，李曉傑認為在公元前 407 年，即趙烈侯二年，見《中國行政區劃通史·先秦卷》，第 668 頁。

寬《戰國史料編年輯證》案曰：「是年秦取魏邢丘，《魏世家》作郪丘，《六國表》作廩丘，梁玉繩以為當從《魏世家》作郪丘，云：『廩丘乃齊地，時屬於趙。郪丘為汝南郡新郪縣，春秋時屬齊，六國時屬魏。《漢書·地理志》應劭注云：秦伐魏取郪丘，可為證據矣。若邢丘之地，久入於秦，不待是時始取，故魏襄王時蘇秦說魏，歷數魏地不及邢丘，而《魏世家》安釐王十一年信陵君謂魏王曰：秦固有懷、茅、邢丘也，則非是時始取可知。』此說不可從。秦簡《編年記》、《秦本紀》、《范睢列傳》以及《秦策三》第九章皆作邢丘，以邢丘為是。……」〔註165〕可見，此處「拔魏廩丘」必為誤載，廩丘不屬魏，梁玉繩認為廩丘在公元前266年屬於趙國，其說當是。

1983年9月，內蒙古烏蘭察布盟清水河縣賈浪溝村農民在修築呼和浩特一準格爾旗公路時，於拐子上古城內發現10件青銅兵器，隨即送至烏蘭察布盟文物工作站，該站工作人員考證這批青銅兵器為秦器無疑，其中兩件矛的製造年代為秦王政三年和四年（前244年、前243年），其他幾件兵器年代也應與此相近。其中一件銅戈上縱刻「廩丘」二字。〔註166〕如此說無誤，那麼大約在公元前266到前243年之間，秦國佔領了廩丘。

《史記·齊太公世家》：「宣公五十一年卒，子康公貸立。田會反廩丘。」《索隱》：「田會，齊大夫。廩，邑名，東郡有廩丘縣也。」清代徐文靖《竹書統箋》「田布殺其大夫公孫孫公孫孫以廩丘叛於趙」條下曰：「今據《齊世家》：齊宣公五十一年，田會反廩丘。《索隱》引《紀年》：宣公五十一年，公孫會以廩丘叛於趙，則下公孫孫乃公孫會之訛，《地理志》東郡有廩丘縣。」〔註167〕漢代東郡廩丘縣位於今山東鄆城西北。

59. 注人

《趙世家》：「（孝成王元年）齊安平君田單將趙師而攻燕中陽，拔之。又攻韓注人，拔之。」《正義》：「邑名也。《括地志》云：『注城在汝州梁縣西十五里』，蓋是其地也。』此處，中陽疑為中人之誤，《集解》徐廣曰：「一作『人』。」《正義》：「燕無中陽。」中人，今河北唐縣西北，其時為燕所有，故所攻之地應為中人。《史記·魏世家》：「（文侯）三十二年，伐鄭。城酸棗。敗

〔註165〕楊寬：《戰國史料編年輯證》，上海：上海人民出版社，2001年，第924頁。
〔註166〕李興盛、刑黃河：《內蒙古清水河縣拐子上古城發現秦兵器》，《文物》，1987年第8期，第63～64＋76頁。
〔註167〕卷十一，清文淵閣四庫全書本。

秦於注。」《集解》：「司馬彪曰：『河南梁縣有注城也。』」《正義》引《括地志》云：「注城在汝州梁縣西四十五里。注，或作『鑄』也。」《括地志輯校》：「注城在汝州梁縣西〔四〕十五里。」史家一般認為「魏敗秦之注」即「趙拔韓之注人」，注人位於今河南汝州市西，如顧祖禹《讀史方輿紀要》、錢穆《史記地名考》等。

李曉傑則疑非，理由是：「趙不太可能其時越過魏境而佔領韓南境上的該地。頗疑此注人應在韓國北境，毗鄰趙國之處。」〔註168〕懷疑的原因有兩點：一是越過魏境；二是佔領韓南境，踞離趙太遠。先說「越過魏國」，趙國經過趙武靈王和趙惠文王兩代經營，疆域得到擴展，軍事上兵力益強，在三晉關係中重新佔據主導地位，實力上再次超過韓魏，成為三晉中最為強大的，〔註169〕趙國借道魏國攻打韓國，魏國不敢不同意。況且在魏文侯時，魏國借道趙國攻打中山，趙國也同意了。這樣看來，趙越魏借道攻打韓國是完全可行的。

再者，由於對地點的關注，此處似乎忽略了一個問題，就是趙國的這兩次征戰的將領是齊安平君——田單。趙孝成王元年，秦國軍隊進攻趙國，「拔三城」，在這種危急情況下，趙國向齊國求救，於是田單援趙。田單攻下了兩座城池，中人和注人。後田單留在趙國並出任趙相，田單此後的事蹟，史書就沒有記載了，後世學者均認為他從此未再返齊，客死於趙。鮑彪《戰國策·齊策六》「田單將攻狄」有注曰：「以單之在齊而喪地被兵，不聞其卻戰而克敵也。而一為趙用，遂以立功。意者，單以功高被讒，齊襄雖為之殺譖者，所以任單者，不能展盡歟？不然，則單之懼禍持怯而自晦也……然單之在趙，自二戰之後，不聞他功。蓋既試其端，而亦終不忍背宗國以為趙用也！單之心亦可見矣！」鮑氏對田單晚年軍事生涯的這段評價是很中肯的。田單援趙而入趙，在趙國的危急形勢下不能碌碌無為，但鑒於之前的教訓又不敢露其鋒芒，又不忍背齊。回頭再考察這中人、注人兩城，一北一南，均距離趙國的政治中心較遠，注人入趙後，更堪稱是屈居韓地的一處「飛地」。這兩地並不好管理，況且兩城戰略地位也不重要，對趙國的勢力增長而言無足輕重。攻取這兩座城，不得不說是田單矛盾糾結心理的寫照。

〔註168〕 李曉傑：《戰國時期韓國疆域變遷考》，《中國史研究》，2001 年第 3 期，第 15～25 頁，具體見第 21 頁。
〔註169〕 侯廷生：《淺論戰國時代趙與韓魏的關係》，《趙國歷史文化論叢》，石家莊：河北人民出版社，1989 年第 308～311 頁。

如此看來，將注人標注在今河南汝州市西，既有史料依據，又合乎情理，無需置疑。

戰國方足布有「鑄」布〔註170〕，裘錫圭認為鑄布的鑄造地大概即是《趙世家》記載的「注人」，〔註171〕曾庸肯定地認為是「注人」無疑。〔註172〕

60. 扶柳

《戰國策·趙四》：「三國攻秦，趙攻中山，取扶柳，五年以擅呼沱。」〔註173〕《水經·濁漳水注》：「（漳水）又東北過扶柳縣北，⋯⋯扶柳故城，在信都城西，衡水逕其西，縣有扶澤，澤中多柳，故曰扶柳。」考黃河當時自趙境入齊境在滄州附近入渤海薄洛水又稱漳水，它自趙境向東北入中山，流經其東南一隅，然後復入趙境，薄洛水當為中山國東南邊疆的河流。據此，可知扶柳地處薄洛水南岸，是中山東南邊邑，位於今河北冀州市西。

戰國貨幣有「大酉」三孔布，黃錫全釋讀為扶柳。〔註174〕

61. 鄴

《趙世家》：「（悼襄王六年，前239年）魏與趙鄴。」又：「（悼襄王）九年（前236年），趙攻燕，取狸陽城。兵未罷，秦攻鄴，拔之。」

《水經·濁漳水注》：「鄴，本齊桓公所置也。故《管子》曰：築五鹿、中牟、鄴，以衛諸夏也。後屬晉，魏文侯七年始封此地，故曰魏也。」鄴，春秋齊桓公始築城，之後鄴又歸晉所有，直至魏文侯七年（前436年）得其地。戰國末期，秦國大舉進攻魏國，景愍王元年（前242年）秦拔魏二十城，置東郡，治濮陽；二年，秦拔魏朝歌，徙衛君於野王；三年，秦拔魏汲。這時，鄴城與魏都大梁隔絕，成了魏國北方的一座孤城。趙悼襄王六年（前239年），魏國索性把鄴拱手讓趙。然《韓非子·外儲說左下》云：「梁車為鄴令，其姊往看之，暮而後至，閉門；因踰郭而入，車遂刖其足，趙成侯以為不慈，奪之

〔註170〕馬飛海主編：《中國歷代貨幣大系1·先秦貨幣》2264～2269，上海：上海人民出版社，1988年，第549～550頁，釋文見第1108頁。

〔註171〕裘錫圭：《戰國貨幣考（十二篇）》，《北京大學學報》，1978年第2期，第69～83頁，具體見第78頁。

〔註172〕曾庸：《若干戰國布錢地名之辨釋》，《考古》，1980年第1期，第84～87頁，具體見第86頁。

〔註173〕（西漢）劉向集錄：《戰國策》卷二十一《趙四》「三國攻秦趙攻中山」，上海：上海古籍出版社，1985年，第753頁。

〔註174〕黃錫全：《三孔布奧秘試探》，《先秦貨幣研究》，北京：中華書局，2001年，第179～201頁，具體見第187頁。

璽而免之令。」〔註175〕即梁車曾在趙成侯（前374年～前350年）時擔任趙之鄴令，如此載不誤，鄴曾一度先由魏屬趙。方詩銘、王修齡《古本竹書紀年輯證‧魏紀》第25條載：「梁惠成王元年，鄴師敗邯鄲師於平陽。」據史籍記載：魏惠王初年，韓、趙兩國曾聯兵攻魏，圍魏惠王於濁澤，後因意見分歧，韓、趙各自退兵。此事《史記‧魏世家》繫於魏惠王元年（前370年），《趙世家》繫於趙成侯六年（前369年），《六國年表》同。〔註176〕此處以鄴師代指魏國軍隊，可知此時鄴地屬魏。《韓非子‧內儲說下》說到：「鄴令襄疵陰善趙王左右趙王謀襲鄴，襄疵常輒聞，而先言之魏王備之，趙乃輒還。」襄疵亦作穰疵，是魏惠王（前370年～前319年）時人，曾做鄴令，這段話說明魏惠王時期鄴曾為魏所有。以上幾事，時間不確，故難以將其按時間排序，但大致可推知，公元前239年「魏與趙鄴」之前，鄴曾在趙魏之間反覆易手。趙悼襄王九年（前236年），鄴又被秦攻佔。

《史記‧燕召公世家》：「（王喜）十九年（前236年），秦拔趙之鄴。」《正義》：「即相州鄴縣也。」其地在今河北省臨漳縣西南。

傳世戰國魏兵器「卅二年業令」戈〔註177〕，此外，還有一件「十四年鄴下庫」戈〔註178〕。

62. 安平

戰國趙平首尖足布有「安平」布〔註179〕。《趙世家》：「吾國東有河、薄洛之水，與齊、中山同之。」《集解》引徐廣曰：「安平經縣西有漳水，津名薄洛津。」《正義》：「按：安平縣屬定州也。」唐代安平與今天河北安平縣為一地，故趙安平位於今河北安平縣。

《趙世家》載：「（惠文王四年，前295年）主父及王遊沙丘，異宮，公子章即以其徒與田不禮作亂，詐以主父令召王。肥義先入，殺之。高信即與王戰。公子成與李兌自國至，乃起四邑之兵入距難，殺公子章及田不禮，滅其黨賊而定王室。公子成為相，號安平君，李兌為司寇。」公元前295年，公子成與李兌一起平定公子章之亂，因功為相國，封安平君。楊寬認為安平

〔註175〕王先慎：《韓非子集解》，北京：中華書局，1998年，第308頁。
〔註176〕沈長雲等：《趙國史稿》，北京：中華書局，2000年，第140頁。
〔註177〕羅振玉：《三代吉金文存》20‧23‧1戈，北京：中華書局，1983年。
〔註178〕彭澤元：《魏「十四年鄴兵庫」戈考釋》，《江漢考古》，1989年第3期，第64～67頁。
〔註179〕丁福保編：《古錢大辭典》391，北京：中華書局，1982年，第398頁。

為公子成封邑，並指出安平位於今河北省安平縣一帶。〔註180〕白國紅經過研究認為：「趙國的封君大致可以分為三類：一類是有封地並且就封的封君，也就是可以臨土治民的封君；一類是有封地但不就封的封君，他們只是食封地的租稅，作為俸祿的補充，封地仍劃歸當地的郡縣，由國君派官吏治理；還有一類封君根本沒有封地，與土地不發生任何關係，只是一種虛榮之封。」〔註181〕所以，趙國有些君號是否以封地之名冠稱並不確定，也就是說，在史無明載的情況下，安平是否是安平君公子成封邑，還需要進一步研究。

63. 伯陽

《趙世家》：「（惠文王）十七年（前282年），樂毅將趙師攻魏伯陽。」又載：「（惠文王）十九年，秦（敗）〔取〕我二城。趙與魏伯陽。」由上下文可知，惠文王十七年，趙國攻打並且奪取魏國的伯陽，後又歸還魏國。

《正義》引《括地志》云：「伯陽故城一名邯會城，在相州鄴縣西五十五里，七國時魏邑，漢邯會城。」伯陽位於今河北省磁縣西南，喬登雲認為即磁縣西清流古城〔註182〕。

戰國趙尖足布有「百陽」布〔註183〕，何琳儀釋讀為「伯陽」〔註184〕。

64. 防陵（參見「房子」條）

《趙世家》：「（惠文王）二十四年（前275年），廉頗將，攻魏房子，拔之，因城而還。又攻安陽，取之。」《集解》引徐廣曰：「屬常山。」而據《廉頗藺相如列傳》記載：「廉頗攻魏之防陵、安陽。」《集解》引徐廣曰：「一作『房子』。」《索隱》案：「防陵在楚之西，屬漢中郡。魏有房子，蓋『陵』字誤也。」《正義》：「城在相州安陽縣南二十里，因防水為名。」

《集解》認為房子是常山地的房子，《索隱》之所以認為「魏有房子」，是因為常山房子屬中山地，魏滅中山後，房子歸魏所有。《集解》和《索隱》

〔註180〕楊寬：《戰國史》（增訂本），上海：上海人民出版社，1998年，第678頁。

〔註181〕白國紅：《試論先秦時期趙國的封君制度》，《河北師範大學學報》，2002年第1期，第81～83頁，引文見第82頁。

〔註182〕喬登雲：《邯鄲考古世紀回眸與前瞻》，《文物春秋》，2004年第6期，第1～15頁，具體見第9頁。

〔註183〕馬飛海主編：《中國歷代貨幣大系1‧先秦貨幣》1207，上海：上海人民出版社，1988年，第371頁，釋文見第1096頁。

〔註184〕何琳儀：《百邑布幣考——兼述尖足空首布地名》，《史學集刊》，1992年第1期，第60～61＋74頁，具體見第60頁；何琳儀：《尖足布幣考》，《古幣叢考》，合肥：安徽大學出版社，2002年，第111～126頁，具體見第117頁。

都以為廉頗攻拔的防陵就是這個房子。但是在前 380 年左右，中山桓公復國，魏國不再佔據房子。中山滅國（前 295 年）後，房子當一直屬趙，史籍中也無魏國再佔領房子的記載。既然其時房子屬趙，那麼《集解》、《索隱》所注則皆誤，《趙世家》此處所載的「房子」當依《廉頗藺相如列傳》改作「防陵」。那麼防陵何在？據《正義》：「城在相州安陽縣南二十里，因防水為名」，《水經·蕩水注》：「（防水）東逕防城北。」唐相州安陽縣南二十里大略是今安陽老城南 11 公里處的西郭村的所在〔註 185〕，此村西南確曾有一個古城——防城，這與《水經注》記載相合，這裡當為防陵的所在地。該城現已無暴露遺跡，夯土城牆殘高 1.5 米左右，平面呈長方形，南北長 1000 米，東西寬 800 米，出土有陶罐、豆等殘片。〔註 186〕

65. 安陽

《趙世家》：「（惠文王）二十四年（前 275 年），廉頗將，攻魏房子，拔之，因城而還。又攻安陽，取之。」《廉頗藺相如列傳》記載：「廉頗攻魏之防陵、安陽。」《史記·秦始皇本紀》於始皇十一年（前 236 年）記載：「軍歸斗食以下，什推二人從軍，取鄴安陽，桓齮將。」《資治通鑒·秦紀》也載：「（始皇十一年）桓齮取鄴安陽」，下有胡三省注：「鄴縣有安陽城。」安陽即今河南省安陽市、縣的前身。

戰國魏方足布有「安陽」布。〔註 187〕

66. 幾

《趙世家》：「（惠文王）二十三年，樓昌將，攻魏幾，不能取。十二月，廉頗將，攻幾，取之。」《正義》：「音祈。《傳》云伐齊幾，幾拔之。又《戰國策》云秦敗閼與，及攻魏幾。按：幾邑或屬齊，或屬魏，當在相潞之閒也。」

《廉頗藺相如列傳》載：「是歲，廉頗東攻齊，破其一軍。居二年，廉頗復伐齊幾，拔之。」《集解》：「徐廣曰：『幾，邑名也。』案：《趙世家》惠文王二十三年，頗將攻魏之幾邑，取之，而《齊世家》及年表無『伐齊幾，拔之』事，疑幾是邑名，而或屬齊或屬魏耳，田單在齊，不得至於拔也。」《索

〔註 185〕許作民：《廉頗拔魏防陵、安陽地望考》，《中國歷史地理論叢》，1994 年第 2 期，第 111～116 頁，具體見第 114 頁。

〔註 186〕段宏振：《趙都邯鄲城研究》，北京：文物出版社，2009 年，第 152、180 頁。

〔註 187〕參見黃錫全：《三晉兩周小方足布的國別及有關問題初論》，《中國錢幣論文集（第三輯）》，1998 年，第 99～132 頁。

隱》：「世家云惠文王二十三年，頗將攻魏之幾邑，取之，與此列傳合。《戰國策》云秦敗閼與及攻魏幾。幾亦屬魏。而裴駰引《齊世家》及年表無『伐齊拔幾』之事，疑其幾是故邑，或屬齊、魏故耳。」《正義》：「幾音祈。在相潞之閒。」

由於《趙世家》和《廉頗藺相如列傳》的同一事記載有出入，導致「魏幾」、「齊幾」混淆不清。《戰國策·趙三》：「秦王大怒，令衛胡易伐趙，攻閼與。趙奢將救之。魏令公子咎以銳師居安邑，以挾秦。秦敗於閼與，反攻魏幾，廉頗救幾，大敗秦師。」〔註188〕由此段話看，當是魏幾。梁玉繩《史記志疑》「居二年廉頗復伐齊幾拔之」條下亦案曰：「幾是魏邑。《趙世家》言頗攻魏幾，取之。秦策亦云秦敗閼與，反攻魏幾，廉頗救幾。此作齊幾，誤。裴駰謂或屬齊，非也。先是樓昌攻幾不能取，故云復伐。又居二年乃居三年之誤。」梁說甚是，趙所伐乃魏幾當是無誤。

《讀史方輿紀要》：「幾城，《括地志》云在元城縣東南。」後世學者多據此認為幾城位於今河北省大名縣東南。

67. 檀臺、信宮

《趙世家》：「（成侯）二十年（前355年），魏獻榮椽，因以為檀臺。」《集解》引徐廣曰：「襄國縣有檀臺。」《索隱》：「劉氏云『榮椽蓋地名，其中有一高處，可以為臺』，非也。按：榮椽是良材，可為椽，斲飾有光榮，所以魏獻之，故趙因用之以為檀臺。」《正義》：「鄭玄云：『榮，屋翼也。』《說文》云：『椽，榱也。屋梠之兩頭起者為榮也。』《括地志》云：『檀臺在洺州臨洺縣北二里。』」又《趙世家》載：「武靈王元年（前325年），陽文君趙豹相。梁襄王與太子嗣，韓宣王與太子倉來朝信宮。」《正義》：「在洺州臨洺縣也。」

由《正義》可以知道檀臺、信宮同在唐代臨洺縣。據孫繼民《戰國趙信都地望考》考證：「《元和郡縣圖志》卷一五河東道洺州臨洺縣條：『北濱洺水，因以為名。』又說有『狗山，在縣西十里』。所言臨洺縣城的方位以及距離狗山的里數均與現在的永年縣臨洺關相同，可知唐代臨洺縣治即今永年縣所在地臨洺關。」文中還提到：「《太平寰宇記》卷五河北邢州龍岡縣引李公緒《趙記》云：『趙孝成王造檀臺，有宮，為趙別都，以朝諸侯，故曰信都。秦末趙歇據之，項羽更名曰襄國。』根據《太平寰宇記》的記載，可知信都是信宮的

〔註188〕　（西漢）劉向集錄：《戰國策》卷二十《趙三》「秦攻趙藺離石祁拔」，上海：上海古籍出版社，1978年，第684頁。

自然衍稱，檀臺、信宮應該是信都建築物的一部分。沈長雲《趙國史稿》也指出信都的建成經歷了一個過程：檀臺是陪都最早的名稱，它的建成恰是在邯鄲淪陷前二年，到邯鄲之難時，以趙成侯為首的趙國最高統治集團就遷往此地繼續執行國家職能。在這場國難中，檀臺脫穎而出，顯示出其重要的軍事價值。此後，檀臺大概便開始被有意識地擴建。到武靈王初年，已具備了作為陪都的規模，並更名信宮，《趙世家》武靈王元年條稱：「梁襄王與太子嗣、韓宣王與太子倉來朝信宮。」十九年春正月條云：「大朝信宮，召肥義與議天下，五日而畢。」可見，在武靈王時，信宮已成為趙王朝會諸侯、處理政務的場所。雖然在邯鄲之難時，它雖無信都之名，但是已經承擔起了陪都的職能。既然檀臺、信宮遺址在今河北永年縣，那麼由之而來的信都當然便位於此地。信都作為趙國的陪都，十六國時期人們都還比較清楚，《晉書》卷一〇四《石勒載記》有謀士張賓向石勒建議定都的一段話，內稱：『邯鄲、襄國，趙之舊都，依山憑險，形勝之國，可擇此二邑而都之。』同卷還記載，石勒定都襄國後，王濬也認為他是『據趙舊都』。襄國即項羽由信都改稱而來。以上兩條材料說明，十六國時期人們都知道趙國都城有兩個，襄國（即信都）是其中之一。由此可見，信都是趙國陪都無可置疑。」〔註189〕至於今日仍有學者指出信都信宮當為趙王行宮，間或朝會諸侯、處理政務，但是信宮不是趙國陪都，實無更為可靠的證據。

在今永年縣範圍內，有一處戰國至漢代古城遺址。該城址位於西陽城北陽城村、東陽城村附近，洺河北岸的臺地上。城址平面大致呈長方形，西南隅向外凸出，當地傳說西南隅一帶有紫禁城。北城垣長 1343 米，西城垣北段長 1076 米，南城垣長 1750 米，東城垣長 1227 米。面積約 185 萬平方米。城垣夯土築成，殘高 1～3 米。夯土層厚 7～10 釐米。城內出土遺物有銅帶鉤和陶器殘片。陶器以泥質灰陶為主，器表除素面外，紋飾有繩紋，器形有板瓦、筒瓦、罐、甕、盆等。根據城的位置、規模及文化內涵，可知陽城遺址便是史書上記載的易陽城所在地，因洺河古稱南易水或漳水，河之北稱陽，今城址居南洺河北岸，因稱「易陽城」。城址內及附近的村莊多因城而名，如東陽城、西陽城、南陽城、北陽城等。該遺址應即漢易陽故城址。該城南距邯鄲城約

〔註189〕孫繼民：《戰國趙信都地望考》，《歷史地理》（第九輯），上海：上海人民出版社，1990 年；後收入孫繼民、郝良真《先秦兩漢趙文化研究》，北京：方志出版社，2003 年，第 171～181 頁，引文見第 171～172 頁。

25 公里,所處的地理位置也在南北向交通大道附近,並且規模較大,因此歷來備受關注,其討論的主要焦點是該城在戰國時期的性質問題。一種意見認為,該城即戰國時期邯鄲城的陪都——信都,亦即信宮所在。孫繼民認為其前身可能就是趙國的信都或是在信都舊址上的重建,並指出《括地志》所云「檀臺在洺州臨洺縣北二里」之「二里」疑有誤,按照易陽城遺址至臨洺關的距離,檀臺距臨洺縣的距離不應如此之近。〔註 190〕

邯鄲位於趙國疆域的東南部,東距齊國的聊城,西距韓國的上黨地區都不過百餘里,南距魏國的鄴則只有幾十里,《史記·樂毅列傳》曾這樣說:「趙邯鄲,四戰之國也,其民習兵,伐之不可。」趙國遷都邯鄲後,雖然具有利於爭霸中原的地理優勢,但是同時也使自己置身於四戰之地的危勢中。趙成侯二十二年(前 353 年),魏國就曾攻破邯鄲;此後,邯鄲屢遭攻擊。趙肅侯三年(前 347 年),公子范襲邯鄲,不勝而死;趙肅侯二十年(前 330 年),田公子居思伐邯鄲,圍平邑。正是在這種形勢下,陪都逐步建設起來。陪都制度是一項特殊的防禦措施。在戰國諸國間征戰不休的背景下,陪都也是都城失陷後的一項應急措施。

68. 懷

《趙世家》:「(成侯五年)(前 370 年)魏敗我懷。」《史記·魏世家》:「(魏惠王)二年,魏敗韓于馬陵,敗趙于懷。」又載:「(安釐王)九年,秦拔我懷。」《史記·六國年表》:「安釐王九年(秦昭王三十九年),秦拔我懷城。」《史記·秦本紀》:「(昭襄王)四十一年夏,攻魏,取邢丘、懷。」(此處紀年誤後兩年〔註 191〕)《正義》引《括地志》云:「故懷城,周之懷邑,在懷州武陟縣西十一里。」戰國懷地,秦漢因之,在今河南武陟縣西南。雲夢秦簡《編年記》秦昭王三十九年「攻懷」。

另《左傳》隱公十一年:「而與鄭人蘇忿生之田……隰郕……懷,凡十二邑。」杜注:「隰郕,在懷縣西南。懷,今懷縣。」西晉懷縣在今河南武陟縣西南。《左傳》可與《正義》互為佐證。

今河南武陟縣西南的東張村古城,現存一段 400 米夯土城牆,時代從春

〔註 190〕 段宏振:《趙都邯鄲城研究》,北京:文物出版社,2009 年,第 166 頁。參見陳光唐等編著《邯鄲歷史與考古》,北京:文津出版社,1991 年,第 99 頁;孫繼民、郝良真《先秦兩漢趙文化研究》,北京:方志出版社,2003 年,第 172、176 頁。

〔註 191〕 錢穆:《史記地名考》,北京:商務印書館,2001 年,第 668 頁。

秋鄭邑，戰國屬魏，秦漢為河內郡治懷縣。〔註192〕傳世戰國魏兵器「□年懷庫戈」〔註193〕。

戰國貨幣有三孔布「懷」〔註194〕。

69. 高安

《趙世家》：「（成侯）四年（前371年）與秦戰高安，敗之。」《正義》：「蓋在河東。」戰國橋形布有「高安」〔註195〕，「朱活以為是魏幣，高安地在今山西省夏縣西北。戰國時夏縣西北屬魏，為安邑附近，趙不應在此與秦交戰。高安疑應在今山西省西境中部，近藺、離石，應是秦的東侵勢力同趙國發生衝突的地段」。〔註196〕《讀史方輿紀要》「臨晉縣」「虞鄉城」條下曰：「又西北有高安城，《趙世家》：成侯四年與秦戰高安，《正義》：高安城河東也。」不知何據。

高安地望目前還是存疑為宜。

70. 盧、令盧

《戰國策・趙策四》：「燕封宋人榮蚡為高陽君，使將而攻趙。趙王因割濟東三城令盧、高唐、平原陵地城邑市五十七，命以與齊，而以求安平君而將之。」「令」注曰：「鮑彪本改『令』為『合』。」「盧」注曰：「鮑本屬太山。」《趙世家》：「趙孝成王元年，秦伐我，拔三城。趙王新立，太后用事，秦急攻之。……於是為長安君約車百乘，質於齊，齊兵乃出。……齊安平君田單將趙師而攻燕中陽，拔之。又攻韓注人，拔之。」兩事相合，則可以推知《戰國策》所記載的事情發生在趙孝成王元年（前265年）。《春秋左傳集解》隱公三年載：「冬，齊、鄭盟於石門，尋盧之盟也。」注曰：「盧，齊地，今濟北盧縣故城。」〔註197〕又《史記・曹相國世家》：「韓信與故常山王張耳引兵下井

〔註192〕國家文物局主編：《中國文物地圖冊・河南分冊》，北京：中國地圖出版社，1991年。
〔註193〕《集成》17・11300 戈。
〔註194〕黃錫全：《先秦貨幣中的地名》，《九州》（第三輯），北京：商務印書館，2003年，第187～202頁，具體見第195頁。
〔註195〕馬飛海主編：《中國歷代貨幣大系1・先秦貨幣》1431，上海：上海人民出版社，1988年，第410頁，釋文見第1099頁；何琳儀：《橋形布幣考》，《吉林大學學報》，1992年第2期，第53～57頁，具體見第55頁。
〔註196〕雁俠：《先秦趙國疆域變化》，《鄭州大學學報》，1991年第1期，第77～90頁，引文見第80頁。
〔註197〕（晉）杜預注：《春秋左傳集解》，上海：上海人民出版社，1977年，第22頁。

陘，擊成安君，……還定濟北郡，攻著、漯陰、平原、鬲、盧。」《索隱》:「《地理志》著縣屬濟南，盧縣屬泰山。」《正義》:「盧縣，今濟州理縣是也。」《括地志輯校》:「盧縣，今濟州〔所〕理縣也。」〔註198〕以上所說當為一地。

盧，《漢志》屬泰山郡，在今山東長清區西南。春秋時本為齊地，戰國時為趙據，至於趙國何時從齊國奪得該地，時間不確。

71. 韓皋

《趙世家》:「趙悼襄王二年，李牧將，攻燕，拔武遂、方城。秦召春平君，因而留之。……城韓皋。」其地不詳。雁俠認為韓皋可能是近武遂、方城的趙地，趙取燕武遂、方城後，為鞏固邊防而城之。〔註199〕《貨系·先秦卷》錄有方足布「□匕」〔註200〕，何琳儀認為是燕布「**㽥**刀」，且應隸定為「榦」，「**㽥**」即「榦」，考證的部分內容引用如下:

「**㽥**」（榦）即《詩·大雅·韓奕》之「韓」。顧炎武引《水經·聖水注》「聖水又東南逕韓城東。《詩·韓奕》章曰，溥彼韓城，燕師所完，王錫韓侯，其追其貊，奄受北國。鄭玄曰，周封韓侯，居韓城為侯伯，言為險夷所逼，稍稍東遷也。王肅曰，今涿郡方城有韓侯城，世謂寒號，非也」。及《潛夫論·志氏姓篇》「昔周宣王亦有韓侯，其國也近燕。故《詩》云，普彼韓城，燕師所完」。遂定其地在河北固安。上引《水經注》文前尚有「東逕方城縣古城，李牧伐燕取方城也」。則「方城」所轄「韓侯城」，戰國屬燕，殆無疑義。顧氏之說確不可移。……這也是「韓皋」即「韓侯城」的旁證。總之，《韓奕》之「韓」，戰國時名「韓皋」，「皋」為地名後綴。燕國布幣銘文「**㽥**刀」乃「韓皋」之音轉，《水經注》引王肅作「寒號」為這一推測提供了珍貴的佳證。〔註201〕

也就是說，何琳儀認為銘文「**㽥**刀」乃「韓皋」之音轉，「**㽥**刀」為借字，本字當作「韓皋」，韓皋即韓侯城，在今河北固安縣。但這只是文字方面的推

〔註198〕（唐）李泰等著、賀次君輯校:《括地志輯校》，北京:中華書局，1980 年，第 144 頁。

〔註199〕雁俠:《先秦趙國疆域變化》，《鄭州大學學報》，1991 年第 1 期，第 77～90 頁，引文見第 87 頁。

〔註200〕馬飛海主編:《中國歷代貨幣大系 1·先秦貨幣》2341，上海:上海人民出版社，1988 年，第 562 頁，釋文見第 1109 頁。

〔註201〕何琳儀:《燕國布幣考》，《中國錢幣》，1992 年第 2 期，第 6～12＋44 頁，引文見第 9～10 頁。

斷，在尚無更可靠證據之前，暫不採信，存此待考。

72. 龍兌

《趙世家》：「（孝成王）十九年趙與燕易土：以龍兌、汾門、臨樂與燕；燕以葛、武陽、平舒與趙。」《正義》引《括地志》云：「北新城故城在易州遂城縣西南二十里。按：遂城縣西南二十五里有龍山，邢子勵《趙記》云『龍山』有四麓，各有一穴，大如車輪，春風出東，秋風出西，夏風出南，冬風出北，不相奪倫」。按蓋謂龍兌也。」今河北省滿城縣北。

73. 汾門

《趙世家》：「（孝成王）十九年趙與燕易土：以龍兌、汾門、臨樂與燕；燕以葛、武陽、平舒與趙。」《集解》徐廣曰：「在北新城。」《正義》：「《括地志》云：『易州永樂縣有徐水，出廣昌嶺，三源奇發，同瀉一澗，流至北平縣東南，歷石門中，俗謂之龍門，水經其閒，奔激南出，觸石成井。』蓋汾字誤也，遂城及永樂、〔固〕安、新城縣地也。」《史記志疑》「汾門」條下曰：「附案：《正義》引《括地志》，謂汾字誤，恐非。《水經・易水注》作汾門，亦曰汾水門。」《史記會注考證》「汾門」下考證曰：「張文虎曰、《續漢志》涿郡北新城有汾水關、注、引《史記》趙與汾門、《水經・易水注》云、其水又東京西故安城西、又東流南徑武隧縣南新城縣北、又謂是水為武隧津、津北謂之汾門、《史記・趙世家》、孝成王十九年、與燕易土、以龍兌汾門與燕、即是也、亦曰汾門之稱舊矣、張守節引括地志謂汾字為誤、妄矣、又曰、《正義》安上疑脫固字。」此說當是，「汾」字無誤。

汾門位於今河北省徐水縣西北。

74. 臨樂

《趙世家》：「（孝成王）十九年趙與燕易土：以龍兌、汾門、臨樂與燕；燕以葛、武陽、平舒與趙。」《集解》徐廣曰：「方城有臨鄉。」《正義》引《括地志》云：「臨鄉故城在幽州固安南十七里也。」今河北固安縣南。

75. 葛、阿

《趙世家》：「（孝成王）十九年趙與燕易土：以龍兌、汾門、臨樂與燕；燕以葛、武陽、平舒與趙。」《集解》徐廣曰：「葛城在高陽。」《正義》引《括地志》云：「故葛城又名西河城，在瀛州高陽縣西北五十里。」《正義》：「《括地志》云：『故葛城一名依城，又名西阿城，在瀛州高陽縣西北五十里。以徐、

（兗）〔滾〕二水並過其西，又徂經其北。曲曰阿，以齊有東阿，故曰西阿城。《地理志》云瀛州屬河間，趙分也。」按：燕趙即此地。」《讀史方輿紀要》「安州」「葛城廢縣」條下曰：「今州治。……《史記》『趙孝成王十九年，與燕會阿，又與燕易土，燕以葛城與趙』。」另據《安新縣志》，安州在戰國時名「葛城」。即今河北安新縣安州鎮〔註202〕。

趙國有幣文為「阿」的三孔布幣〔註203〕。

76. 武陽

《趙世家》：「（孝成王）十九年趙與燕易土：以龍兌、汾門、臨樂與燕；燕以葛、武陽、平舒與趙。」《水經·易水注》：「易水又東逕武陽城南。蓋易自寬中歷武關東出，是兼武水之稱，故燕下都擅武陽之名，武陽蓋燕昭王之所城也，東西二十里，南北十七里。故傅逮《述遊賦》曰：『出北薊，歷良鄉，登金臺，觀武陽、兩城遼廓，舊跡冥茫』，蓋謂是處也。」《讀史方輿紀要》：「武陽城在易州東南二十七里，故燕下都也。」武陽為燕下都所在，在今河北易縣東南，這裡處在燕長城的西北端，是燕國西南部的軍事重鎮。燕下都城址的位置，北、西和西南有山巒環抱，東南面向著華北大平原，正處在從上都（今北京）到齊、趙等國去的咽喉地帶，是燕國西南方一個重要的門戶和屏障。

據現代調查，燕下都由東西兩城聯結組成，中間被一條縱貫南北的河道隔開。東城是燕下都主體，略呈方形，東西約 4.5 公里，南北約 4 公里，夯土城牆基約 40 米，現仍保留部分殘垣。其東、北、西三面各發現一座城壕，遠離北城牆 1000 餘米的北易水也起著城壕的作用。西城平面亦略作方形，東西約 3.5 公里，南北約 3.7 公里，城牆基亦為 40 米左右。城內文化層堆積極少，可能是為適應戰國末年戰爭形勢的需要而增建的附郭城。〔註204〕

戰國有「武陽」三孔布〔註205〕及「武陽司寇」古璽〔註206〕。

〔註202〕尚友萍：《先商文化源頭考辨》，《文物春秋》，2012 年第 5 期，第 3～10 頁，具體見第 4 頁。

〔註203〕裘錫圭：《戰國貨幣考（十二篇）》，《北京大學學報》，1978 年第 2 期，第 69～83 頁，引文見第 74 頁。

〔註204〕繆文遠：《戰國制度通考》，成都：巴蜀書社，1998 年，第 231 頁；河北省文化局文物工作隊：《河北易縣燕下都故城勘察和試掘》，《考古學報》，1965 年第 1 期，第 83～106＋176～181＋216 頁。

〔註205〕黃錫全：《三孔布奧秘試探》，《先秦貨幣研究》，北京：中華書局，2001 年，第 179～202 頁，具體見第 188 頁。

〔註206〕《珍秦齋藏印——戰國篇》「官璽」第 9 號，澳門基金會，2001 年，第 21

77. 平舒

《趙世家》：「（孝成王）十九年趙與燕易土：以龍兌、汾門、臨樂與燕；燕以葛、武陽、平舒與趙。」《集解》引徐廣曰：「平舒在代郡。」《正義》引《括地志》云：「平舒故城在蔚州靈丘縣北九十三里也。」

《中國山西歷代貨幣》第 42 頁著錄兩枚布文為「平幹」的方足布，黃錫全釋讀為「平舒」，並認為：「此布不具燕布束腰、高襠、肩尖等特點，故知其為入趙後所鑄，時在公元前 247 年（趙孝成王十九年）以後，為戰國晚期鑄幣。」〔註207〕並依《括地志》將其地望定在今山西北部的廣靈縣境，大致可信。但是將上文燕、趙易土的「平舒」定在山西北部卻是錯誤的。戰國時期「平舒」不止一處：一為秦地，見《史記・秦始皇本紀》，在今陝西華陰縣西北，此處可不予討論；一為代郡的（西）平舒；另一為東平舒。廣靈縣的平舒，在戰國時期為西平舒，屬趙國的代郡。考代郡一直屬趙，未聞屬燕，且兩國易土前燕國還進攻平舒所在的代地而遭慘敗（見《趙世家》孝成王十五年）。因此燕、趙易土時的平舒應當是東平舒。〔註208〕《漢書・地理志》云：「趙分晉，得趙國，北有信都、真定、常山，又得涿郡之高陽、莫、鄉。東有廣平、鉅鹿、清河、河間，又得渤海郡之東平舒、中邑、文安、束州、成平、章武，河以北地」。這些「又得」的土地，大多屬河間之地，主要應是趙在被秦滅亡之前的三十多年間獲得。因此趙國和燕國易地所得的平舒，應即是渤海郡的東平舒，和代郡的平舒同名。師古注曰：「代郡有平舒，故加東。」但亦可直接稱平舒，《漢書・地理志》河間号高下云：「虖池別河首受虖池河，東至平舒入海。」即是例證。〔註209〕光緒《大城縣志》引《一統志》云：「東平舒故城今大城縣治，漢置。」即今河北大城縣。

78. 武遂

《趙世家》：「（悼襄王）二年（前 243 年），李牧將，攻燕，拔武遂、方

頁。轉引自吳良寶、鄧成龍：《燕國「安陽」布幣補說》，《社會科學戰線》，2003 年第 3 期，第 264～266 頁，注⑧。

〔註207〕黃錫全：《趙國方足布七考》，《先秦貨幣研究》，北京：中華書局，2001 年，第 92～101 頁，引文見第 98 頁。

〔註208〕吳良寶：《中國東周時期金屬貨幣研究》，北京：社會科學文獻出版社，2005 年，第 181 頁。

〔註209〕韓嘉穀：《「平舒」戈、「舒」豆和平舒地理》，《東北亞研究——北方考古研究》（四），鄭州：中洲古籍出版社，1994 年，第 313～314 頁，具體見第 314 頁。

城。」《集解》引徐廣曰:「武遂屬安平。」《正義》引《括地志》云:「易州遂城,戰國時武遂城也。方城故在幽州固安縣南十七里。」時二邑屬燕,趙使李牧拔之也。《史記·燕召公世家》亦載:「(王喜)十二年,趙使李牧攻燕,拔武遂、方城。」《集解》引徐廣曰:「屬河間。」今河北省徐水縣西。

79. 桑丘

《趙世家》:「(肅侯)二十三年,韓舉與齊、魏戰,死於桑丘。」此處紀年有誤,據沈長雲考證,這件事發生在趙武靈王元年(前325年)〔註210〕。《集解》引《地理志》云:「泰山有桑丘縣。」《正義》:「《括地志》云:『桑丘城在易州遂城縣界。』或云在泰山,非也。此時齊伐燕桑丘,三晉皆來救之,不得在泰山(有)〔之〕桑丘縣,此說甚誤也。」錢穆《史記地名考》「桑邱」條下案曰:「齊取燕桑邱,三晉救燕,在趙敬七,趙世家不著。《正義》此注繫之肅侯之二十三,則非矣。」〔註211〕《史記志疑》則認為:「桑丘,燕地,後屬於齊。《六國表》所謂『伐燕取桑丘、伐齊至桑丘』,《趙世家》所謂『韓舉戰死桑丘』,皆是也。《正義》引《括地志》云:『桑丘城,在易州遂城縣界。』」即認為桑丘在今河北省徐水縣西南。沈長雲則認為在今泰山附近〔註212〕。未詳孰是。

80. 方城

《趙世家》:「(悼襄王)二年(前243年),李牧將,攻燕,拔武遂、方城。」《集解》引徐廣曰:「武遂屬安平。」《正義》引《括地志》云:「易州遂城,戰國時武遂城也。方城故在幽州固安縣南十七里。」時二邑屬燕,趙使李牧拔之也。《史記·燕召公世家》亦載:「(王喜)十二年,趙使李牧攻燕,拔武遂、方城。」《集解》引徐廣曰:「屬涿,有督亢亭。」今河北省固安縣南。

燕國有「方城都司徒」印〔註213〕。

81. 趙城

《趙世家》:「乃賜造父以趙城。」《正義》:「晉州趙城縣即造父邑也。」《史記·秦本紀》:「(周)繆王以趙城封造父。造父族由此為趙氏。」《集解》引徐廣曰:「趙城在河東永安縣。」《正義》引《括地志》云:「趙城,今晉州

〔註210〕沈長雲等:《趙國史稿》,北京:中華書局,2000年,第157～158頁。
〔註211〕錢穆:《史記地名考》,北京:商務印書館,2001年,第434頁。
〔註212〕沈長雲等:《趙國史稿》,北京:中華書局,2000年,第158頁。
〔註213〕羅福頤主編:《古璽彙編》0016,北京:文物出版社,1981年,第12頁。

趙城縣是。本匦縣地，後改曰永安，即造父之邑也。」《史記‧秦本紀》：「然秦以其先造父封趙城，為趙氏。趙先祖造父因功被周穆王封在趙城，趙氏由此為趙氏，其地望在古霍太山腳下，今山西洪洞北趙城鎮一帶〔註214〕。

82. 常山

《趙世家》：「簡子乃告諸子曰：『吾藏寶符於常山上，先得者賞。』諸子馳之常山上，求，無所得。毋卹還，曰：『已得符矣。』簡子曰：『奏之。』毋卹曰：『從常山上臨代，代可取也。』」《史記‧夏本紀》：「太行、常山至于碣石，入于海。」《正義》引《地道記》云：「恆山在上曲陽縣西北百四十里。北行四百五十里得恆山岌，號飛狐口，北則代郡也。」《史記‧孫子吳起列傳》：「殷紂之國，左孟門，右太行，常山在其北，大河經其南。」《史記‧蘇秦列傳》：「當今之時，山東之建國莫彊於趙。趙地方二千餘里，帶甲數十萬，車千乘，騎萬匹，粟支數年。西有常山，南有河漳，東有清河，北有燕國。」《史記‧蘇秦列傳》：「燕守常山之北。」《史記‧張列傳》：「席卷常山之險，必折天下之脊。」《索隱》：「按：常山於天下在北，有若人之背脊也。」《戰國策‧趙一》「趙收天下且以伐齊」：「且夫說士之計，皆曰……今燕盡韓之河南，距沙丘，而至鉅鹿之界三百里；距於扞關，至於榆中千五百里。秦盡韓、魏之上黨，則地與國都邦屬而壞挈者七百里。秦以三軍強弩坐羊唐之上，即地去邯鄲二十里。且秦以三軍攻王之上黨而危其北，則句注之西，非王之有也。今魯句注禁常山而守，三百里通於燕之唐、曲吾，此代馬胡駒不東，而崐山之玉不出也。此三寶者，又非王之有也。昔者，五國之王，嘗合橫而謀伐趙，參分趙國壤地，……反三公、什清於趙。」

常山，今河北曲陽縣西北，因避漢文帝劉恒諱，曰常山。

83. 夏屋（山）

《趙世家》：「襄子姊前為代王夫人。簡子既葬，未除服，北登夏屋，請代王。使廚人操銅枓以食代王及從者，行斟，陰令宰人各以枓擊殺代王及從官，遂興兵平代地。其姊聞之，泣而呼天，摩笄自殺。代人憐之，所死地名之為摩笄之山。遂以代封伯魯子周為代成君。」《集解》引徐廣曰：「山在廣武。」《正義》引《括地志》云：「夏屋山一名賈屋山，今名賈母山，在代州雁門縣東北三十五里。夏屋與句注山相接，蓋北方之險，亦天下之阻路，所以分別

〔註214〕馬保春：《晉國歷史地理研究》，北京：文物出版社，2007年，第209頁。

內外也。」

夏屋山位於今山西代縣東北，俗稱草垛山，西與句注山相接。戰國燕官印有「夏屋都司徒」〔註215〕印。

84. 摩笄山

《趙世家》：「襄子姊前為代王夫人。簡子既葬，未除服，北登夏屋，請代王。使廚人操銅枓以食代王及從者，行斟，陰令宰人各以枓擊殺代王及從官，遂興兵平代地。其姊聞之，泣而呼天，摩笄自殺。代人憐之，所死地名之為摩笄之山。遂以代封伯魯子周為代成君。」正義云：笄，今簪也。又引《括地志》云：「摩笄山，一名磨笄山，亦名為〔鳴雞〕山，蔚州飛狐縣東北百五十里。」又引《魏土地記》云：「代郡東南二十五里有馬頭山，趙襄子既殺代王，使人迎其婦，代王夫人曰：『以弟慢夫，非仁也；以夫怨弟，非義也。』磨笄自刺而死，使者遂亦自殺。」《戰國策·燕策一》張儀說：「代王腦塗地，其姊聞之，摩笄以自刺也。故至今有摩笄之山，天下莫不聞。」

今河北省蔚縣南部的馬頭山（參見前文）。

85. 王澤

《趙世家》：「（襄子立四年……）原過從，後，至於王澤。」《正義》引《括地志》云：「王澤在絳州正平縣南七里也。」今山西新絳縣西。

86. 霍太山

《史記·趙世家》：「（襄子立四年……）襄子齋三日，親自剖竹，有朱書曰：『趙毋卹，余霍泰山山陽侯天使也。……』」《集解》引徐廣曰：「在河東永安縣。」霍太山即今山西太嶽山，亦名霍山，為汾河、沁河、濁漳河之分水嶺，今晉中、臨汾、晉東南三地區大體以此山為界。

87. 河宗

《史記·趙世家》：「（襄子立四年……）襄子齋三日，親自剖竹，有朱書曰：『趙毋卹，余霍泰山山陽侯天使也。三月丙戌，余將使女反滅知氏。女亦立我百邑，余將賜女林胡之地。至于後世，且有伉王，赤黑，龍面而鳥噣，鬢麋髭䫇，大膺大胸，脩下而馮，左衽界乘，奄有河宗，至于休溷諸貉，南伐晉別，北滅黑姑。』」

《正義》：「《穆天子傳》云：『河宗之子孫（則）〔�〕栢絮。』按：蓋在

〔註215〕《古璽彙編》第0015。

龍門河之上流，嵐、勝二州之地也。」唐代嵐、勝二州之地位於今山西省西北部、內蒙古自治區清水河縣、準格爾旗一帶。

88. 休溷

《史記·趙世家》：「（襄子立四年……）襄子齋三日，親自剖竹，有朱書曰：『趙毋卹，余霍泰山山陽侯天使也。三月丙戌，余將使女反滅知氏。女亦立我百邑，余將賜女林胡之地。至于後世，且有尪王，赤黑，龍面而鳥噣，鬢麋髭髥，大膺大胸，脩下而馮，左袵界乘，奄有河宗，至于休溷諸貉，南伐晉別，北滅黑姑。』」《正義》：「音陌。自河宗、休溷諸貉，乃戎狄之地也。」

錢穆《史記地名考》「溷」條下案曰：「漢太原郡有界休縣，今界休縣東南。又西河郡有土軍縣，今石樓縣治。疑『溷』即『土軍』之合音。休溷諸貉應在介休、離石一帶河、汾之間。」〔註216〕

89. 夏屋

據《水經·滱水注》引《竹書紀年》曰：「魏殷臣、趙公孫裒伐燕，還，取夏屋，城曲逆。」《存真》列於惠成王二十年，即趙成侯二十四年（前351年），也就是在「邯鄲之難」結束的這一年。又《水經·滱水注》：「（蒲水）出關北流又東流逕夏屋故城，實中險絕。」今在順平縣有中下邑遺址，位於河口鄉中下邑村南、兩山之間的高地之上，南約0.5公里為曲逆河。城址略近方形，長、寬約200米，現存東、西兩段城牆，東牆長約200米，西牆現存長度110米，殘高4～9米，黃土夯築，夯層0.15米。城內散佈著大量夾砂灰陶繩紋罐、筒瓦、板瓦以及夾砂紅陶釜。據縣志記載：此城名為夏屋城，約建於西漢。文獻與出土文物相對照，可知中下邑城址就是戰國時期的夏屋城。〔註217〕

戰國燕有「夏屋都司徒」官印〔註218〕。

90. 曲逆

據《水經·滱水注》引《竹書紀年》曰：「魏殷臣、趙公孫裒伐燕，還，

〔註216〕錢穆：《史記地名考》，北京：商務印書館，2001年，第753～754頁。
〔註217〕李文龍：《保定境內戰國中山長城調查記》，《文物春秋》，2001年第1期，第44～58頁，引文見第50頁。
〔註218〕羅福頤主編：《古璽彙編》，北京：文物出版社，1981年，第12頁；后曉榮：《燕國縣級地方行政稱「都」考》，《首都師範大學學報》，第25～28頁，具體見第26頁。

取夏屋，城曲逆。」《存真》列於惠成王二十年，即趙成侯二十四年（前351年），也就是在「邯鄲之難」結束的這一年。《戰國策・齊二》：「緩復與燕戰。戰而勝，兵罷敝，趙可取唐、曲逆。」《戰國策・趙一》：「今魯句注禁常山而守，三百里通於燕之唐、曲吾，此代馬胡駒不東，而崑山之玉不出也。此三寶者，又非王之有也。」注曰：「當作『曲逆』。」曲吾即曲逆。《水經・滱水注》：「（濡）水出蒲陰縣西昌安郭南……枉渚回湍，率多曲復，亦謂之為曲逆水也。張晏曰：濡水在城北，曲而西流，是受此名，故縣亦因水名而氏曲逆矣。《春秋左傳》哀公四年，其國夏伐晉，取曲逆是也。」《左傳》哀公四年：「國夏伐晉，取逆畤。」可知，曲逆，春秋時曰逆畤。

《春秋大事表》卷七之三《春秋列國都邑表》：「今曲逆故城在直隸保定府完縣東南二十里。」〔註219〕清代保定府完縣治今河北順平縣。曲逆即位於今河北順平縣東南。

91. 鄚

《趙世家》：「（趙惠文王）五年（前294年），與燕鄚、易。」《集解》引徐廣曰：「皆屬涿郡。鄚音莫。」《讀史方輿紀要》卷十三云：「漢鄚縣在任丘縣北三十里鄚州城。」即今河北任丘市北35里鄚州鎮。

戰國燕兵器有「莫」戈〔註220〕。1965年任丘鄚州鎮古州城分洪道出土，現藏河北省文物研究所，戰國晚期器物。《古璽彙編》2254號收錄一方「莫邑彊（疆）」璽印〔註221〕，列在姓名私璽類，釋為「莫邑彊」。何琳儀先生釋璽文為「鄚彊」，認為這方印是私璽〔註222〕，蕭毅則傾向於認為是官璽，並推測其為趙璽，由璽文和「莫」戈銘文可證「莫」確曾屬趙，也曾屬燕，戰國時期各國接壤的都邑多歸屬不定，此為一例。〔註223〕

92. 易

《趙世家》：「（趙惠文王）五年（前294年），與燕鄚、易。」《集解》引

〔註219〕（清）顧棟高著，吳樹平、李解民點校：《春秋大事表》卷七之三《春秋列國都邑表》，北京：中華書局，1993年，第830頁。

〔註220〕李學勤，鄭紹宗：《論河北近年出土的戰國有銘青銅器》，《古文字研究》（第七輯），北京：中華書局，1982年，第128～129頁。

〔註221〕《古璽彙編》2254號。

〔註222〕何琳儀：《戰國古文字典》，北京：中華書局，1998年，第721頁。

〔註223〕蕭毅：《「莫邑彊（疆）」印釋》，《長江學術》，2012年第3期，第146～148頁。

徐廣曰：「皆屬涿郡。鄭音莫。」（嘉慶）《大清一統志》卷十四：「易縣故城，在雄縣西北十五里。漢置縣，本燕故邑也。《世本》燕桓侯徙臨易。《史記·趙世家》惠文王五年與燕鄚易。《括地志》易縣故城在歸義縣東南十五里。《寰宇記》歸義縣東南十五里有大易故城，是燕桓侯之別都。」可知「臨易」地望當在今雄縣一帶。近年來，河北雄縣西北 8 公里古賢村兩座戰國古城和古賢村北今屬河北容城縣東約 10 公里的晾馬臺鄉南陽村兩座大型春秋戰國時期臺地遺址的發現，更是印證了史籍的記載，其地望確定在今之河北雄縣、容城縣交界古賢村與南陽村一帶。〔註 224〕

傳世燕係古璽有「郞都司徒」和「郞□師璽」兩印，李家浩釋二印首字為「郞」，讀「易」〔註 225〕。

93. 貍、陽城

《趙世家》：「（悼襄王）九年，趙攻燕，取貍陽城。兵未罷，秦攻鄴，拔之。」《正義》：「按：燕無貍陽，疑『貍』字誤，當作『漁陽』，故城在檀州密雲縣南十八里，燕漁陽郡城也。按趙東界至瀛州，則檀州在北，趙攻燕取漁陽城也。」

《戰國策·燕二》：「明日又使燕攻陽城及貍。又使人謂閔王曰：『日者齊不勝於晉下，此非兵之過，齊不幸而燕有天幸也。今燕又攻陽城及貍，是以天幸自為功也。王復使蘇子應之，蘇子先敗王之兵，其後必務以勝報王矣。』王曰：『善。』乃復使蘇子，蘇子固辭，王不聽。遂將以與燕戰於陽城。燕人大勝，得首三萬。齊君臣不親，百姓離心。燕因使樂毅大起兵伐齊，破之。」由是則可知，貍與陽城乃二地，燕取之於齊，而趙又取之於燕。《正義》不可據。

程恩澤《國策地名考》疑即「《水經注》鄚縣（今任丘北）東南隅，水有狐貍澱。《中國歷史地圖集》第一冊 35～36④3 定點於今河北任丘北，即程氏之說。確切地望待考。〔註 226〕

《水經注》：「（博水）又東逕陽城縣，散為澤渚，……世謂之為陽城澱

〔註 224〕 楊博：《河北地區所見先秦時期有銘兵器調查與研究》，河北師範大學碩士學位論文，2010 年，第 23～24 頁。

〔註 225〕 李家浩：《從曾姬無邱壺銘文談楚滅曾的年代》，《文史》第 33 輯，1990 年，第 11～18 頁。

〔註 226〕 何琳儀：《三孔布幣考》，《中國錢幣》，1993 年第 4 期，第 32～36＋82 頁，具體見第 32～33 頁。

也。」〔註227〕在今河北省順平縣東南。〔註228〕

戰國「朵」三孔布〔註229〕，何琳儀認為銘文應隸作「栖」，讀「貍」或「狸」〔註230〕。

94. 饒安

《趙世家》：「（悼襄王）四年，龐煖將趙、楚、魏、燕之銳師，攻秦蕞，不拔；移攻齊，取饒安。」《集解》引徐廣曰：「在渤海。又云饒屬北海，安屬平原。」《正義》：「饒安，滄州縣也，七國時屬齊，戰國時屬趙。」《漢志》渤海郡「千童」，應劭曰：「靈帝改曰饒安。」繆文遠認為，靈帝改名可能因古有此名之故〔註231〕。後多據《漢志》認為饒安故址在今河北省鹽山縣西南。

95. 祁

《戰國策・趙三》「秦攻趙藺離石祁拔」：「秦攻趙，藺、離石、祁拔。趙以公子郚為質於秦，而請內焦、黎、牛狐之城，以易藺、離石、祁於趙。趙背秦，不予焦、黎、牛狐。秦王怒，令公子繒請地。趙王乃令鄭朱對曰：『夫藺、離石、祁之地，曠遠於趙，而近於大國。有先王之明與先臣之力，故能有之。今寡人不逮，其社稷之不能恤，安能收恤藺、離石、祁乎？……』秦王大怒，令衛胡易伐趙，攻閼與。」

《趙國史稿》將此易地之事繫於趙惠文王二十九年（前270年）。秦趙相約易地，趙失信。

《戰國策・西周》「蘇厲謂周君」：「蘇厲謂周君曰：『敗韓、魏，殺犀武，攻趙，取藺、離石、祁者，皆白起。……今公破韓、魏，殺犀武，而北攻趙，取藺、離石、祁者，公也。……』」此事李曉傑依《新編年表》認為在公元前281年〔註232〕，即趙惠文王十八年。

祁，本春秋晉地，《左傳》昭二十八年：「秋，晉韓宣子卒，魏獻子為政，

〔註227〕（北魏）酈道元注，民國楊守敬、熊會貞疏，段熙仲點校、陳橋驛復校：《水經注疏》卷十一「滱水」，南京：江蘇古籍出版社，1989年，第1076頁。

〔註228〕錢穆：《史記地名考》，北京：商務印書館，2001年，第960頁。

〔註229〕馬飛海主編：《中國歷代貨幣大系1・先秦貨幣》2474，上海：上海人民出版社，1988年，第585頁，釋文見第1112頁。

〔註230〕何琳儀：《三孔布幣考》，《中國錢幣》，1993年第4期，第32～36＋82頁，具體見第32～33頁。

〔註231〕繆文遠：《戰國制度通考》，成都：巴蜀書社，1998年，第117頁。

〔註232〕周振鶴主編、李曉傑著：《中國行政區劃通史・先秦卷》，上海：復旦大學出版社，2009年，第327、377～378頁。

分祁氏之田以為七縣……賈辛為祁大夫。」杜注：「七縣，鄔、祁、平陵、梗陽、塗水、馬首、盂。祁，太原祁縣。」趙國有「祁」方足布，朱華先生認為是趙國鑄造，並將祁地置於今山西祁縣古縣村〔註233〕。《貨系・先秦卷》著錄了九枚「祁」方足布（（1840～1847、1849），其中1840號就是1961年山西祁縣出土的〔註234〕。《中國古錢譜》亦有收錄〔註235〕。

96. 焦

《戰國策・趙三》「秦攻趙藺離石祁拔」：「秦攻趙，藺、離石、祁拔。趙以公子郚為質於秦，而請內焦、黎、牛狐之城，以易藺、離石、祁於趙。趙背秦，不予焦、黎、牛狐。秦王怒，令公子繒請地。趙王乃令鄭朱對曰：『夫藺、離石、祁之地，曠遠於趙，而近於大國。有先王之明與先臣之力，故能有之。今寡人不逮，其社稷之不能恤，安能收恤藺、離石、祁乎？……』秦王怒，令衛胡易伐趙，攻閼與。」注曰：「姚本一作『應』。鮑本弘農郡有焦城。正曰：《大事記》據此。愚疑非此地。」

《戰國策・西周》「蘇厲謂周君」：「蘇厲謂周君曰：『敗韓、魏，殺犀武，攻趙，取藺、離石、祁者，皆白起。』」此事李曉傑依《新編年表》認為在公元前281年〔註236〕，即趙惠文王十八年。

繆文遠認為：「姚宏注：焦一作應。按：焦乃魏地，作應者是。應即是應城，在今山西長子縣東南40里應城村。」〔註237〕此說當是依《水經注・濁漳水》：「後魏《地形志》：『長子有應城。』」繆文遠認為黎在今山西壺關縣西南（春秋時黎國的最初所在地）。另據《史記・魏世家》：「（襄王）六年，與秦會應。」《正義》引《括地志》云：「故應城，故應鄉也，在汝州魯山縣東三十里。」此應地在今河南省平頂山市魯山縣東。這兩處應地均不屬趙，故焦地還是闕疑的好。

鄭韓故城出土過一件銘文有「焦」字的青銅兵器，乃戰國晚期兵器，作者

〔註233〕朱華：《三晉貨幣》，太原：山西人民出版社，1994年，第156頁。
〔註234〕馬飛海主編：《中國歷代貨幣大系1・先秦貨幣》1840～1847、1849，上海：上海人民出版社，1988年，第479～480、480頁，釋文見第1103、1103頁。
〔註235〕國家文物局《中國古錢譜》編輯組：《中國古錢譜》，北京：文物出版社，1989年，第72頁。
〔註236〕周振鶴主編、李曉傑著：《中國行政區劃通史・先秦卷》，上海：復旦大學出版社，2009年，第327、377～378頁。
〔註237〕繆文遠：《戰國制度通考》，成都：巴蜀書社，1998年，第171頁。

指出「焦」為地名〔註238〕，有學者認為「焦」即「焦」〔註239〕。

97. 黎

《戰國策・趙三》「秦攻趙藺離石祁拔」：「秦攻趙，藺、離石、祁拔。趙以公子部為質於秦，而請內焦、黎、牛狐之城，以易藺、離石、祁於趙。趙背秦，不予焦、黎、牛狐。秦王怒，令公子繒請地。趙王乃令鄭朱對曰：『夫藺、離石、祁之地，曠遠於趙，而近於大國。有先王之明與先臣之力，故能有之。今寡人不逮，其社稷之不能恤，安能收恤藺、離石、祁乎？……』秦王大怒，令衛胡易伐趙，攻閼與。」注曰：「鮑本東郡有黎，即黎陽。」

《戰國策・西周》「蘇厲謂周君」：「蘇厲謂周君曰：『敗韓、魏，殺犀武，攻趙，取藺、離石、祁者，皆白起。』」此事李曉傑依《新編年表》認為在公元前281年〔註240〕，即趙惠文王十八年。

《戰國策箋證》云：

鮑彪云：「東郡有黎，即黎陽」張琦云：「《漢志注》臣瓚曰：『黎陽在魏郡。』非黎縣也。鮑說誤。」程恩澤云：「黎有四。一在今山西潞安府壺關縣，黎本國也……一在今黎城縣，晉所重立之黎國也。……一在今山東曹州府鄆城縣，黎侯寓衛地，《地理志》東郡有黎縣是。一在今河南衛輝府浚縣，《地理志》魏郡有黎陽縣是。以此『焦黎』並稱，當在黎陽。」〔註241〕

譚其驤《中國歷史地圖集》第一集35～36將「黎」標在今河南省浚縣東北，即採用了第四種說法。

98. 牛狐

《戰國策・趙三》「秦攻趙藺離石祁拔」：「秦攻趙，藺、離石、祁拔。趙以公子部為質於秦，而請內焦、黎、牛狐之城，以易藺、離石、祁於趙。趙背秦，不予焦、黎、牛狐。秦王怒，令公子繒請地。趙王乃令鄭朱對曰：『夫藺、離石、祁之地，曠遠於趙，而近於大國。有先王之明與先臣之力，故能有之。今寡人不逮，其社稷之不能恤，安能收恤藺、離石、祁乎？……』秦王大怒，

〔註238〕 郝本性：《新鄭「鄭韓故城」發現一批戰國銅兵器》，《文物》，1972年第10期，第32～40＋71～72＋76頁，具體見第36頁。

〔註239〕 馬保春：《晉國地名考》，北京：學苑出版社，2010年，第115頁。

〔註240〕 周振鶴主編、李曉傑著：《中國行政區劃通史・先秦卷》，上海：復旦大學出版社，2009年，第327、377～378頁。

〔註241〕 （西漢）劉向集錄、范祥雍箋證、范邦瑾協校：《戰國策箋證》（下），上海：上海古籍出版社，2006年，第1097頁。

令衛胡易伐趙，攻閼與。」注曰：「鮑本地缺。」

　　《戰國策・西周》「蘇厲謂周君」：「蘇厲謂周君曰：『敗韓、魏，殺犀武，攻趙，取藺、離石、祁者，皆白起。』」此事李曉傑依《新編年表》認為在公元前 281 年〔註 242〕，即趙惠文王十八年。

　　今地不詳。

99. 石城

　　《趙世家》：「（惠文王）十八年，秦拔我石城。」《集解》：「《地理志》云右北平有石城縣。」《正義》：「《括地志》云：『石城在相州林慮縣西南九十里。』疑相州石城是。」

　　《史記志疑》「秦拔我石城」條下案曰：「此事年表亦書之，然疑有誤也。《正義》引右北平之石城縣及相州石城為證，而在北平者，燕境；在相州者，魏境。皆非趙地。胡注《通鑒》謂即漢西河之離石縣。然趙肅侯二十二年秦已取之矣，何待是時始拔乎？俟考。」瀧川資言案曰：「《呂氏春秋・審應篇》：公孫龍對趙惠王曰：『今藺、離石入秦，而王縞素出總。』惠王即惠文王，此離石之地，趙復得而復失之也，胡注有據。」錢穆亦持此說〔註 243〕。又《戰國策・趙三》「秦攻趙藺離石祁拔」載：「秦攻趙，藺、離石、祁拔。趙以公子郚為質於秦，而請內焦、黎、牛狐之城，以易藺、離石、祁於趙。趙背秦，不予焦、黎、牛狐。秦王大怒，令公子繒請地。趙王乃令鄭朱對曰：『夫藺、離石、祁之地，曠遠於趙，而近於大國。有先王之明與先臣之力，故能有之。今寡人不逮，其社稷之不能恤，安能收恤藺、離石、祁乎？……』秦王大怒，令衛胡易伐趙，攻閼與。」此事發生在公元前 281 年，即趙惠文王十八年，兩者相合，可知秦所拔之石城當是離石無誤。秦簡《編年記》載：「（昭王）廿六年（趙惠文王十八年）攻離石。」則又添一可靠佐證〔註 244〕。

100. 閼與

　　《趙世家》：「（惠文王）二十九年（前 270 年，在秦為 269 年），秦、韓相攻，而圍閼與。趙使趙奢將，擊秦，大破秦軍閼與下，賜號為馬服君。」《正

〔註 242〕周振鶴主編、李曉傑著：《中國行政區劃通史・先秦卷》，上海：復旦大學出版社，2009 年，第 327、377～378 頁。
〔註 243〕錢穆：《史記地名考》，北京：商務印書館，2001 年，第 770 頁。
〔註 244〕黃盛璋：《雲夢秦簡〈編年記〉初步研究》，《考古學報》，1977 年第 1 期，第1～22＋165～168 頁，引文見第 3 頁。

義》：「上於連反，下音預。《括地志》云：『閼與，聚落，今名烏蘇城，在潞州銅鞮縣西北二十里。又儀州順和縣城，亦云韓閼與邑。二所未詳。又有閼與山在洺州武安縣西五十里，蓋是也。』《戰國策‧趙三》「秦攻趙藺離石祁拔」：「秦王怒，令衛胡易伐趙，攻閼與。」《史記‧秦本紀》：「（昭襄王）三十八年（前269年），中更胡陽攻趙閼與，不能取。」秦簡《編年記》載：「（昭王）卅八年閼與。」可見，閼與所在向存三說：烏蘇城說、和順說和武安說。此次戰役，《史記‧廉頗藺相如列傳》有詳細記載：

　　秦伐韓，軍於閼與。王召廉頗而問曰：「可救不？」對曰：「道遠險狹，難救。」又召樂乘而問焉，樂乘對如廉頗言。又召問趙奢，奢對曰：「其道遠險狹，譬之猶兩鼠鬥於穴中，將勇者勝。」王乃令趙奢將，救之。兵去邯鄲三十里，而令軍中曰：「有以軍事諫者死。」秦軍軍武安西，秦軍鼓譟勒兵，武安屋瓦盡振。軍中候有一人言急救武安，趙奢立斬之。堅壁，留二十八日不行，復益增壘。秦間來入，趙奢善食而遣之。間以報秦將，秦將大喜曰：「夫去國三十里而軍不行，乃增壘，閼與非趙地也。」趙奢既已遣秦間，乃卷甲而趨之，二日一夜至，令善射者去閼與五十里而軍。軍壘成，秦人聞之，悉甲而至。軍士許歷請以軍事諫，趙奢曰：「內之。」許歷曰：「秦人不意趙師至此，其來氣盛，將軍必厚集其陣以待之。不然，必敗。」趙奢曰：「請受令。」許歷曰：「請就鐵質之誅。」趙奢曰：「胥後令邯鄲。」許歷復請諫，曰：「先據北山上者勝，後至者敗。」趙奢許諾，即發萬人趨之。秦兵後至，爭山不得上，趙奢縱兵擊之，大破秦軍。秦軍解而走，遂解閼與之圍而歸。趙惠文王賜奢號為馬服君，以許歷為國尉。趙奢於是與廉頗、藺相如同位。

　　由該段話中「二日一夜至，令善射者去閼與五十里而軍」可確知武安與閼與存在一定的距離。此說也早已被學界摒棄，無須再論。至於烏蘇說和和順說，靳生禾、謝鴻喜兩位先生已有詳細考述，認為秦趙閼與之戰的發生地在今沁縣西南13公里處的烏蘇村，此處無需重申。〔註245〕

　　另外，《史記‧魏世家》載：「昔者魏伐趙，斷羊腸，拔閼與。」又《史記‧秦始皇本紀》：「王翦攻閼與、橑楊。」可見，閼與為戰略要地，曾在魏國、韓國、趙國、秦國間易手。

〔註245〕靳生禾、謝鴻喜：《閼與古戰場考察報告》，《中國歷史地理論叢》，1996年第1期，第121～132頁。

《集成》17‧10929 著錄一件三晉兵器「闕輿戈」〔註246〕。

101. 馬服山

《趙世家》:「(惠文王)二十九年(前 270 年,在秦為 269 年),秦、韓相攻,而圍閼輿。趙使趙奢將,擊秦,大破秦軍閼輿下,賜號為馬服君。」《正義》:「因馬服山為號也,《虞喜志林》云『馬兵之首也。號曰馬服者,言能服馬也』。《括地志》云:『馬服山,邯鄲縣西北十里也。』」趙將趙奢因閼輿之戰立下顯赫戰功,趙惠文王賜號馬服君。馬服君,因山賜封號,馬服山位於今邯鄲西北三陵鄉境內,一名紫山,上有趙奢墓。

102. 皮牢

《趙世家》:「(成侯)十三年(前 362 年),秦獻公使庶長國伐魏少梁,虜其太子、座。魏敗我澮,取皮牢。」《集解》引徐廣曰:「魏年表曰取趙皮牢。」《正義》:「《括地志》云:『澮水縣在絳州翼城縣東南二十五里。』」按:皮牢當在澮之側。《史記‧魏世家》:「(魏惠王)十年,伐取趙皮牢。」(李曉傑認為此處的惠王十年,依《新編年表》當作九年〔註247〕。)皮牢在今山西翼城縣東北 30 里,今為牢寨村。

103. 榆次

《水經‧洞過水》引《竹書紀年》:「梁惠成王九年(前 361 年),與邯鄲榆次、陽邑。」《趙世家》:「(孝成王)十八年(前 248 年),延陵鈞率師從相國信平君助魏攻燕。秦拔我榆次三十七城。」《集解》徐廣曰:「在太原。」《水經注‧洞過水》:「榆次縣,故塗水鄉,晉大夫智徐吾之邑也。」《左傳》昭十八年:「知徐吾為塗水大夫。」杜注:「徐吾,知盈孫。塗水,太原榆次縣。」今山西晉中市榆次區附近。榆次戰國時期先屬魏,後歸趙,終入秦。

《戰國策‧秦四》「頃襄王二十年」:「智氏見伐趙之利,而不知榆次之禍也。……智氏信韓、魏,從而伐趙,攻晉陽之城,勝有日矣,韓、魏反之,殺智伯瑤於鑿臺之上。」

戰國趙國有幣文為「榆即」的尖足布、類方足布,「榆即」就是「榆次」

〔註246〕《集成》17‧10929。

〔註247〕周振鶴主編、李曉傑著:《中國行政區劃通史‧先秦卷》,上海:復旦大學出版社,2009 年,第 508 頁。

〔註 248〕。《貨系‧先秦卷》著錄了「榆次」尖足布〔註 249〕。

104. 陽邑

《水經‧洞過水》引《竹書紀年》：「西徑箕城北。春秋僖公三十三年，晉人敗狄於箕。杜預釋地曰：城在陽邑南。水北即陽邑縣故城也。《竹書紀年》曰：梁惠成王九年（前 361 年）與邯鄲榆次、陽邑者也。」西晉陽邑縣在今山西省太谷縣東北。

《三晉貨幣》著錄了一枚「陽邑」方足布〔註 250〕，《貨系‧先秦卷》著錄了兩枚幣文為「陽邑」的尖足布〔註 251〕。另外，戰國趙兵器有「二年陽邑令戈」〔註 252〕和「二十八年陽邑戈」〔註 253〕。

105. 漆、富丘

《水經‧濟水注》引《竹書紀年》：「梁惠成王十六年（前 354 年），邯鄲伐衛，取漆、富丘，城之者也。或亦謂之宛濮亭。春秋甯武子與衛人盟於宛濮，杜預曰：長垣西南，近濮水也。京相璠曰：衛地。」《春秋地名考略》「宛濮」條下曰：「僖二十八年，甯武子與國人盟於宛濮，杜注：陳留長垣縣西南有宛亭，近濮水。臣謹按《後漢志》劉昭曰長垣丁表宛亭，《水經注》濮渠之側有漆城，《竹書紀年》梁惠成王十六年邯鄲伐衛取漆富丘城之者也，或亦謂之濮菀亭，春秋甯武子與衛人盟於菀濮，京相璠曰：衛地也。今在長垣縣北」《汲冢紀年存真》「邯鄲伐衛取漆富邱城之」條下曰：「漆富邱二邑俱在長垣縣境。」綜上可知，漆、富丘均在今河南長垣縣。

106. 尉文

《趙世家》：「（孝成王）十五年，以尉文封相國廉頗為信平君。」《索隱》：「尉文蓋地名。或曰，尉，官；文，名。謂以尉文所食之地以封廉頗也。古文

〔註 248〕朱華：《三晉貨幣》，太原：山西人民出版社，1994 年，第 155 頁。

〔註 249〕馬飛海主編：《中國歷代貨幣大系 1‧先秦貨幣》948～951、959～964，上海：上海人民出版社，1988 年，第 327～328、329～330 頁，釋文見第 1091、1091 頁。

〔註 250〕朱華：《三晉貨幣》，太原：山西人民出版社，1994 年，第 156 頁。

〔註 251〕馬飛海主編：《中國歷代貨幣大系 1‧先秦貨幣》982～983，上海：上海人民出版社，1988 年，第 333～334 頁，釋文見第 1091 頁。

〔註 252〕張光裕、吳振武：《武陵新見古兵三十六器集錄，《香港中文大學中國文化研究所學報》，1997 年第 6 期，後收錄在張光裕《雪齋學術論文二集》，臺北藝文印書館，2004 年，第 79～127 頁，具體見第 114 頁。

〔註 253〕蕭春源：《珍秦齋藏金‧吳越三晉》，澳門基金會，2008 年，第 205～206 頁。

質略，文省耳。」《正義》：「尉文蓋蔚州地也。信平，廉頗號也，言篤信而平和也。」今地不詳。

107. 觀津

《戰國策·燕二》「昌國君樂毅為燕昭王合五國之兵而攻齊」：「樂毅奔趙，趙封以為望諸君。」鮑本補曰：「《史》，趙封毅於觀津，號望諸君。索隱云，望諸，澤名，在齊，蓋趙有之，故號焉。」觀津曾短暫屬秦。《史記·穰侯列傳》：「明年（前274年），穰侯與白起客卿胡陽復攻趙、韓、魏，破芒卯於華陽下，斬首十萬，取魏之卷、蔡陽、長社，趙氏觀津。且與趙觀津，益趙以兵，伐齊。」

《史記·魏其武安侯列傳》：「魏其侯竇嬰者，孝文後從兄子也。父世觀津人。」《索隱》：「案：《地理志》觀津具屬信都。」《正義》：「觀津城在冀州武邑縣東南二十五里。」觀津在今河北衡水市武邑縣東南。

108. 鴟之塞

《史記·趙世家》載：「（武靈王）二十一年，攻中山。趙紹為右軍，許鈞為左軍，公子章為中軍，王並將之·牛翦將車騎，趙希并將胡、代。趙與之陘，合軍曲陽，攻取丹丘、華陽、鴟之塞。王軍取鄗、石邑、封龍、東垣。中山獻四邑和，王許之，罷兵。」〔註254〕《集解》：「鴟，一作『鴻』。」《正義》上昌之反，下先代反。徐廣曰「鴟，一作『鴻』」，鴻上故關今名汝城，在定州唐縣東北六十里，本晉鴻上關城也。又有鴻上水，源出唐縣北葛洪山，接北岳恒山，與鴻上塞皆在定州。然一本作『鳴』字，誤也。」〔註255〕

《史記集解》注曰：「徐廣曰：『鴟，一作鴻。』」〔註256〕王先謙這樣解釋：「『鴻』之為『鴟』，『上』之為『之』，皆字形相近而訛。」〔註257〕

顧祖禹認為：「倒馬關，在真定府定州西北二百五十里，《志》云：『在保定府唐縣西北百里』，山西廣昌縣南七十里，即戰國時鴻之塞也。《戰國策》

〔註254〕（西漢）司馬遷：《史記》卷四十三《趙世家》，北京：中華書局，1973年，第1811頁。
〔註255〕（西漢）司馬遷：《史記》卷四十三《趙世家》，北京：中華書局，1973年，第1812頁。
〔註256〕（西漢）司馬遷：《史記》卷四十三《趙世家》，北京：中華書局，1973年，第1812頁。
〔註257〕（清）王先謙撰，呂蘇生補釋：《鮮虞中山國事表疆域圖說補釋》，上海：上海古籍出版社，1993年，第80頁。

趙武靈王伐中山取爽陽、鴻之塞，《史記》作華陽、鴟之塞。蓋恒山別名鴟，徐廣曰：當作鴻，亦曰：鴻上關，今謂之鴻城，在唐縣西北，《博物志》唐關在中人西北百里，見唐縣，或以為鴻上關酈道元以為鴻山關，漢時亦名常山關，後漢建武十五年徙雁門代郡上谷民置常山關，居庸關以東關當常山之嶺道，故曰常山關，漢志代郡有常山關是也，晉太元中拓跋珪自鄴還中山，將北歸發卒治直道，自望都鐵關鑿恒嶺至代，說者曰鐵關即鴻上關，今為倒馬關。」〔註258〕

（清）許鳴盤撰《方輿考證》載：

倒馬關在廣昌縣南七十里唐縣西北一百五十里。《漢書·地理志》：「代郡有常山關。」《後漢書·郡國志》：「唐有中人亭，注云：《博物記》曰：『唐關在中人西北百里，中人在縣西四十里』，《光武紀》：『徙雁門代郡上谷三郡，置常關居庸關以東，注：時胡寇數犯邊故徙之。』《畿輔通志》：「倒馬關，後漢作唐關。」《水經注·滱水》：「又東徑倒馬關，關山險隘，是為深峭，滱水自倒馬關南流，又屈而東合兩嶺水，又東左合縣水，……又東流歷鴻山，世謂是處為鴻頭，疑即《晉書·地道記》所謂鴻上關者也。」

按此則倒馬、鴻上非一關也，說見下：《元和郡縣志》：「唐縣倒馬故關，縣西北一百一十三里，以滱水東經倒馬關，山路險峭，馬為之倒，因以為名。」《唐志》：「唐縣西北有倒馬故關。」《太平寰宇記》：「漢置關戍於此」，餘與《元和志》同。《通鑒》：「注：『由廣昌縣東南山出倒馬關，至中山上曲陽縣，關山險阨，石徑迤迤沿途九曲。』」《方輿紀要》：「晉太元中，拓跋珪自中山將北歸，發卒治直道，自望都鐵關鑿恒嶺至代，說者曰：『鐵關即故鴟上關，今為倒馬關路』，又北魏太武初，雲州為上谷賊杜洛周所圍，刺史楊請救於柔然，前鋒至廣昌，賊塞阨口，不能進而還，即此路也。」《三關考》：「倒馬關有二城，稍北者為上城，南者為下城，相去三里許，山路崎嶇，按轡徐行，庶無銜橛之患，故以倒馬為名，《里道記》：『自關而東北歷九十里，凡三口接唐縣之周家堡，自關而西南，歷十四口，凡百十里，接阜平之金龍洞口。」沈括曰：「飛狐路在大茂之西，自銀冶塞北，出倒馬關卻自石門子冷水鋪入瓶形枚回兩塞間可至代州。」胡三省曰：「括所稱代州謂雁門也自此，亦可至漢之代郡，但非直道耳。」

〔註258〕（清）顧祖禹撰，賀次君、施和金點校：《讀史方輿紀要》卷十《北直一》條下「倒馬關」，北京：中華書局，2005年，第434頁。

　　按《方輿紀要》倒馬關即戰國鴻之塞也，《戰國策》趙武靈王代中山取陽鴻之塞，《史記》作華陽鴟之塞，徐廣曰：鴟一作鴻，亦曰鴻上故關，今謂之洪城，在唐縣西北。酈道元以為鴻山關云云。今考《史記》「鴟之塞」，徐廣注：鴟一作鴻上故關，今名洪城，在定州唐縣東北六十里，本晉鴻上關城，是廣謂在唐縣東北，非西北也。合之《水經注‧滱水》自倒馬關南流，又屈而東，又東至鴻山之文，方位恰合是倒馬關在唐縣西北，鴻上關在唐縣東北不能合而一之也，《太平寰宇記》鴻山倒馬二關並列於唐縣下，潛確類書，明統志皆兩存之，則非一關灼然無疑。〔註259〕

　　許說當是，鴻上關與倒馬關確為兩關。

　　王先謙《鮮虞中山國事表疆域圖說補釋》「鴟之塞」條下云：

　　《史記正義》徐廣曰：「鴟，一作鴻，鴻上故關，今名汝城，在定州唐縣的東北六十里，本晉鴻上關城。又有鴻水，源出唐縣北葛洪山，接北嶽恆山，與鴻上塞皆在定州。」《水經‧滱水注》：「滱水又東流歷鴻山，世謂此處為鴻頭，疑即《地道記》所謂鴻上關者也。關尉治北平，而畫塞於望都東北，去北平不遠，兼縣土所極也。滱水於是左納鴻上水，水出西北溪，東南流注於滱水也。」

　　先謙案：「鴻」之為「鴟」，「上」之為「之」，皆字形相近而譌。以酈注及今地圖合證之，鴻上塞即在今倒馬關南滱水之右，葛山亦在焉。徐廣雲唐縣東北，似當作西北。

　　蘇生按：王書是。鴟之塞即鴻上關，又名鴻山關，在今河北省唐縣西北。一統志云：「今鴻城，在唐縣西北七十五里。」即其地。紀要以為即倒馬關，恐非是。〔註260〕

　　又《唐縣志》：「鴻上關在縣西北七十里鴻城村，《水經注‧滱水》又東流歷鴻山，世謂是處為鴻頭，疑是晉書地道記所謂鴻上關者也。關尉治北平而畫塞於望都東北去北平不遠，寰宇記唐縣有鴻山關，今名鴻城，俗呼為鴻郎城，即帝堯時丹朱所居。」〔註261〕又「倒馬關營制，關在縣西北一百六

〔註259〕　（清）許鳴盤撰《方輿考證》卷八。
〔註260〕　（清）王先謙撰，呂蘇生補釋：《鮮虞中山國事表疆域圖說補釋》，上海：上海古籍出版社，1993年，第80頁。
〔註261〕　《唐縣志》卷一《輿地志上》「山川」「關隘」條下，成文出版社有限公司印行，中華民國五十八年，第129～130頁。

十里。」〔註262〕由《歷史地圖集》唐代「河北道南部」可清楚看到，唐代唐縣東北實為今唐縣西北，與徐說一致。

今嚴耕望《唐代交通圖考》也認為兩關，且在圖上明確標出。〔註263〕

至於今日尚有一些論著將倒馬關、鴻上關混為一談，實乃缺乏詳考、以訛傳訛，謬甚。

發源於山西高原西北部恒山的唐河，由西北沿地層斷裂線橫穿太行山折向東南流。唐河的上游谷地是古代從冀中進入太行山區的天然孔道，循此谷道向西北行可直達晉東北要地靈丘，由此可分別轉至晉北大同盆地和晉中太原盆地，所以鴻上塞具有重要的戰略地位。對當時的趙國而言，鴻上塞是中山北面的門戶，趙據有鴻上塞，由滱水（唐河），向北即可通過飛狐道進入代地，也就把代入中山的北門打開了。

109. 鹿門

《史記・趙世家》：「肅侯游大陵，出於鹿門。」《正義》：「并州盂縣西有白鹿泓，水出白鹿山南渚流，蓋鹿門在北山水之側也。」按：地在今山西盂縣西。〔註264〕

110. 橑陽

《史記・秦始皇本紀》：「（始皇）十一年（前236年，趙悼襄王九年），王翦、桓齮、楊端和攻鄴，取九城。王翦攻閼與、橑陽，皆并為一軍。翦將十八日，軍歸斗食以下，什推二人從軍。取鄴安陽，桓齮將。」《集解》引徐廣曰：「橑音老，在并州。」《正義》：「《漢表》在清河。《十三州志》云：『橑陽，上黨西北百八十里也。』」

今山西省晉中市左權縣〔註265〕。

111. 饒

《趙世家》：「（悼襄王）六年（前239年），封長安君以饒。」《正義》：「即饒陽也。瀛州饒陽縣東二十里饒陽故城，漢縣也，明長安君是號也。」

〔註262〕《唐縣志》卷五《經政志》「兵防」，成文出版社有限公司印行，中華民國五十八年，第494頁。

〔註263〕見嚴耕望《唐代交通圖考》（第五卷）插圖十八「唐代河東太行區交通圖（北幅）」，中央研究院歷史語言研究所，1986年。

〔註264〕繆文遠：《戰國制度通考》，成都：巴蜀書社，1998年，第176頁。

〔註265〕錢穆：《史記地名考》，北京：商務印書館，2001年，第811頁；繆文遠：《戰國制度通考》，成都：巴蜀書社，1998年，第171頁。

今河北省衡水市饒陽縣東。

112. 肥

《趙世家》：「（幽繆王）三年，秦攻赤麗、宜安，李牧率師與戰肥下，卻之。」《正義》《括地志》云：「肥纍故城在恆州槀城縣西七里，春秋時肥子國，白狄別種也。」李曉傑據《新編史記東週年表》〔註266〕考證認為此事當在幽繆王二年（前234年），此說當是。〔註267〕肥位於今河北省石家莊市藁城區西。

《水經・濁漳水注》：「白渠古瀆又東逕肥鄉縣故城北，《竹書紀年》曰：『梁惠王八年（前362年，趙成侯十三年），伐邯鄲，取肥』者也。」此肥城在今河北省邯鄲市肥鄉西。

113. 武垣

《趙世家》：「趙孝成王七年（前259年）王還，不聽秦，秦圍邯鄲。武垣令傅豹、王容、蘇射率燕眾反燕地。」《集解》引徐廣曰：「河閒有武垣縣，本屬涿郡。」《正義》引《括地志》云：「武垣故城今瀛州城是也。」《正義》：「武垣此時屬趙，與燕接境，故云率燕眾反燕地也。」武垣本燕地，屬趙後，趙國並沒有驅逐當地本是燕國人的原住民。長平之戰後，武垣令等人見趙國傷亡慘重，嚴重失勢，則率眾返回燕國。武垣故城在今河北省滄州市河間縣西南、肅寧縣東南一帶。

趙國兵器有「三年武垣令」鈹〔註268〕。

114. 黃華

《趙世家》：「（武靈王）十九年（前307年）春正月，大朝信宮。召肥義與議天下，五日而畢。王北略中山之地，至於房子，遂之代，北至無窮，西至河，登黃華之上。」《正義》：「黃華蓋西河側之山名也。」

錢穆案曰：「《水經注》：『黃水出隆慮縣神囷山黃華谷』，今河南林縣西

〔註266〕平勢隆郎：《新編史記東週年表──中國古代紀年の研究序章》，東京大學東洋文化研究所叢刊第15輯，東京大學出版會，1995年。

〔註267〕周振鶴主編、李曉傑著：《中國行政區劃通史・先秦卷》，上海：復旦大學出版社，2009年，第496頁。

〔註268〕董珊：《戰國題銘與工官制度》，附錄《從三年武垣令鈹的地名釋讀談到的一些相關問題》，北京大學2002年博士學位論文。

二十里。舊說即武靈所登，恐未是；仍當從《正義》。」〔註269〕今河南林州市的黃華山與《史記》所述相差甚遠，其說當是。黃華所在還是存疑為當。

115. 麥丘

《趙世家》：「趙惠文王十九年（前280年），秦（取）我二城。趙與魏伯陽。趙奢將，攻齊麥丘，取之。」

《讀史方輿紀要》「商河」縣條下曰：「麥邱城亦在縣西北，《志》云即春秋時齊之麥邱邑，《史記‧趙世家》惠文王十九年趙奢將兵攻齊麥邱，取之。即此城也。」

繆文遠據《讀史方輿紀要》認為麥丘城在山東商河縣西北〔註270〕，今學者多持此說。

116. 平原

《戰國策‧趙四》「燕封宋人榮蚠為高陽君」：「燕封宋人榮蚠為高陽君，使將而攻趙。趙王因割濟東三城令盧、高唐、平原陵地城邑市五十七，命以與齊，而以求安平君而將之。」注曰：「鮑本平原屬青州。」又注曰：「姚本一本無『陵』字。」《戰國策釋地》曰：「平原故城在今縣西南五十里。」即今山東省德州市平原縣西南。

戰國趙貨幣有「平□」方足布，黃錫全釋讀為「平俗（原）」，並指出其地在今山東平原縣南〔註271〕。

117. 東武城

《史記‧平原君虞卿列傳》：「平原君相趙惠文王及孝成王，三去相，三復位，封於東武城。」《戰國策‧趙一》「趙王封孟嘗君以武城」：「趙王封孟嘗君以武城。」注曰：「鮑本屬清河，即下東武城。此當田文奔薛後。正曰：無考。」《史記‧秦始皇本紀》：「桓齮定平陽、武城。」《正義》云：「即貝州武城縣外城是也，七國時趙邑。」桓齮所定武城，前文已有說明。此武城當指東武城，在今山東德州市武城西北。

戰國齊官印有「東武城攻師璽」〔註272〕，可見，東武城也曾屬齊。

〔註269〕錢穆：《史記地名考》，北京：商務印書館，2001年，第775頁。
〔註270〕繆文遠：《戰國制度通考》，成都：巴蜀書社，1998年，第117頁。
〔註271〕馬飛海主編：《中國歷代貨幣大系1‧先秦貨幣》1807～1809，上海：上海人民出版社，1988年，第473頁，釋文見第1102頁。
〔註272〕高明：《中國古文字學通論》，北京：北京大學出版社，1996年，第472頁。

118. 雲中郡

雲中本林胡地，雲中郡因雲中城而得名。《水經注・河水》引虞氏《記》云：「趙武侯自五原河曲築長城，東至陰山。又於河西造大城一，箱崩不就，乃改卜陰山河曲而禱焉，晝見群鵠遊於雲中，徘徊經日，見大光在其下，武侯曰：『此為我乎！』乃即於其處築城，今雲中城是也。」〔註273〕城在今托克托東北。〔註274〕趙武靈王破林胡、樓煩後設郡。《史記・趙世家》：「趙武靈王二十六年，復攻中山，攘地北至燕、代，西至雲中、九原。」〔註275〕《史記・匈奴列傳》載：「趙武靈王亦變俗胡服，習騎射，北破林胡、樓煩。築長城，自代並陰山下，至高闕為塞。而置雲中、雁門、代郡。」〔註276〕

由以上文獻記載可知，雲中郡設置於趙武靈王時期（前 325～前 299 年），至遲在公元前 299 年。（楊寬認為趙雲中郡置於武靈王二十二年（依楊寬《戰國大事年表》為公元前 304 年，參見其《戰國史》（增訂本），第 373 頁。而且在這裡楊寬提到設置九原郡，不知為何列表裏又沒有，前後矛盾，摘錄如下：公元前三〇七年趙攻中山到房子（今河北高邑西），次年攻中山到寧葭（河北石家莊西北），西略胡地到榆中，「林胡王獻馬」，由代相趙固「主胡，致其兵」。榆中在秦上郡之北，北河以南，今陝西榆林以北地區，原為林胡游牧地區，因有廣大的榆柳之林而得名，林胡這個部落就因遊居在榆中而得名。「林胡王獻馬」，就是表示從此歸屬於趙國。「代相趙固主胡」，就是從此由趙固兼管這個林胡部落，「致其兵」就是收編林胡的軍隊。公元前三〇五年趙大舉攻中山，由武靈王親率右、左、中三軍，並由牛翦率軍騎，趙希統率林胡和代的軍隊，會合於曲陽（今河北曲陽西北），向北攻到恒山的華陽，向南攻到石邑、封龍（今石家莊西南）、鄗（今高邑東）等地。次年攻取了榆中以北黃河上游河宗氏和休溷諸貉之地，設置了九原郡和雲中郡。「命吏大夫奴遷於九原，命將軍、大夫、適（嫡）子、戍吏皆貉服」。……公元前三〇三年又攻中山，攘地北至燕，西至雲中、九原。公元前二九七年

〔註273〕（北魏）酈道元注，民國楊守敬、熊會貞疏，段熙仲點校、陳橋驛復校：《水經注疏》卷三「河水」，南京：江蘇古籍出版社，1989 年，第 230 頁。

〔註274〕繆文遠：《戰國制度通考》，成都：巴蜀書社，1998 年，第 161 頁。

〔註275〕（西漢）司馬遷：《史記》卷四十三《趙世家》，北京：中華書局，1973 年，第 1811 頁。

〔註276〕（西漢）司馬遷：《史記》卷一一〇卷《匈奴列傳》，北京：中華書局，1973 年，第 2885 頁。

趙武靈王巡行新得之地,「出代,西遇樓煩王於西河而致其兵」,就是收編了樓煩的軍隊。)。關於趙國設置雲中郡的功用,史念海先生有文寫到:「趙國於雲中置郡,固在北防匈奴,其西南渡河,又可以防禦林胡。」〔註277〕

雲中郡轄境包括今內蒙古大青山以南,黃河南岸及長城以北地區。郡治在今呼和浩特市附近的托克托縣古城村(原注:據內蒙古文物工作隊的調查資料)。

雲中郡城址就是今內蒙古托克托縣古城村古城,是內蒙古地區規模較大、建立最早的城鎮之一。趙雲中郡轄境包括呼和浩特平原及以南地區丘陵地帶,大體上今趙長城遺跡以南的呼和浩特市區、土默特左旗、托克托縣、和林格爾縣、清水河縣等雲中郡的統轄之內。經過調查,沿著趙長城及以南十數里範圍內,分布有大大小小的烽臺和一些城障遺址。在呼和浩特烏素圖溝口的遺址中,散佈著戰國時期的盆、罐等陶器殘片,和林格爾土城子古城和包頭窩爾吐壕遺址等處均發現了趙國的遺跡遺物,這就證明趙國在長城沿線曾屯兵駐守,防備匈奴。〔註278〕

趙幽繆王二年(前234年),秦攻趙,雲中郡屬秦。《漢志》云中郡下班固自注曰:「秦置。」《水經‧河水注》曰:「白渠水又西南逕雲中城南,故趙地。」《虞氏記》云:趙武侯自五原河曲築長城,東至陰山。又於河西造大城,一箱崩不就,乃改卜陰山河曲而禱焉。晝見群鵠遊於雲中,徘徊經日,見大光在其下,武侯曰:此為我乎?乃即於其處築城,今雲中城是也。秦始皇三年,立雲中郡。」據此所載,秦王政十三年(前234),秦設置了雲中郡。然,趙於武靈王時即已置有雲中郡,是秦所立之雲中郡,當是在趙雲中郡原地的重建。〔註279〕

119. 延陵

《趙世家》:「(孝成王)十八年延陵鈞率師從相國信平君助魏攻燕。秦拔我榆次三十七城。」《戰國策‧趙一》「知伯帥趙韓魏而伐范中行氏」:「(趙襄子)乃使延陵王將車騎先之晉陽,君因從之。」注曰:「鮑本『王』作『君』。

〔註277〕史念海:《論秦九原郡始置的年代》,《中國歷史地理論叢》,1993年第2期,第57~64,頁,引文見58頁。

〔註278〕張久和:《戰國時代燕、趙、秦諸國對今內蒙古部分地區的經略和管轄》,《內蒙古大學學報》,2002年第2期,第1~6頁,引文見3~4頁。

〔註279〕周振鶴主編、李曉傑著:《中國行政區劃通史‧先秦卷》,上海:復旦大學出版社,2009年,第456頁。

此襄子臣，不得稱王。『王』當作『生』。正曰：韓子云，趙襄子召延陵生令將云云。浚儀王氏謂鮑失考。札記今本『王』作『君』，乃誤涉鮑也。」依此，延陵王當改為「延陵生」。延陵生是趙襄子的部屬。春秋時吳國的公子季札的封地在延陵，封號延陵君。白國紅認為延陵鈞應是延陵生之後代。〔註280〕如此說成立，那麼延陵當不屬趙地。

《讀史方輿紀要》「大同府」「延陵城」條下曰：「在府東北，塞外。戰國時趙邑也。《史記》：趙世家孝成王十八年，延陵鈞帥師從信平君廉頗助魏攻燕。即此。漢置延陵縣，屬代郡。後漢廢。《風俗記》：當城西北有延陵鄉故縣也。」

以上兩說，未詳孰是。延陵地望，待考。

120. 長平

《趙世家》：「（孝成王四年，前262年）韓氏上黨守馮亭使者至，曰：『韓不能守上黨，入之於秦。其吏民皆安為趙，不欲為秦。有城市邑十七，願再拜入之趙，財王所以賜吏民。』……乃令趙勝受地，……廉頗將軍軍長平。」《正義》引《括地志》云：「長平故城在澤州高平縣西二十一里，即白起敗括於長平處。」又載：「（惠文王）七（年）〔月〕廉頗免而趙括代將。秦人圍趙括，趙括以軍降，卒四十餘萬皆阬之‧王悔不聽趙豹之計，故有長平之禍焉。」又載：「（孝成王十五年，前251年）燕王令丞相栗腹約驩，以五百金為趙王酒，還歸，報燕王曰：『趙氏壯者皆死長平，其孤未壯，可伐也。』王召昌國君樂閒而問之。對曰：『趙，四戰之國也，其民習兵，伐之不可。』」長平故址在今山西省晉城市高平縣西北。

長平一地，《戰國策》亦有多處記載。《戰國策‧趙三》「秦攻趙於長平」：「秦攻趙於長平，大破之，引兵而歸。因使人索六城於趙而講。」《戰國策‧秦一》「張儀說秦王」：「趙氏，中央之國也，雜民之所居也。其民輕而難用，號令不治，賞罰不信，地形不便，上非能盡其民力。彼固亡國之形也，而不憂民氓，悉其士民，軍於長平之下，以爭韓之上黨，大王以詐破之，拔武安。當是時，趙氏上下不相親也，貴賤不相信，然則是邯鄲不守，拔邯鄲，完河間，引軍而去，西攻脩武，踰羊腸，降代、上黨。代三十六縣，上黨十七縣，不用一領甲，不苦一民，皆秦之有也。代、上黨不戰而已為秦矣，東陽河外不戰而

〔註280〕楊博：《河北地區所見先秦時期有銘兵器調查與研究》，河北師範大學 2010年碩士學位論文，第76頁。

已反為齊矣，中呼池以北不戰而已為燕矣。」「武安」注曰：「姚本趙括封於武安，（曾更有「武安」字）君將趙四十萬眾拒秦，秦將白起坑括四十萬眾於長平下，故曰武安。鮑本此殺趙括事，在四十七年。」《戰國策・燕三》「燕王喜使栗腹以白金為趙孝成王壽」：「燕王喜使栗腹以白金為趙孝成王壽，酒三日，反報曰：『趙民其壯者皆死於長平，其孤未壯，可伐也。』王乃召昌國君樂間而問曰：『何如？』對曰：『趙，四達之國也，其民皆習於兵，不可與戰。』王曰：『吾以倍攻之，可乎？』曰：『不可。』曰：『以三，可乎？』曰：『不可。』王大怒。左右皆以為趙可伐，遂起六十萬以攻趙。令栗腹以四十萬攻鄗，使慶秦以二十萬攻代。趙使廉頗以八萬遇栗腹於鄗，使樂乘以五萬遇慶秦於代，燕人大敗。」

121. 安陽

《趙世家》：「（惠文王三年，前 296 年）封長子章為代安陽君。」《正義》引《括地志》云：「東安陽故城在朔州定襄縣界。《地理志》云東安陽縣屬代郡。」

《七國地理考》卷四「趙安陽」條：「西安陽，《漢志》屬五原。本魏地，後入於趙。《史記》惠文王二十四年攻魏安陽取之，是也。……東安陽，《漢志》屬代郡。《水經・灢水注》引《地理風俗記》曰：五原有西安陽，故此加東也。《史記》惠文王三年封長子章為代安陽君。《正義》引《括地志》云：東安陽故城在朔州定襄縣界。」趙國有東、西安陽已經成為學界共識。東安陽位於今河北蔚縣附近，西安陽位於今內蒙古包頭市西、五原縣以東的陰山之南、黃河以北一帶。

戰國貨幣有「安陽」三孔布〔註281〕。內蒙古包頭市出土過（西）安陽石範，內蒙古涼城出土過（東）安陽鐵範〔註282〕。

122. 平都

《趙世家》載：（悼襄王二年）（前 243 年）秦召春平君，因而留之。泄鈞為之謂文信侯曰：「春平君者，趙王甚愛之而郎中妒之，故相與謀曰『春平君入秦，秦必留之』，故相與計而內之秦也。今君留之，是絕趙而郎中之計中

〔註281〕 裘錫圭：《戰國貨幣考（十二篇）》，《北京大學學報》，1978 年第 2 期，第 69～83 頁，具體見第 74 頁。
〔註289〕 黃錫全：《三晉兩周小方足布的國別及有關問題初論》，《中國錢幣論文集（第三輯）》，1998 年，第 115 頁。

也。君不如遣春平君而留平都。

　　《正義》（輿地理志）〔括地志〕云：「平都縣在今新興郡，與陽周縣相近也。」此指今陝西省延安市子長縣。另有學者認為平都當在今山西省和順縣儀城村，暫存一說〔註283〕。

123. 飛狐

　　史書關於飛狐的記載最早見於《史記・酈生陸賈列》：「願足下急復進兵，收取滎陽，據敖倉之粟，塞成皋之險，杜大行之道，距蜚狐之口，守白馬之津，以示諸侯效實形制之勢，則天下知所歸矣。」〔註284〕這段記載是謀士酈食其對漢王劉邦論述天下地形時所說的話。《正義》案：「蔚州飛狐縣北百五十里有秦漢故郡城。西南有山，俗號為飛狐口也。」（按：「蜚」同「飛」，《漢書・酈食其傳》即作「飛」〔註285〕。）

　　《鹽鐵論・險固篇》：「趙結飛狐、句注、孟門，以存邢、代。」〔註286〕

　　《水經注・㶟水》載：「祁夷水又東北，得飛狐谷，即廣野君（酈食其被封為廣野君）所謂杜飛狐之口也。……《魏土地記》曰：代城南四十里有飛狐關，關水西北流，……西北注祁夷水」。〔註287〕㶟水即今桑乾河，祁夷水即今源於廣靈縣，東流經蔚縣北，北流入桑乾河的壺流河。

　　《元和郡縣圖志》：「飛狐道自縣北入媯州懷戎縣界，即古飛狐口也。」〔註288〕又載「《述征記》曰：太行山首始於河內，自河內北至幽州，凡百嶺，連亙十二州之界。有八陘：第一曰軹關陘，今屬河南府濟源縣，在縣理西十一里；第二太行陘，第三白陘，此兩陘今在河內；第四滏口陘，對鄴西；第五井陘；第六飛狐陘，一名望都關；第七蒲陰陘，此三陘在中山；第八軍都陘，

〔註283〕　張潤澤、孫繼民：《趙簡子平都故城考》，《中國史研究》，2011 年第 1 期，第99～108 頁。

〔註284〕　（西漢）司馬遷：《史記》卷九十七《酈生陸賈列傳》，北京：中華書局，1973年，第 2694 頁。

〔註285〕　（東漢）班固撰：《漢書》卷四十三《酈陸朱劉叔孫傳》，北京：中華書局，1962 年，第 2108 頁

〔註286〕　王利器校注：《鹽鐵論校注》（定本）（下）卷九《險固第五十》，北京：中華書局，1992 年，第 526 頁。

〔註287〕　（北魏）酈道元注，民國楊守敬、熊會貞疏，段熙仲點校、陳橋驛復校：《水經注疏》卷十三「㶟水」，南京：江蘇古籍出版社，1989 年，第 1163～1164頁。

〔註288〕　（唐）李吉甫：《元和郡縣圖志》卷十四河東道三蔚州飛狐縣「飛狐道」，北京：中華書局，1983 年，第 406 頁。

在幽州。」〔註 289〕

《大清一統志》卷三十載:「飛狐口在廣昌縣北,其地兩崖峭立,一線微通,迤邐蜿蜒,百有餘里。……後漢建武十二年,盧芳與匈奴連兵盜邊詔王霸與杜茂治飛狐道,築起亭障,自代至平城三百餘里。」〔註 290〕

光緒元年修成的《廣昌縣志》卷一記載明代尚書楊嗣昌寫有《飛狐口記》,他寫道:「北至蔚州,南至廣昌,百四十里間古飛狐道也,近蔚三十里,名北口者,即飛狐口。」〔註 291〕

綜上,可以看出,「飛狐口」明代之前大多時候是指道路而言,嚴耕望《唐代交通圖考》也指出「飛狐口之詳實地望在今蔚縣南、淶源縣北。為兩縣間之通道。蓋有崇峻山脈東西橫亙於兩縣之間,中斷為陘道,得通行旅。」〔註 292〕而《史記·酈食其傳》「距蜚狐之口,守白馬之津」的記載以及《鹽鐵論·險固篇》把飛狐與句注、孟門並提,顯然是把其當關塞論之,現代學者也多依後者將飛狐納入趙國關塞。或者可以這樣理解,飛狐是一種「陘關」。至於晉郭緣生《述征記》載「第六飛狐陘,一名望都關」以及《魏土地記》中提到「代城南四十里有飛狐關」,都是後話。總之,飛狐很早(可能在楚漢戰爭以前)就被當作一種天險加以利用,戰國時是否置關不可考,但它在軍事戰爭中一直發揮著關塞的作用。

趙國初期,飛狐口位於代地,為代所據,趙襄子滅代後,遂歸趙所有。古人從河北平原中部前往桑乾河盆地,並進而前往蒙古草原地帶,視出發地與目的地的不同,可選擇的道路大約有六七條,其中最著名的一條就是飛狐道——從淶源盆地來到壺流河河谷,也就是從太行山地區進入恒山以北的桑乾河流域。〔註 293〕對趙國而言,它是連接代地的重要通道。且飛狐南通鴟之塞,南出鴟之塞,徑唐河河谷,出太行山,趨河北平原。也就是說,趙滅代後

〔註 289〕 (唐)李吉甫:《元和郡縣圖志》卷十四河東道一懷州河內縣「太行陘」,北京:中華書局,1983 年,第 444 頁。

〔註 290〕 (清)和珅等撰:《大清一統志》卷三十「易州」條下「飛狐口」,《文淵閣四庫全書》(第 474 冊),臺北:臺灣商務印書館,第 585 頁。

〔註 291〕 光緒元年《廣昌縣志》卷一《輿地志》「諸山」「黑石嶺」條下,成文出版社有限公司印行,中華民國五十八年,第 104 頁。

〔註 292〕 嚴耕望:《唐代交通圖考》(第五卷),中央研究院歷史語言研究所,1986 年,第 1463 頁。

〔註 293〕 羅新:《話說飛狐道》,《文史知識》,2004 年第 4 期,第 62～67 頁,引文見第 62 頁。

控制飛狐，自然也就加強了與位於河北平原的中山國之間的聯繫。趙國建國初期對代的戰爭應該包含著對飛狐口的覬覦之心。

124. 井陘

《史記‧秦始皇本紀》：「始皇十八年，大興兵攻趙，王翦將上地，下井陘。」《集解》服虔曰：「井陘，山名，在常山，今為縣。」《元和郡縣圖志》載：「陘山，在縣東南八十里。四面高，中央下，如井，故曰井陘。」〔註294〕井陘關又名土門關，在今河北井陘縣西北井陘山上。《呂氏春秋‧有始覽》將井陘列為天下九塞之一，它又是太行八陘之第五陘。井陘地處趙與中山兩國邊界，中山最先在井陘置邑，趙並中山，井陘才為趙所有。〔註295〕井陘是由太行山裏的東西陘道進入中山國的隘口，利用井陘，可由太行山西側的黃土高原到達太行山東麓的山前臺地，是聯繫太行山兩側地理單元的險道，對於趙國具有十分重要的軍事地理意義。

趙惠文王時的趙國依靠強大的國力與趙奢、廉頗等著名戰將，阻止了強秦進攻東方的步伐，《漢書‧傅常鄭甘陳段傳》：「趙有廉頗、馬服，強秦不敢窺兵井陘。」從這段話也可以看出，井陘要塞的重要性。

125. 九原郡

關於九原郡的探討實來自清人對秦代設置九原郡的論述，清人全祖望於《漢書地理志稽疑》中援引太史公之說，以為趙國在其北邊僅設有雁門、代、雲中三郡以備胡，「而九原特雲中北界，未置郡也。始皇三十五年以前，其於邊郡，多仍前之舊，不聞增設。」其後王國維於《秦郡考》（《觀堂集林》卷一二）、錢穆於《秦三十六郡補考》（《禹貢半月刊》第六卷第六、七合期）中為全說張目，竟斷言九原之名始見於秦始皇三十五年除道之時。今按《史記》及《戰國策》諸書，九原之名既屢見於戰國時期，則王、錢之說不可輕信甚明。今世學者雖不用王、錢之說，但受全祖望的影響，率多以為趙國未曾設有九原一郡，而以雲中郡屬邑當之。〔註296〕譚其驤先生撰《秦郡新考》

〔註294〕　（唐）李吉甫撰，賀次君點校：《元和郡縣圖志》卷十七河北道二恒冀節度使恒州井陘縣「陘山」，北京：中華書局，1983 年，第 480 頁。

〔註295〕　孟繁峰：《曼葭及井陘的開通》，《文物春秋》，1992 年 S1 期，第 35～55 頁，見 53 頁。

〔註296〕　陳倉：《戰國趙九原郡補說》，《中國歷史地理論叢》，1994 年第 2 期，第 247～249 頁，引文見 247 頁。

〔註297〕也說：「紀傳明言三十三年先收河南地，又渡河而北，知拓地跨河套內外；河套內外於〈漢志〉為五原及其分郡朔方，而〈漢志〉又於五原郡下明言秦九原郡，是全氏之說，斷無可疑」。最早打破俗見的是近人劉師培，他以為秦朝之九原郡，實得之於趙。〔註298〕後史念海先生《論秦九原郡始置的年代》〔註299〕（1993）從多方面論證趙國應當已有九原郡之設，與雲中郡齊名，並非秦世始見。繼史念海之後，復有署名陳倉者撰《戰國趙九原郡補說》〔註300〕（1994）一文補充論證戰國趙置九原郡說。陳倉指出「九原與雲中並述，非僅見《史記‧趙世家》、《戰國策》及《史記》列傳中亦時或見之」。辛德勇《陰山高闕與陽山高闕辨析——並論秦始皇萬里長城西段走向以及長城起源諸問題》〔註301〕（2005）文中第二部分對「九原郡的始置年代」有專門討論，對全祖望、王國維的觀點一一駁斥，認同史念海的觀點，認為「九原在這時應當已經置郡」，並提出了自己的一些看法。李曉傑、后曉榮均認同趙設九原郡的看法。〔註302〕

　　《史記‧趙世家》記載：「（武靈王）二十六年，復攻中山，攘地北至燕、代，西至雲中、九原。二十七年……立王子何以為王……是以為惠文王。……武靈王自號以為主父。主父欲令子主治國，而身胡服將士大夫西北略胡地，而欲從雲中、九原直南襲秦，於是詐自為使者入秦。」〔註303〕此處雲中與九原並舉，這正是眾多學者認為趙設九原郡所舉證據之一。且陳倉指出：「九原

〔註297〕譚其驤：《秦郡新考》，《長水集》（上），人民出版社，1987年，第6～7頁。原刊《浙江學報》第2卷第5期，1947年12月。
〔註298〕劉師培：《秦四十郡考》附《秦郡建置沿革考》，收錄譚其驤主編《清人文集地理類彙編》，第一冊，浙江人民出版社，1986年。
〔註299〕史念海：《論秦九原郡始置的年代》，《中國歷史地理論叢》，1993年第2期，第57～64頁。收入《河山集》（七集），陝西師範大學出版社，1999年，第376～384頁。
〔註300〕陳倉：《戰國趙九原郡補說》，《中國歷史地理論叢》，1994年第2期，第247～249頁。
〔註301〕辛德勇：《陰山高闕與陽山高闕辨析——並論秦始皇萬里長城西段走向以及長城起源諸問題》，《文史》，2005年第3輯（總第72輯），北京：中華書局，第5～64頁。
〔註302〕周振鶴主編、李曉傑著：《中國行政區劃通史‧先秦卷》，上海：復旦大學出版社，2009年，第428～429頁。后曉榮：《戰國政區地理》，北京：文物出版社，2013年，第110～112頁。
〔註303〕（西漢）司馬遷：《史記》卷四十三《趙世家》，北京：中華書局，1973年，第1811～1813頁。

雲中並述，非僅見於《史記·趙世家》，《戰國策》及《史記》列傳中亦時或見
之。」〔註304〕現列舉如下：

《戰國策·燕一》「蘇秦將為從北說燕文侯」：「燕東有朝鮮、遼東，北有
林胡、樓煩，西有雲中、九原，南有呼沱、易水。……且夫秦之攻燕也，蹦雲
中、九原，過代、上谷，彌埊踵道數千里，雖得燕城，秦計固不能守也。」
〔註305〕還有「張儀說燕王」，謂「秦下甲雲中、九原，驅趙而攻燕」〔註306〕。
雲中、代和上谷，均為戰國郡名，相互參稽這些記載，可知「九原」確實應如
史念海所論，乃是與雲中一樣的趙國邊郡。〔註307〕辛德勇進一步解釋了《史
記·匈奴列傳》沒有提到九原郡的原因所在，其說可信，今引原文如下：

至於《史記·匈奴列傳》記述趙武靈王築長城，「自代並陰山下，至高闕
為塞，而置雲中、雁門、代郡」，沒有提到九原郡，這是因為據《竹書紀年》
記載，在這之前兩年（魏襄王十七年，趙武靈王二十四年），「邯鄲命吏大夫
奴遷於九原」〔註308〕，說明趙國已經拓地至此。按照當時慣例，應當設郡管
理邊地，所以，九原在這時應當已經置郡，到兩年以後設置雲中等郡時，自
然無需再提及九原。〔註309〕

辛德勇此段論述同時也說明了趙國始置九原郡的年代，即趙武靈王二十
四年（前302年）。或者，更嚴謹的說，至遲此年趙國設置了九原郡。

126. 句注

《戰國策·燕一》：「昔趙王以其姊為代王妻，欲并代，約與代王遇於句

〔註304〕陳倉：《戰國趙九原郡補說》，《中國歷史地理論叢》，1994年第2期，第247
～249頁，引文見247頁。
〔註305〕（西漢）劉向集錄：《戰國策》卷二九《燕策一》「蘇秦將為從北說燕文侯」，
上海：上海古籍出版社，1985年，第1039頁。
〔註306〕（西漢）劉向集錄：《戰國策》卷二九《燕策一》「張儀為秦破縱連橫謂燕王」，
上海：上海古籍出版社，1985年，第1052頁。
〔註307〕辛德勇：《陰山高闕與陽山高闕辨析——並論秦始皇萬里長城西段走向以及
長城起源諸問題》，《文史》，2005年第3輯（總第72輯），北京：中華書局，
第5～64頁。收錄於《秦漢政區與邊界地理研究》，中華書局，2009年，引
文見第190頁。
〔註308〕（北魏）酈道元《水經·河水注》引古本《竹書紀年》，據（清）王先謙《合
校水經注》卷三，第43頁。
〔註309〕辛德勇：《陰山高闕與陽山高闕辨析——並論秦始皇萬里長城西段走向以及
長城起源諸問題》，《文史》，2005年第3輯（總第72輯），北京：中華書局，
第5～64頁。收錄於《秦漢政區與邊界地理研究》，中華書局，2009年，引
文見第190頁。

注之塞。乃令工人作為金斗，長其尾，令之可以擊人。與代王飲，而陰告廚人曰：『即酒酣樂，進熱歠，即因反斗擊之。』於是酒酣樂進取熱歠，廚人進斟羹，因反斗而擊之，代王腦塗地。」〔註310〕

《呂氏春秋·有始覽》載：「天有九野，地有九州，上有九山，山有九塞，澤有九藪，風有八等，水有六川。……何謂九塞？大汾、冥阨、荆阮、方城、殽、井陘、令疵、句注、居庸。」〔註311〕即句注塞為《呂氏春秋·有始覽》所稱天下九塞之一。

嚴耕望《唐代交通圖考》：「代州西北行三十五里至西陘山，為滹沱、桑乾兩河分水嶺；古稱勾注塞（按勾一作句），與盧龍、飛狐並稱為天下之阻分隔內外者。」並考證曰：「元和志一四代州目，『今按句注在州西北三十五里，雁門縣界西陘山。』寰宇記四九代州目，同，雲據河東記。又元和志代州雁門縣，『句注山一名西陘山，在縣西北三十里。晉咸寧元年句注碑曰：蓋北方之險有盧龍、飛狐、句注為之首，天下之阻，所以分內外也。』寰宇記代州雁門縣條云：『水經注云：雁門郡北對句注，東陘其南，九塞之一也。晉咸寧元年勾注碑曰』云云。是元和志亦出酈注，惟酈注滹沱水篇今已佚。紀要四〇代州，句注山，在州西北二十五里。雁門山在州北三十五里，『與句注岡隴相接，故勾注亦兼雁門之稱。』則本為兩山而相接。」〔註312〕

據前面《戰國策》關於「句注之塞」的記載可知，趙襄子與代王在句注之塞會面，並舉行宴飲，趁酒酣之時用金斗擊殺代王。由此可見，當時的句注山上確實是有人工建置的，否則如何在此地舉行宴會？而且應當是比較正式、有一定規模的人工建築物，那麼極有可能就是趙國於此修築的一處關塞，但史書對此並沒有更多的記載。考古調查發現，在今山西代縣「白草口鄉和太和嶺之間的分水嶺上，終於在當今雁門關（今代縣西北二十里句注山上）西南約 5 公里處，發現當地習稱『鐵裏門』的山口。」鐵裏門係「人工鑿開一條頂寬 30 米、底寬 3 米、谷深 20 米、東西長 50 米的巨大鑿口；鑿口底部有石塊平鋪成路，有弧形磚，當係門洞遺物；東西兩邊，山路下延，古道痕跡

〔註310〕（西漢）劉向集錄：《戰國策》卷二十九《燕一》「張儀為秦破縱連橫謂燕王」，上海：上海古籍出版社，1985 年，第 1050 頁。

〔註311〕呂不韋著，高誘注：《呂氏春秋》卷十三《有始覽》，上海：上海古籍出版社，1989 年，第 92～93 頁。

〔註312〕嚴耕望：《唐代交通圖考》（第五卷），中央研究院歷史語言研究所，1986 年，第 1349 頁。

明顯。鐵裏門南面山嶺上，延伸 200 米為人工修治過的平臺，有戰國繩紋瓦及漢代以來諸多遺物。……鐵裏門兩邊山勢最陡，惟可通車，故穿鑿以度……其開鑿應始於春秋戰國間，又經歷代反覆加工才完成的。」〔註 313〕戰國遺物的發現為戰國句注塞的地望研究提供了新的線索，但是僅僅片瓦尚不足以確證。

史念海在唐代初期突厥經句注山南下的隘口時說道：「不論是陘嶺之道，還是陘口，其實是一樣的。因為句注山上當時就是這一處險阻。」〔註 314〕此話同樣適用於討論趙國時期的句注塞。史念海《論雁門關》：「句注山橫貫東西，為南北巨防。當三家分晉之初，這裡就已成為趙國北邊的阨塞，而被稱為天下九塞之一。」〔註 315〕

光緒《代州志》：「句注山在州西北二十里。……河東記謂以山形句轉水注流為名。」〔註 316〕句注塞，在今山西代縣西北。山形句注、常山，是胡地、代地同趙國本土聯繫的紐帶，攻克這兩地，就等於軛斷了胡、代同趙的聯繫。從歷史上看，秦對趙的戰略正是如此。〔註 317〕

春秋中期至戰國早期前後貨幣有「禺主」，黃錫全釋為「句注」，認為其在「山西代縣西」〔註 318〕。

127. 繁陽

《趙世家》：「二十一年，孝成王卒。廉頗將，攻繁陽，取之。」《集解》引徐廣曰：「在頓丘。」《正義》引《括地志》云：「繁陽故城在相州內黃縣東北二十七里。應邵云『繁水之北，故曰繁陽也』。」今河南省安陽市內黃縣。因該地在繁水之北，故其時趙、魏兩國當與繁水為界。

〔註 313〕 靳生禾、謝鴻喜：《關於雁門關年齡、遺址的考證和考察》，《山西大學學報》，1993 年第 2 期，第 78～81 頁，引文見第 80～81 頁。

〔註 314〕 史念海：《河山集》（四集），西安：陝西師範大學出版社，1991 年，第 414 頁。

〔註 315〕 史念海：《河山集》（四集），西安：陝西師範大學出版社，1991 年，第 411 頁。

〔註 316〕 （清）俞廉三修：光緒《代州志》卷四《建置志》「關隘」，清光緒八年〔1882〕代州代山書院刻本，該卷第 20 頁。

〔註 317〕 雁俠：《先秦趙國疆域變化》，鄭州大學學報，1991 年第 1 期，第 77～90 頁，引文見第 84 頁。

〔註 318〕 黃錫全：《先秦貨幣中的地名》，《九州》（第三輯），北京：商務印書館，2003 年，第 187～202 頁，具體見第 189 頁。

128. 光狼

《史記・秦本紀》：「（昭襄王）二十七年（前280年，趙惠文王十九年），白起攻趙，取代光狼城。」《正義》引《括地志》云：「光狼故城在今澤州高平縣西二十里。」《史記・白起王翦列傳》：「後五年，白起攻趙，拔光狼城。」《索隱》：「《地理志》不載光狼城，蓋屬趙國。」《正義》：「光狼故城在澤州高平縣西二十五里也。」今山西省高平縣西。

《趙世家》：「（惠文王）十九年（前280年），秦（敗）〔取〕我二城。」兩事相合，則可以推知秦取趙國兩城中，一城當為光狼城無疑。

129. 九門、北九門

《趙世家》：「（武靈王）十七年（前319年），王出九門，為野臺，以望齊、中山之境。」《集解》引徐廣曰：「在常山。」《正義》：「本戰國時趙邑。《戰國策》云：『本有宮室而居，趙武靈王改為九門。』」又載：「（惠文王）二十八年（前271年），藺相如伐齊，至平邑。罷城北九門大城。」《正義》：「恆州九門縣城。」戰國貨幣有「北九門」三孔布〔註319〕，裘錫圭先生認為九門、北九門為一地，其地在今河北省石家莊市藁城區西北〔註320〕。

另外，路洪昌認為九門、北九門為兩地，北九門在今藁城區西北，九門應在趙國東北與齊、中山毗鄰的邊地，即今新河東南、南宮西北一帶，極可能是今新河東南部之九門〔註321〕。魏建震則認為九門在河北藁城西北，北九門在今河北蔚縣〔註322〕。存此待考。

130. 上黨郡

對於上黨郡的設置問題，《漢書・地理志》、《水經注》直至清代的《讀史方輿紀要》等都以為秦置。清代及其後還存在一種意見，認為上黨郡戰國韓置，該地後入於趙、秦，秦國再置上黨郡。〔註323〕後世史家在討論戰國上黨

〔註319〕馬飛海主編：《中國歷代貨幣大系1・先秦貨幣》2477，上海：上海人民出版社，1988年，第585頁，釋文見第1112頁。

〔註320〕裘錫圭：《戰國貨幣考（十二篇）》，《北京大學學報》，1978年第2期，第69～83頁，具體見第74頁。

〔註321〕路洪昌：《戰國中山國若干歷史問題考辨》，《河北學刊》，1987年第6期，第86～91頁，具體見第90～91頁。

〔註322〕魏建震：《趙國「九門」「北九門」地望考辨》，《邯鄲師專學報》，2003年第4期，第15～18頁。

〔註323〕全祖望：《漢書地理志稽疑》卷一；吳卓信：《〈漢書・地理志〉補注》，分別

郡時多有論及趙國上黨郡，錢林書《戰國時期的上黨地區及上黨郡》〔註324〕
（1985）；楊寬《戰國史》〔註325〕（1998）和繆文遠《戰國制度通考》〔註326〕
都認為趙國有上黨郡；謝鴻喜《戰國上黨郡縣考》〔註327〕（1998）認為趙曾
設置上黨郡無疑，但時間不明確；路偉東《戰國上黨郡考》〔註328〕（2001）
根據新發現的史料及考古材料重新論證了戰國韓趙魏三國上黨郡設置的時
間、沿革以及轄區等問題，認為趙國設郡的時間當在三家分晉之後不久；吳
良寶《戰國時期上黨郡新考》〔註329〕（2008）為戰國上黨郡研究的集大成之
作，該文梳理了有關的原始記載及早期注解，然後對上黨地區的範圍、各國
上黨郡的設置情況、轄區城邑的歸屬變化等問題進行了細緻考察。李曉傑《中
國行政區劃通史·先秦卷》〔註330〕（2009）「趙郡考證」據趙佔有韓上黨郡認
為趙曾設上黨郡，這裡需要強調的是，趙國設置上黨郡和趙據有上黨地區部
分城邑是兩個概念，同樣，不能因趙曾據有韓上黨郡就認為趙曾設趙郡；后
曉榮《戰國政區地理》〔註331〕（2013）「趙國置郡」一節中寫到：「最晚在春
秋末年，晉國在上黨地區已經設置有上黨郡，因上黨地區而得名。趙、韓、魏
三家分晉後，各占一部分。根據已見的史料可以確知，戰國時期韓、趙分別
在自己所控制的上黨地區設置有上黨郡。」

　　《史記·韓世家》：「桓惠王十年，我上黨郡守以上黨郡降趙。」韓國曾
設置上黨郡，當是確定無疑。又《戰國策·秦策一》「張儀說秦王」中提及「上
黨十七縣。」

　　《戰國策·齊二》載：「秦攻趙。趙令樓緩以五城求講於秦，而與之伐
齊。齊王恐，因使人以十城求講於秦。樓子恐，因以上黨二十四縣許秦王。」

　　　　見《二十五史補編》，中華書局 1955 年版，第一冊第 1250、572 頁。
〔註324〕錢林書：《戰國時期的上黨地區及上黨郡》，《地名考釋》，1985 年第 2 期。
〔註325〕楊寬：《戰國史》（增訂本），上海：上海人民出版社，1998 年，第 678 頁。
〔註326〕繆文遠：《戰國制度通考》，成都：巴蜀書社，1998 年，第 160〜161 頁。
〔註327〕謝鴻喜、楊劍英：《戰國上黨郡縣考》，《三晉文化學術研討會論文專集》，1998
　　　　年，第 338〜345 頁。
〔註328〕路偉東：《戰國上黨郡考》，《面向新世紀的中國歷史地理學——2000 年國際
　　　　中國歷史地理學術討論會論文集》，濟南：齊魯書社，2001 年。
〔註329〕吳良寶：《戰國時期上黨郡新考》，《中國史研究》，2008 年第 1 期，第 49〜
　　　　60 頁。
〔註330〕周振鶴主編、李曉傑著：《中國行政區劃通史·先秦卷》，上海：復旦大學出
　　　　版社，2009 年，第 430 頁。
〔註331〕后曉榮：《戰國政區地理》，北京：文物出版社，2013 年，第 108〜109 頁。

〔註332〕（該策文或繫於長平之戰後的公元前259年，或以為擬託。）〔註333〕
這是與「（韓）上黨十七縣」類似的記載，錢林書、楊寬、謝鴻喜等都據此
認為趙國設置上黨郡，這種看法可信。此時已經是戰國晚期，趙國始置上黨
郡時間待考。傳世戰國趙兵器有上黨武庫矛和戈〔註334〕，銘文「上黨武庫」。
〔註335〕

131. 野臺

《趙世家》：「（武靈王）十七年（前319年），王出九門，為野臺，以望
齊、中山之境。」《集解》徐廣曰：「野，一作『望』」。《正義》引《括地志》
云：「野臺一名義臺，在定州新樂縣西南六十三里。」今河北省石家莊市新樂
縣東北。

顧頡剛先生曾論：「此蓋以遠望作略地之謀，猶趙襄子登常山以臨代，知
代之可取焉。以今日之名名之，是為瞭望臺。」〔註336〕

132. 無窮之門

《戰國策·趙二》：武靈王：「昔者，先君襄主與代交地，城境封之，名
曰無窮之門，所以昭後而期遠也。」〔註337〕又《史記·趙世家》載：「（趙武
靈王十九年）王北略中山之地，至於房子，遂之代，北至無窮，西至河，登
黃華之上。」〔註338〕《通鑒·周紀三》胡三省注云：「自代北出塞外，大漠
數千里，故曰無窮。」《史記會注考證》云：「梁玉繩曰：『無窮，疑無終。』
愚按：《趙策》趙武靈王曰：『先君襄主與代交地，城境封之，名曰無窮之門。』
即此，梁說非。」繆文遠按：窮與終通，無窮即《左傳》無終子國。《漢志》
右北平郡有無終縣，在今河北張北縣南。此外，楊寬、沈長雲等學者均持此

〔註332〕 （西漢）劉向集錄：《戰國策》卷九《齊二》「秦攻趙」，上海：上海古籍出
版社，1985年，第357頁。

〔註333〕 路偉東：《戰國上黨郡考》，《面向新世紀的中國歷史地理學——2000年國際
中國歷史地理學術討論會論文集》，濟南：齊魯書社，2001年。

〔註334〕 前者為中國歷史博物館藏，引自黃盛璋《試論三晉兵器的國別和年代及其相
關問題》文；後者出自劉體智《小校經閣金文拓本》14·4，1935年拓本影
印。

〔註335〕 后曉榮：《戰國政區地理》，北京：文物出版社，2013年，第109頁。

〔註336〕 顧頡剛：《史林雜識初編》，北京：中華書局，1963年，第136頁。

〔註337〕 （西漢）劉向集錄：《戰國策》卷十九《趙二》「王破原陽」，上海：上海古
籍出版社，1985年，第674～675頁。

〔註338〕 （西漢）司馬遷：《史記》卷四十三《趙世家》，北京：中華書局，1973年，
第1805～1806頁。

說。〔註 339〕

　　李文龍《河北北部趙、燕、秦長城調查與研究》一文中認為：

　　從目前的調查情況看，壩頭地帶有兩個地點與「無窮之門」相近。一是小狼窩溝南的狼窩溝口自古以來就是壩上、壩下之間最重要的交通孔道，是冀北山地東西數百里之內最易大軍通行的隘口，也是壩上、壩下天然的地理和氣候分界線。楊寬先生《戰國史》、《中國歷史地名大辭典》中指出無窮之門在張北縣南，《中國歷史地圖集》也將「無窮之門」標注於此。由壩下至此，嶺南是陡峭險峻的山梁，北望頓為一望無際的荒漠地帶，與「無窮」之意甚合。二是胡明先生通過史證及實地考查，從「鎮虎臺村」（哈叭氣山口）向東延伸到「大崖灣村」是野狐嶺。「土邊壩」所在地理位置有野狐嶺豐厚的歷史文化內涵，「土邊壩」位置應是史書記載中的野狐嶺。「無窮之門」應在野狐嶺上。

　　也就是說，無窮之門或為張北縣南之狼窩溝口，或為從「鎮虎臺村」（哈叭氣山口）向東延伸到「大崖灣村」之野狐嶺上。〔註 340〕

133. 乘丘

　　《戰國策・魏一》「楚許魏六城」；「齊遂伐趙，取乘丘，收侵地，虛、頓丘危。」注曰：「鮑本屬泰山。補曰：正義云，乘丘故城在兗州瑕丘縣西北。」

　　乘丘地望，今存三說：高士奇《春秋地名考略》「乘丘」條下曰：「莊十年公敗宋師於乘丘杜注魯地。臣謹按：《戰國策》張儀謂魏王：齊伐趙取乘丘，收侵地，虛、頓丘危。《史記》周安王二年，三晉伐楚，至乘丘而還，即此也。漢置乘氏縣，屬濟陰郡。景帝封梁孝王子買為侯邑。應劭曰：故春秋時乘丘也。和帝又以封梁商，晉屬濟陰郡，後魏仍屬濟陰郡，隋屬曹州，唐宋仍之，金廢。今乘氏故城在曹縣東北五十里。再按：西漢泰山郡有乘丘縣，師古曰：即春秋乘丘也。武帝封中山靖王子將夜為侯邑。《水經注》洸水自寧陽又西南經乘丘故城東。《括地志》乘丘在瑕丘縣西北三十五里。今兗州府西北二十五里有古瑕丘城。曲阜在兗東三十里，以是計之，乘丘去魯都不及百里，矣時公子偃自雩門竊出敗宋師，必寇在門庭，故能出不意薄之

〔註 339〕楊寬：《戰國史》（增訂本），上海：上海人民出版社，1998 年，第 318 頁；
　　　　　　《戰國制度通考》175 頁；《趙國史稿》第 362 頁。
〔註 340〕李文龍：《河北北部趙、燕、秦長城調查與研究》，《中國長城博物館館刊》，
　　　　　　2009 年 3 期。

也。若乘丘在曹縣，則相去三百里，無用奇之法矣。應說當誤，顏氏為優。又《隋志》分巨野置乘丘縣，尋省此則近乘氏，《國策》所謂趙乘丘也。」應劭認為乘丘位於今山東曹縣東北。顏師古認為在今兗州市西北。高士奇贊同後說。繆文遠從曹縣說〔註341〕。

《戰國策釋地》則認為：「鮑曰：屬泰山。吳曰：《正義》在兗州瑕邱縣西北，本作安邱。誤。釋曰：今曹縣東北五十里，漢乘氏城，古乘邱也，與嶕陽之乘邱皆非趙地，疑斥邱之訛。《漢志》魏郡有斥邱，今邱縣北四十里有故城，接直隸廣宗威縣界。」也就是說清人張琦認為乘丘在今河北省邯鄲市邱縣附近。

134. 負親

《戰國策·趙一》「張孟談既固趙宗」：「張孟談便厚以便名，納地釋事以去權尊，而耕於負親之丘。」注曰：「鮑本趙地，缺。」

今地不詳。

135. 溫

《左傳·昭公元年》：「趙孟適南陽，將會孟子餘。甲辰朔，烝于溫，庚戌，卒。」又《左傳·昭公三年》記范宣子、趙文子、韓宣子爭奪州邑，文子曰：「溫，吾縣也。」《左傳》哀公二年（前493年）：「大子救之以戈，鄭師北獲溫大夫趙羅。」杜注：「羅無勇，故鄭師雖北，猶獲羅。」趙羅乃趙氏之人，為溫大夫，則溫當屬趙氏所有。溫地在今河南省溫縣西南〔註342〕。

136. 李城

《史記·平原君虞卿列傳》：「李同遂與三千人赴秦軍，秦軍為之卻三十里。……李同戰死，封其父為李侯。」《集解》徐廣曰：「河內成皋有李城。」《正義》：「懷州溫縣本李城也，李同父所封，隋煬帝從故溫城移縣於此。」李同為解邯鄲之圍，而游說平原君趙勝，並親自帶敢死之士三千人與秦軍作戰，其陣亡後則封其父為李侯，邑李城。

李城在今河南省焦作市溫縣。

137. 濁鹿

《水經·滱水注》引《竹書紀年》曰：「燕人伐趙，圍濁鹿。趙武靈王及

〔註341〕繆文遠：《戰國制度通考》，成都：巴蜀書社，1998年，第172頁。
〔註342〕馬保春：《晉國歷史地理研究》，北京：文物出版社，2007年，第211頁。

代人救濁鹿。」又云：「今廣昌東嶺之東有山俗名之曰濁鹿，灅城地不遠。土勢相鄰，以此推之，或近是矣，所未詳也。」北魏時廣昌縣治今河北省保定市淶源縣，故推測濁鹿在今河北省淶源縣附近。

此事發生年代，據《古本竹書紀年輯證》案曰：

《存真》列於惠成王後元十五年，云：「元文不引何年，今姑附此。」《集校》附於「無年世可繫者。」《訂補》云：「今本《紀年》此事在周顯王十七年，當梁惠王十九年。按趙武靈王即位在梁惠王後十一年，此時為趙成侯二十三年，何得云『武靈王』？其誤灼然。雷學淇《義證》四十據《趙世家》『武靈王二十六年，攘地北至燕、代』語，繫於今王十九年，亦乏明證，疑難強定。」現姑從《存真》列此。〔註343〕

據《戰國史料編年輯證》，魏惠成王後元十五年在公元前 320 年〔註344〕，即趙武靈王六年。

138. 太原郡

太原，原為趙地。《史記・秦本紀》：「（昭襄王四十八年）（公元前 259 年）王齕將伐趙（武安）皮牢，拔之。司馬梗北定太原，盡有韓上黨。」〔註345〕又「（莊襄王）二年，使蒙驁攻趙，定太原。三年（公元前 248 年），蒙驁攻魏高都、汲，拔之。攻趙榆次、新城、狼孟，取三十七城。四月日食。王齕攻上黨。初置太原郡。」《正義》：「上黨以北皆太原地，即上三十七城也。」〔註346〕《六國年表》秦莊襄王三年欄曰：「王齕擊上黨。」《集解》徐廣曰：「初置太原郡。」〔註347〕據《新編年表》的考證，此處應為秦莊襄王四年，即公元前 247 年。李曉傑認為「司馬梗北定太原」，此太原當即指趙之太原郡無疑，即趙於秦昭襄王四十八年（前 259 年）前已置太原郡，至該年，為秦所平定，在公元前 259 年與前 248 年之間，趙一度復將太原郡從秦處奪回，公元前 248 年，秦攻取趙太原郡所領的三十七城，次年，即公元前 247 年，秦於該地重

〔註343〕　方詩銘、王修齡：《古本竹書紀年輯證》，上海：上海古籍出版社，2005 年，第 151 頁。

〔註344〕　楊寬：《戰國史料編年輯證》，上海：上海人民出版社，2001 年，第 462 頁。

〔註345〕　（西漢）司馬遷：《史記》卷五《秦本紀》，北京：中華書局，1973 年，第 214 頁。

〔註346〕　（西漢）司馬遷：《史記》卷五《秦本紀》，第 219 頁。

〔註347〕　（西漢）司馬遷：《史記》卷十五《六國年表》，北京：中華書局，1973 年，第 749 頁。

置太原郡。對於此說，后曉榮持贊同態度。沈長雲雖指出趙國可見史籍記載的郡並不包括太原郡，但其《趙國史稿》又講到「長平之戰結束後，……一路由司馬梗率領，向北攻克趙國太原郡（今山西中部太原盆地一帶）。」〔註348〕可見，他也默認這一看法。

《史記・秦本紀》的記載將「太原」與韓上黨郡並舉，容易讓人認為趙曾設置太原郡，但這只是推測，畢竟史無明文，且後世史書如《漢書・地理志》、《後漢書》、《水經注》、《元和郡縣圖志》、《太平寰宇記》、《大清一統志》等「太原郡」下都明確寫「秦置」。楊寬《戰國史》未將「太原郡」列入趙國郡表，是比較審慎的。希冀未來有新的考古資料來揭開這一歷史謎團。

139. 㡯城

《戰國策・秦五》「濮陽人呂不韋賈於邯鄲」：「秦子異人質於趙，處於㡯城。」注曰：「姚本㡯城，趙邑。鮑本趙地，缺。補曰：字書無『㡯』字。《龍龕手鑒》云，音腳。札記丕烈案：《史記・呂不韋傳》《正義》引此作『聊』。」

㡯城，今地不詳，屬趙邑當無疑，備此待考。

140. 宋子

《史記・燕召公世家》：「今王喜四年（前251年，趙孝成王十五年），秦昭王卒。燕王命相栗腹約歡趙，以五百金為趙王酒。還報燕王曰：『趙王壯者皆死長平，其孤未壯，可伐也。』王召昌國君樂閒問之。對曰：『趙四戰之國，其民習兵，不可伐。』王曰：『吾以五而伐一。』對曰：『不可。』燕王怒，群臣皆以為可。卒起二軍，車二千乘，栗腹將而攻鄗，卿秦攻代。唯獨大夫將渠謂燕王曰：『與人通關約交，以五百金飲人之王，使者報而反攻之，不祥，兵無成功。』燕王不聽，自將偏軍隨之。將渠引燕王綬止之曰：『王必無自往，往無成功。』王蹵之以足。將渠泣曰：『臣非以自為，為王也。』燕軍至宋子，趙使廉頗將，擊破栗腹於鄗。」《集解》引徐廣曰：「屬鉅鹿。」《史記・刺客列傳》：「高漸離變名姓為人庸保，匿作於宋子。」《集解》引徐廣曰：「縣名也，今屬鉅鹿。」《索隱》：「徐注云『縣名，屬鉅鹿』者，據《地理志》而知也。」《正義》：「宋子故城在趙州平棘縣北三十里。」唐代趙州平棘縣，即今河北省石家莊市趙縣。故宋子當在今河北省趙縣北。

宋子位於中山國境內，據《史記・燕召公世家》可知其處在燕國出兵伐

〔註348〕沈長雲等：《趙國史稿》，北京：中華書局，2000年，第208頁。

部的路上，趙滅中山後屬趙。

《貨系·先秦卷》著錄了一枚幣文為「宋子」的三孔布，該布幣是 1983 年在山西省朔縣出土的〔註349〕。

141. 孟門

《鹽鐵論·險固篇》：「趙結飛狐、句注、孟門，以存邢代。」〔註350〕《鹽鐵論校注》注曰：《呂氏春秋·有始覽》記九山有太行、孟門，《淮南子·地形篇》同，高誘注《淮南》曰：「《說苑》曰：『桀之居，左河、沛，右太華，伊闕在其南，羊腸在其北。』今太原晉陽西北九十里，通河西，上郡關曰羊腸阪，是孟門、太行之限也。」又注《呂氏春秋·上德篇》曰：「孟門，太行之險也。」〔註351〕結合其他學者的研究，也可以發現，關於此處記載的孟門，現大略存兩說：一種認為孟門在今山西離石縣西濱河之地（即今呂梁市柳林縣孟門鎮），張維華、繆文遠等均持此說；〔註352〕一種認為孟門是太行山的險要關口。

要想弄清孟門所在，對《鹽鐵論》這段文字的理解至關重要，它暗含了飛狐、句注、孟門與荊、代的位置關係，也說明趙國憑藉飛狐、句注、孟門這些險塞來控制荊、代。荊、代所處是推測孟門所在的關鍵。代地，前文述及，此處不再贅述。荊，《鹽鐵論校注》曰：

「荊」即「邢」形近之誤。《史記·殷本紀》：「祖乙遷于邢。」《索隱》：「邢音耿，近代本亦作『耿』。今河東皮氏縣有耿鄉。」《正義》：「《括地志》云：『絳州龍門縣東南十二里耿城，故耿國也。』」《漢書·地理志下》：「趙國：襄國。本注：『故邢國』」《方輿紀要·歷代州郡形勢》：「祖乙遷於耿。」注：「今山西河津縣南十三里有耿城。」據此，邢、代既相近，且與上下文言恃險以固境內者正合，則「荊」為「邢」之誤，可無疑義，今據改正。〔註353〕

〔註349〕 馬飛海主編：《中國歷代貨幣大系 1·先秦貨幣》2456，上海：上海人民出版社，1988 年，第 582 頁，釋文見第 1111 頁；朱華：《山西朔縣出土「宋子」三孔布》，《中國錢幣》，1984 年第 4 期，第 7～10 頁。

〔註350〕 王利器校注：《鹽鐵論校注》（定本）（下）卷九《險固第五十》，北京：中華書局，1992 年，第 526 頁。

〔註351〕 王利器校注：《鹽鐵論校注》（定本）（下）卷九《險固第五十》，北京：中華書局，1992 年，第 533 頁。

〔註352〕 《戰國制度通考》176 頁；張維華：《中國長城建置考》，北京：中華書局，1979 年，第 90～109 頁，引文見第 100 頁。

〔註353〕 王利器校注：《鹽鐵論校注》（定本）（下）卷九《險固第五十》，北京：中華

上文所言當是，「荊」應為「邢」之誤，邢即耿，位於今山西河津東南〔註354〕，今山西西南部；代地大略在今山西東北部、河北西北部，那麼，趙國對這些地域的控制自然不可能憑藉遠在太行山的一個關口，孟門在山西境內更為合理。那麼，據《左傳》襄公二十二年：「齊侯伐晉，取朝歌，入孟門，登太行。」《史記・吳起列傳》云：「殷紂之國，左孟門，右太行。」杜預云：「孟門，晉隘道。蓋太行隘道之名」。《淮南子・地形篇》高誘注云：「孟門，太行之限也。」可以推知的是此處所提孟門的大致位置在河南，但此孟門非彼孟門，也就是有兩個孟門的存在，一個位於山西，一個位於河南。

綜上，《鹽鐵論》提及趙國之「孟門」在今山西離石縣西濱河之地（即今呂梁市柳林縣孟門鎮）。

142. 陰成（陰、成）

《戰國策・趙四》「齊欲攻宋」：「謂魏王曰：『……且王嘗濟於漳，而身朝於邯鄲，抱陰、成，負蒿、葛、薛，以為趙蔽，而趙無為王行也。今又以何陽、姑密封其子，而乃令秦攻王，以便取陰（陶）。……』」注曰：「鮑本成屬涿郡。又《孔子世家》注，太山鉅平有武城。正曰：陰、成未詳，鮑注皆非魏地。」「朝於邯鄲」，此事一說在趙惠文王三年（前296年）〔註355〕，一說在趙惠文王四年（前295年）〔註356〕。

《戰國策箋證》曰：

鮑彪云：「成屬涿郡。又《孔子世家》注：太山鉅平有武城。」吳師道云：「陰成未詳，鮑注皆非魏地。」程恩澤云：「（陰）左傳宣二年：『遂自陰地及諸侯之師侵鄭。』杜注：『晉河南山北，自上洛以東至陸渾，其地南阻終南，北臨大河，故曰陰地。』則陰之為地廣矣。……又昭二十二年帥師軍於陰。顧棟高曰：『陰即平陰，晉師在平陰是也。』……今為河南府孟津縣。又哀四年蠻子赤奔晉陰地。江永曰：『今陝州盧氏縣東北有陰地城，蓋即命大夫屯戍之所。』是陰地凡有二處，皆在魏境，但不知何指耳？（成）據《策》當是魏地，但不知所在。《路史》漢有陰成國，屬趙郡，或以陰成二字連讀作一地，亦可備一說。」于鬯云：「葛孽自一地，有《趙世家》可證，則陰成亦不當分。

書局，1992年，第533頁。
〔註354〕《趙國史稿》，第51頁。
〔註355〕馬王堆漢墓帛書整理小組編：《戰國縱橫家書》，北京：文物出版社，1976年，第132頁。
〔註356〕楊寬：《戰國史料編年輯證》，上海：上海人民出版社，2001年，第704頁。

《建元王子侯表》有陰成侯，豈即此與？」又引《路史‧國名記》同程考。〔按〕陰成為一為二，不能定，姑從程說標讀。〔註357〕

陰成，或陰、成，尚不能定，況其所在，故暫存疑。

143. 負蒿

《戰國策‧趙四》「齊欲攻宋」：「謂魏王曰：『……且王嘗濟於漳，而身朝於邯鄲，抱陰、成，負蒿、葛、薛，以為趙蔽，而趙無為王行也。今又以何陽、姑密封其子，而乃令秦攻王，以便取陰（陶）。……』」注曰：「鮑本地缺。」

《戰國策箋證》曰：

鮑彪云：「地缺。」吳師道云：「抱、負，言其勢。按《魏策》葉陽君約魏，魏王將封其子，謂魏王曰：王嘗身濟漳，朝邯鄲，抱葛、薛、陰、成以為趙養邑。據此文則『蒿』字因『葛』而誤衍。四邑皆魏地。」程恩澤同吳說，又云：「或曰：『負蒿』乃『負黍』之訛，在今河南府登封縣西南，與陰、成相近。未知是否？」橫田惟孝云：「抱、負，猶奉持也。」〔按〕「蒿」字義不能定，姑從地名讀。〔註358〕

負蒿，字義不明，今姑且以地名存此。

144. 河陽

《戰國策‧趙四》「齊欲攻宋」：「……且王嘗濟於漳，而身朝於邯鄲，抱陰、成，負蒿、葛、薛，以為趙蔽，而趙無為王行也。今又以何陽、姑密封其子，而乃令秦攻王，以便取陰（陶）。……」李兌約五國伐秦在公元前288年，即趙惠文王十一年。

《戰國策‧魏三》「葉陽君約魏」：「葉陽君約魏，魏王將封其子，謂魏王曰：『王嘗身濟漳，朝邯鄲，抱葛、薛、陰、成以為趙養邑，而趙無為王有也。王能又封其子問陽姑衣乎？臣為王不取也。』魏王乃止。」「問」注曰：「鮑本『問』作『河』。補曰：字訛，《趙策》作『河』。」「姑」注曰：「姚本曾作『菇』。」「衣」注曰：「鮑本『衣』作『密』。補曰：字訛，《趙策》作『密』。」札記今本『問』作『河』，『衣』作『密』，乃誤涉鮑也。」

〔註357〕　（西漢）劉向集錄、范祥雍箋證、范邦瑾協校：《戰國策箋證》（下），上海：上海古籍出版社，2006年，第1175頁。

〔註358〕　（西漢）劉向集錄、范祥雍箋證、范邦瑾協校：《戰國策箋證》（下），上海：上海古籍出版社，2006年，第1175～1176頁。

《趙世家》：「（惠文王）十一年（前 288 年），董叔與魏氏伐宋，得河陽於魏。」

由上文《戰國策·魏三》「魏王乃止」可知，魏王最終並沒有將河陽封李兌之子。當年，趙從魏手裏得到河陽，是何原因，不得而知。

《秦本紀》昭王十八年攻河雍，決橋取之，在此前一年。河雍即河陽，河陽有單稱陽者，《水經·濟水注》引《竹書紀年》「鄭侯使韓辰歸晉（此晉指魏）陽及向。二月，城陽、向。更名陽為河雍，向為高平」，在魏惠王四年。河雍與孟津間設有浮橋，為黃河中游主要渡口，秦攻河雍，決橋取之。不便堅守又歸還魏，後魏將河陽與趙。顧觀光《七國地理考》云：「蓋秦取之而不守，故魏以其地入於趙也。」

《戰國策釋地》「河陽」條下釋曰：「故城在今孟縣西南三十里。」河陽位於今河南省孟州市西南。《中國歷史地圖集》第一冊戰國「韓、魏」將「河陽」標準在今河南省孟州市西，不知何據。

145. 陽武

《戰國策·秦二》「陘山之事」：「齊懼，令田章以陽武合於趙。」注曰：「姚本陽武，齊邑也。合，和也。鮑本屬河南，此時屬齊。正曰：此指開封。陽武非齊地，當考。」據楊寬考證，「陘山之事」發生於公元前 273 年，即趙惠文王二十六年〔註359〕。

《戰國策箋證》曰：

高誘云：「陽武，齊邑也。和，合也。」鮑彪云：「屬河南，此時屬齊。」吳師道云：「此指開封陽武，非齊地。當考。」程恩澤云：「按《漢志》陽武屬河南。今為開封府蘭儀縣。是時齊地據有曹、濮，距蘭儀不遠。既云以陽武合於趙，當必與趙接壤之處。未可以鮑注為非。」張琦謂：「或章武之訛。陽、章音相近也。章武，今（河北）天津府地。」〔註360〕

高誘所見版本已作「陽武」，故張琦所云不足信。今學者多依程說將陽武定於今河南省原陽縣東南。

〔註359〕 楊寬：《戰國史料編年輯證》，上海：上海人民出版社，2001 年，第 893～895 頁。

〔註360〕 （西漢）劉向集錄、范祥雍箋證、范邦瑾協校：《戰國策箋證》（上），上海：上海古籍出版社，2006 年，第 276 頁。

146. 上黨

《趙世家》成侯十三年（前 362 年）「成侯與韓昭侯遇上黨」。〔註 361〕上黨地區適處兩國交界處，沁、漳二河匯合之處，其東及東南是太行山脈，西南是中條山及王屋山，西面是太嶽山脈，北邊是五臺山及八賦嶺等山地，是山地險要之地。自戰國以來，上黨為兵家攻守重地。

147. 百邑

《趙世家》：「（襄子四年，前 472 年）襄子齊三日，親自剖竹，有朱書曰：「趙毋卹，余霍泰山山陽侯天使也。三月丙戌，余將使女反滅知氏。女亦立我百邑，余將賜女林胡之地。至於後世，且有伉王，赤黑，龍面而鳥噣，鬢麋髭䫇，大膺大胸，脩下而馮，左衽界乘，奄有河宗，至於休溷諸貉，南伐晉別，北滅黑姑。」

又載：「於是趙北有代，南并知氏，彊於韓、魏。遂祠三神於百邑，使原過主霍泰山祠祀。」《正義》引《括地志》云：「三神祠今名原過祠，今在霍山側也。」

《水經‧汾水注》：「麑水西流，逕觀阜北，故百邑也。」《太平寰宇記》卷四十三「河東道」：「麑水源出霍山，經縣南一里西入汾水。普濟寺，貞觀八年詔以破宋老生於此置寺，寺碑許敬宗之文。觀堆祠，在縣東南三十里，堆高二里，周回十里。《史記》曰：智伯率韓魏攻趙，襄子懼，保晉陽。原過從，後，至於王澤，有三神與過竹二節，令遺毋卹。襄子齊三日，剖竹，有朱書曰：余霍太山山陽侯天使也。余將使汝反滅智氏。卒如其言，遂祠三神，使過主之。俗謂其處為觀阜。」宋代霍縣即今山西省霍州市。觀堆祠，今山西省霍州市東南，祠霍山神〔註 362〕。

1963 年，山西侯馬新田遺址出土一枚聳肩尖足空首布，該幣前所未見，著錄《貨系‧先秦卷》〔註 363〕。何琳儀釋讀為「百邑」，指出其為地名，位於山西霍縣東南，並傾向於認為此幣是春秋戰國之際晉國趙氏的鑄幣〔註 364〕。

〔註 361〕（西漢）司馬遷：《史記》卷四十三《趙世家》，北京：中華書局，1973 年，第 1799～1800 頁。
〔註 362〕錢穆：《史記地名考》，北京：商務印書館，2001 年，第 754 頁。
〔註 363〕馬飛海主編：《中國歷代貨幣大系 1‧先秦貨幣》711，上海：上海人民出版社，1988 年，第 279 頁。釋文見第 1084 頁。
〔註 364〕何琳儀：《百邑布幣考——兼述尖足空首布地名》，《史學集刊》，1992 年第 1 期，第 60～61＋74 頁。

148. 端氏

《趙世家》：「（成侯）十六年，與韓、魏分晉，封晉君以端氏。」《集解》引徐廣曰：「在平陽。」《正義》：「端氏，澤州縣也。」又載：「肅侯元年，奪晉君端氏，徙處屯留。」《戰國策‧趙一》「甘茂為秦約魏以攻韓宜陽」：「甘茂為秦約魏以攻宜陽，又北之趙。冷向謂強國曰：『不如令趙拘甘茂，勿出，以與齊、韓、秦市，齊王欲求救宜陽，必效縣狐氏；韓欲有宜陽，必以路涉、端氏賂趙，秦王欲得宜陽，不愛名寶』事在秦武王三年（趙武靈王十八年，前308年）。

端氏，位於今山西省晉城市沁水縣東。三家分晉，封晉君於此。趙肅侯元年，奪晉君端氏，將之遷至屯留。據《戰國策》可知，在趙武靈王十八年之前，端氏入韓，不知具體何年。

三晉貨幣中有趙「鄢氏」方足布，朱華先生以為即「端氏」〔註365〕。

149. 薄洛水

《趙世家》：「（武靈王十九年，前307年）王遂往之公子成家，因自請之，曰：『……吾國東有河、薄洛之水，與齊、中山同之，無舟楫之用。……』」《集解》引徐廣曰：「安平涇縣西有漳水，津名薄洛津。」《正義》：「按：安平縣屬定州也。」《正義》：「爾時齊與中山相親，中山、趙共薄洛水，故言『與齊、中山同之』，須有舟楫之備。」《戰國策‧趙二》「武靈王平晝間居」》：「今吾國東有河、薄洛之水，與齊、中山同之，無舟楫之用。自常山以至代、上黨，東有燕、東胡之境，而西有樓煩、秦、韓之邊，而無騎射之備。故寡人且聚舟楫之用，求水居之民，以守河、薄洛之水；變服騎射，以備其三胡、秦、韓之邊。」

考黃河當時自趙境入齊境在滄州附近入渤海薄洛水，又稱漳水，它自趙境向東北入中山，流經其東南一隅，然後復入趙境，薄洛水當為中山國東南邊疆的河流。薄洛津在今河北省寧晉縣東南。〔註366〕

150. 長安

《趙世家》：「孝成王元年，秦伐我，拔三城。趙王新立，太后用事，秦急

〔註365〕朱華：《三晉貨幣》，太原：山西人民出版社，1994年，第156頁。
〔註366〕（清）王先謙撰，呂蘇生補釋：《鮮虞中山國事表疆域圖說補釋》，上海：上海古籍出版社，1993年，第77～78頁。

攻之。趙氏求救於齊，齊曰：「必以長安君為質，兵乃出。」《索隱》孔衍云：「惠文後之少子也。趙亦有長安，今其地闕。」《正義》：「長安君者，以長安善，故名也。」

長安，語義不明，若以地名論，亦不詳所在。

三晉貨幣中有趙「𨟭」，朱華先生釋讀為「長安」，其地不詳〔註367〕。

151. 修武

《戰國策·秦一》「張儀說秦王」：「趙氏，中央之國也，雜民之所居也。其民輕而難用，號令不治，賞罰不信，地形不便，上非能盡其民力。彼固亡國之形也，而不憂民氓，悉其士民，軍於長平之下，以爭韓之上黨，大王以詐破之，拔武安。當是時，趙氏上下不相親也，貴賤不相信，然則是邯鄲不守，拔邯鄲，完河間，引軍而去，西攻脩武，踰羊腸，降代、上黨。代三十六縣，上黨十七縣，不用一領甲，不苦一民，皆秦之有也。代、上黨不戰而已為秦矣，東陽河外不戰而已反為齊矣，中呼池以北不戰而已為燕矣。」注曰：「姚本脩武，趙邑（一本有『也』字），合屬河內。」

《水經·清水注》：「清水又東南流吳澤陂，水注之。水上承吳陂於修武縣故城西北。修武，故寧也，亦曰南陽矣。馬季長曰：晉地自朝歌以北至中山為東陽，朝歌以南至軹為南陽。故應劭《地理風俗記》云河內殷國也，周名之為南陽，又曰雙始啟南陽，今南陽城是也。秦始皇改曰修武。徐廣王隱並言始皇改。瓚注《漢書》云：案韓非書秦昭王越趙長平西伐修武時，秦未兼天下，修武之名久矣。余案《韓詩外傳》言武王伐紂勒兵於寧，更名寧曰修武矣。」

《戰國策釋地》：「今河南懷慶府地。」今河南省獲嘉縣。修武又稱寧、南陽。

《古璽彙編》錄有一鈕戰國魏國「脩武鄙事」璽〔註368〕。

152. 井陘

《史記·秦始皇本紀》：「始皇十八年，大興兵攻趙，王翦將上地，下井陘。」《集解》服虔曰：「山名，在常山，今為縣。」《元和郡縣圖志》載：「陘

〔註367〕 朱華：《三晉貨幣》，太原：山西人民出版社，1994年，第157頁。

〔註368〕 羅福頤主編：《古璽彙編》0302，北京：文物出版社，1981年，第53頁。李學勤釋作「脩武鄙吏」，參見李學勤：《東周與秦代文明》，北京：文物出版社，1984年，第330頁。

山，在縣東南八十里。四面高，中央下，如井，故曰井陘。」〔註369〕井陘關又名土門關，在今河北井陘縣西北井陘山上。《呂氏春秋‧有始覽》將井陘列為天下九塞之一，它又是太行八陘之第五陘。井陘地處趙與中山兩國邊界，中山最先在井陘置邑，趙並中山，井陘才為趙所有。〔註370〕井陘是由太行山裏的東西陘道進入中山國的隘口，利用井陘，可由太行山西側的黃土高原到達太行山東麓的山前臺地，是聯繫太行山兩側地理單元的險道，對於趙國具有十分重要的軍事地理意義。

趙惠文王時的趙國依靠強大的國力與趙奢、廉頗等著名戰將，阻止了強秦進攻東方的步伐，《漢書‧傅常鄭甘陳段傳》：「趙有廉頗、馬服，強秦不敢窺兵井陘。」從這段話也可以看出，井陘要塞的重要性。

153. 伊是、伊氏

《戰國策‧齊三》「國子曰秦破馬服君之師」：「秦破馬服君之師，圍邯鄲。齊、魏亦佐秦伐邯鄲，齊取淄鼠，魏取伊是。」注曰：「姚本滋鼠、伊是，皆趙邑也。鮑本「是」作「氏」。皆趙地，缺。札記丕烈案：『是』、『氏』同字。『伊是』即『伊氏』，不知者乃改之。」《趙世家》：「（孝成王七年）七月，廉頗免而趙括代將。秦人圍趙括，趙括以軍降，卒四十餘萬皆阬之。王悔不聽趙豹之計，故有長平之禍焉。王還，不聽秦，秦圍邯鄲。武垣令傅豹、王容、蘇射率燕眾反燕地。趙以靈丘封楚相春申君。八年，平原君如楚請救。還，楚來救，及魏公子無忌亦來救，秦圍邯鄲乃解。」兩者相合，可知秦圍邯鄲之事發生在趙孝成王七年（前259年）、八年（前258年）。

《戰國策箋證》曰：

高誘云：「淄鼠、伊是，皆趙邑也。」鮑彪云：「皆趙地，缺。」洪亮吉云：「伊是即上黨郡之伊氏（按『伊』當作『陭』或『猗』），以音近而轉。」（《曉讀書齋四錄》卷上）程恩澤云：「《地理志》梁國有己氏縣，《郡國志》屬濟陰郡。……豈即此所云伊是？」金正煒云：「淄鼠疑是區鼠，《六國表》韓、趙會於區鼠。區、淄音近而歧。」〔按〕《漢書‧地理志》梁國之己氏縣距趙境遠，當非其地。上黨郡之陭氏縣（在今山西安澤縣東南），為趙、魏壤界，或

〔註369〕（唐）李吉甫撰，賀次君點校：《元和郡縣圖志》卷十七河北道二恒冀節度使恒州井陘縣「陘山」，北京：中華書局，1983年，第480頁。

〔註370〕孟繁峰：《曼葭及井陘的開通》，《文物春秋》，1992年S1期，第35～55頁，見53頁。

是。「是」與「氏」古通用。〔註371〕

今多從洪吉亮之說，將伊是定在今山西省安澤縣西南。

154. 東陽

《趙世家》：「（惠文王十八年）（前281年）王再之衛東陽，決河水，伐魏氏。大潦，漳水出。」《正義》：「《括地志》云：『東陽故城在貝州歷亭縣界。』按：東陽先屬衛，今屬趙。河歷貝州南，東北流，過河南岸即魏地也。故言王再之衛，東陽伐魏氏也。」〔註372〕又載：「（悼襄王）五年（前231年），傅抵將，居平邑；慶舍將東陽河外師，守河梁。」《正義》：「屬貝州，在河北岸也。」〔註373〕

《戰國策·秦一》「張儀說秦王」：「趙氏，中央之國也，雜民之所居也。其民輕而難用，號令不治，賞罰不信，地形不便，上非能盡其民力。彼固亡國之形也，而不憂民氓，悉其士民，軍於長平之下，以爭韓之上黨，大王以詐破之，拔武安。當是時，趙氏上下不相親也，貴賤不相信，然則是邯鄲不守，拔邯鄲，完河間，引軍而去，西攻脩武，踰羊腸，降代、上黨。代三十六縣，上黨十七縣，不用一領甲，不苦一民，皆秦之有也。代、上黨不戰而已為秦矣，東陽河外不戰而已反為齊矣，中呼池以北不戰而已為燕矣。」注曰：「鮑本屬清河。」〔註374〕

《戰國策·齊三》「國子曰秦破馬服君之師」：「秦破馬服君之師，圍邯鄲。齊、魏亦佐秦伐邯鄲，齊取淄鼠，魏取伊是。……今又劫趙、魏，疏中國，封衛之東野，兼魏之河南，絕趙之東陽，則趙、魏亦危矣。」〔註375〕清人顧觀光係「國子曰秦破馬服君之師」章於秦王政十七年（公元前230年，趙幽繆王六年）〔註376〕，近世學者不乏明言遵從其說者，如楊寬：「顧觀光、于鬯係

〔註371〕（西漢）劉向集錄、范祥雍箋證、范邦瑾協校：《戰國策箋證》（上），上海：上海古籍出版社，2006年，第615～616頁。

〔註372〕（西漢）司馬遷：《史記》卷四十三《趙世家》，北京：中華書局，1973年，第1820頁。

〔註373〕（西漢）司馬遷：《史記》卷四十三《趙世家》，北京：中華書局，1973年，第1831頁。

〔註374〕（西漢）劉向集錄：《戰國策》卷三《秦一》「張儀說秦王」，上海：上海古籍出版社，1985年，第105、107頁。

〔註375〕（西漢）劉向集錄：《戰國策》卷十《齊三》「國子曰秦破馬服君之師」，上海：上海古籍出版社，1985年，第391頁。

〔註376〕諸祖耿：《戰國策集注匯考》，南京：江蘇古籍出版社，1985年，第587頁，

此於秦王政十七年滅韓之後，是也。」〔註377〕

《戰國策箋證》注曰：

鮑彪云：「屬清河。」張琦云：「《漢志》屬清河。今（山東）東昌府恩縣西北六十里有東陽故城。」〔按〕《齊策》三《國子曰章》：「（秦）兼魏之河南，絕趙之東陽。」即其地。〔註378〕

戰國時，東陽有三個概念：一個是指大片區域，《左傳》左襄二十三：「齊伐晉，趙勝率東陽師追之。」又昭二十二：「晉荀吳略東陽，滅鼓。」杜注：「東陽，晉之山東邑，魏郡廣平以北。」〔註379〕《水經注》：「晉地自朝歌以北至中山，為東陽。」此處所指晉之東陽延續到戰國，特指今太行山南部以東的趙國地區，如《戰國策·秦一》「東陽河外不戰而已反為齊矣」；另一個指是小片區域，以鮑彪為代表，認為「東陽屬清河」，即今山東臨清、清河一帶，如《戰國策·齊三》；另一個是指具體地點，據《括地志》、《戰國策釋地》，在今山東省武城縣東北，如前文《史記·趙世家》所指。

155. 河間

《戰國策·趙一》「或謂皮相國」：「河間封不定而齊危。」鮑本「齊」作「趙」。

《戰國策·趙三》「說張相國」：「今趙萬乘之強國也，前漳、滏，右常山，左河間，北有代，帶甲百萬，嘗抑強齊，四十餘年而秦不能得所欲。由是觀之，趙之於天下也不輕。」

《戰國策·趙三》「苦成常謂建信君」：「今收河間，於是與殺呂遺何以異？君唯釋虛偽疾，文信猶且知之也。從而有功乎，何患不得收河間？從而無功乎，收河間何益也？」

《戰國策·秦一》「張儀說秦王」：「趙氏，中央之國也，雜民之所居也。其民輕而難用，號令不治，賞罰不信，地形不便，上非能盡其民力。彼固亡國

注釋1。

〔註377〕 楊寬：《戰國史料編年輯證》，上海：上海人民出版社，2001 年，第 1124 頁。

〔註378〕 （西漢）劉向集錄、范祥雍箋證、范邦瑾協校：《戰國策箋證》（上），上海：上海古籍出版社，2006 年，第 192 頁。

〔註379〕 （晉）杜預注、（唐）孔穎達疏：《春秋左傳正義》，《十三經注疏》，北京：中華書局，1980 年，第 1977 頁。

之形也，而不憂民氓，悉其士民，軍於長平之下，以爭韓之上黨，大王以詐破之，拔武安。當是時，趙氏上下不相親也，貴賤不相信，然則是邯鄲不守，拔邯鄲，完河間，引軍而去，西攻脩武，踰羊腸，降代、上黨。代三十六縣，上黨十七縣，不用一領甲，不苦一民，皆秦之有也。代、上黨不戰而已為秦矣，東陽河外不戰而已反為齊矣，中呼池以北不戰而已為燕矣。」

《戰國策·秦五》「文信侯欲攻趙」：「文信侯欲攻趙以廣河間，使剛成君蔡澤事燕三年，而燕太子質於秦。文信侯因請張唐相燕，欲與燕共伐趙，以廣河間之地。……甘羅謂文信侯曰：『借臣車五乘，請為張唐先報趙。』見趙王，趙王郊迎。謂趙王曰：『聞燕太子丹之入秦與？』曰：『聞之。』『聞張唐之相燕與？』曰：『聞之。』『燕太子入秦者，燕不欺秦也；張唐相燕者，秦不欺燕也。秦、燕不相欺，則伐趙，危矣。燕、秦所以不相欺者，無異故，欲攻趙而廣河間也。今王齎臣五城以廣河間，請歸燕太子，與強趙攻弱燕。』趙王立割五城以廣河間，歸燕太子。趙攻燕，得上谷三十六縣，與秦什一。」其中「趙割五城以廣河間」，據楊寬考證，不確。〔註380〕

《戰國策·秦五》「文信侯出走」：「趙王曰：『前日秦下甲攻趙，趙略以河間十二縣，地削兵弱，卒不免秦患。』」

《戰國策·齊一》「張儀為秦連橫齊王」：「秦、趙戰於河漳之上，再戰而再勝秦；戰於番吾之下，再戰而再勝秦。四戰之後，趙亡卒數十萬，邯鄲僅存。雖有勝秦之名，而國破矣！是何故也？秦強而趙弱也。今秦、楚嫁子取婦，為昆弟之國；韓獻宜陽，魏效河外，趙入朝黽池，割河間以事秦。」

《戰國策·燕一》「張儀為秦破縱連橫謂燕王」：「趙王已入朝澠池，效河間以事秦。」

據《戰國縱橫家書》「李園謂辛梧章」：

將軍不見井忌乎？為秦據趙而攻燕，拔二城。燕使蔡鳥股符胠璧，奸趙入秦，以河間十城封秦相文信侯。文信侯弗敢受，曰：「我無功」。蔡鳥明日見，帶長劍，案其劍，舉其末，視文信侯曰：「君曰：我無功。君無功，胡不解君之璽以佩蒙敖、王齮也。秦王以君為賢，故加君二人之上。今燕獻地，此非秦之地也，君弗受，不忠。」文信侯敬若。言之秦王，秦王令受之。餘燕為上交，秦禍案環歸於趙矣。秦大舉兵東面而齎趙，言毋攻燕。以秦之強，有燕

〔註380〕楊寬：《戰國史料編年輯證》，上海：上海人民出版社，2001年，第1071頁。

之怒，割勻必突。趙不能聽，逐井忌，誅於秦。〔註381〕

據此，可知呂不韋確有益封河間之事，乃受燕之所封。因燕獻河間十城以為呂不韋封邑，因而秦以燕為上交，欲與燕合攻趙，以廣河間之地。以《戰國策‧趙一》「或謂皮相國」章和《戰國策‧趙三》「苦成常謂建信君」章比勘，此事當在莊襄王三年信陵君合縱五國卻秦兵前，莊襄王二年秦攻取趙太原，趙連年攻燕之後。〔註382〕即公元前248～公元前247年之間。《戰國策‧秦五》「文信侯出走」章「趙略以河間十二縣」發生在呂不韋受封燕河間地之後，趙河間地此時入秦。

河間以在漳、河之間而得名，地在今河北獻縣一帶。

156. 滏水

《戰國策‧趙三》「說張相國」：「今趙萬乘之強國也，前漳、滏，右常山，左河間，北有代，帶甲百萬，嘗抑強齊，四十餘年而秦不能得所欲。由是觀之，趙之於天下也不輕。」

《戰國策‧魏三》「魏將與秦攻韓」：「絕漳、滏之水、而以與趙兵決勝於邯鄲之郊。」

《太平御覽》引《水經注》曰：「滏水發源出石鼓山南岩下，泉奮湧滾滾如湯，其水冬溫夏冷，崖上有魏世所立銘，水上有祠能興雲雨，滏水東流注於漳，謂之合河。」

滏水即今河北磁縣境滏陽河，源出磁縣西北鼓山，東南流至今臨漳縣西入漳河。

戰國貨幣有聳肩尖足空首布「阜水」，黃錫全釋為「滏水」〔註383〕。

157. 鉅鹿

《趙世家》：「說士之計曰：『韓亡三川，魏亡晉國，市朝未變而禍已及矣。』燕盡齊之北地，去沙丘、鉅鹿斂三百里，韓之上黨去邯鄲百里，燕、秦謀王之河山，閒三百里而通矣。」《正義》：「沙丘，邢州也。鉅鹿，冀州也。齊北界，貝州也。斂，減也。言破齊滅韓之後，燕之南界，秦之東界，相去減三百里，趙國在中閒也。」《史記‧秦始皇本紀》：「章邯乃北渡河，擊趙王歇等於鉅鹿。」

〔註381〕馬王堆漢墓帛書整理小組編：《戰國縱橫家書》，北京：文物出版社，1976年，第112～113頁。

〔註382〕楊寬：《戰國史料編年輯證》，上海：上海人民出版社，2001年，第1049頁。

〔註383〕黃錫全：《先秦貨幣研究》，北京：中華書局，2001年，第8頁。

《正義》：「《括地志》云：『邢州平鄉縣城，本鉅鹿。』」

　　《元和郡縣圖志》：「平鄉縣，本春秋時邢國，後為趙地，始皇滅趙，以為鉅鹿郡，亦大稱也。張耳與趙王歇走入鉅鹿城，王離圍之，即此地也。」
〔註384〕程恩澤云：「《括地志》：『沙丘臺在邢州平鄉東北二十里。』今同。鉅鹿故城，今順德府平鄉縣也。」《戰國縱橫家書》「鉅」作「巨」，通用。

　　鉅鹿，位於今河北省邢臺市平鄉縣西南。

158. 遺遺之門

　　《戰國策·趙二》「王破原陽」：「昔者先君襄主與代交地，城境封之，名曰無窮之門，所以昭後而期遠也。……至遂胡服，率騎入胡，出於遺遺之門，踰九限之固，絕五徑之險，至榆中，辟地千里。」

　　今地不詳。

159. 榆中（挺關、扞關、巽關）

　　《趙世家》：「說士之計曰：『韓亡三川，魏亡晉國，市朝未變而禍已及矣。』燕盡齊之北地，去沙丘、鉅鹿斂三百里，韓之上黨去邯鄲百里，燕、秦謀王之河山，閒三百里而通矣。秦之上郡近挺關，至於榆中者千五百里，秦以三郡攻王之上黨，羊腸之西，句注之南，非王有已。踰句注，斬常山而守之，三百里而通於燕，代馬胡犬不東下，昆山之玉不出，此三寶者亦非王有已。王久伐齊，從彊秦攻韓，其禍必至於此。願王熟慮之。」

　　《戰國策·趙一》「趙收天下且以伐齊」：「且夫說士之計，皆曰……今燕盡韓之河南，距沙丘，而至鉅鹿之界三百里；距於扞關，至於榆中千五百里。秦盡韓、魏之上黨，則地與國都邦屬而壤挈者七百里。秦以三軍強弩坐羊唐之上，即地去邯鄲二十里。且秦以三軍攻王之上黨而危其北，則句注之西，非王之有也。今魯句注禁常山而守，三百里通於燕之唐、曲吾，此代馬胡駒不東，而崐山之玉不出也。此三寶者，又非王之有也。昔者，五國之王，嘗合橫而謀伐趙，參分趙國壤地，……反三公、什清於趙。」

　　此事又見於《戰國縱橫家書》「蘇秦獻書趙王章」，作「距巽關，北至於〔榆中〕者千五百里」。

　　戰國貨幣有「干關」方足布，黃錫全先生釋作「扞關」，並認為上述三段

文字所記述內容大同小異，是講秦之上郡近趙之扞關，距趙之榆中有 1500 里的距離。那麼，扞關、挺關、釁關無疑是指同一地點。趙之西境的確有地名「扞關」，古本作「干關」。別作「挺關」、「釁關」者，皆因「干」義之引申、假借。〔註385〕挺關位置之確定繫於「榆中」地望的確定。

《戰國策箋證》該章下曰：

鮑彪衍「千」字，云：「（榆中）屬金城。」吳師道云：「距於云云，史作『秦之上郡近扞（按今本《史記》作「挺」）關，至於榆中千五百里。』……自上郡至榆中，則千五百里為是。楚有扞關，說見前《策》。《大事記》云：『「扞」者「扞敵」之「扞」，非關名也。』此趙扞敵之關，非獨楚有之。趙之扞關，陸地之關；楚之扞關，水道之關也。」張尚瑗云：「《秦始皇紀》：『西北斥逐匈奴，自榆中並河以東，屬之陰山，以為三十四縣。』《項羽傳》：『蒙恬為秦將，開榆中地數千里。』注：『在上郡。』即今之榆林。《廣記》：『榆林縣南有榆溪塞，蒙恬侵胡，植榆為塞。』是也。」張琦云：「榆中，即榆谿舊塞。鮑……非。」程恩澤云：「《趙世家》作『秦之上郡』云云。以地形考之，趙之扞關，當在今陝西膚施縣一帶。此本趙地，而亦秦之上郡邑，設關於此，所以扞秦、胡也。或曰：趙扞關在晉陽之西。」又云：「《漢志》金城郡有榆中縣，但此乃秦、漢縣名，非戰國之榆中也。……《始皇紀》：『西北斥匈奴，自榆中並河以東屬之陰山，以為三十四縣。』《項羽紀》：『蒙恬為秦將，北逐戎人，開榆中地數千里。』蘇林曰：『在上郡』……趙之榆中，自當在今山西榆林府榆林縣邊城外。今甘肅全縣之榆中故城，則漢縣也。」〔按〕：扞關，本非關之專名，但地有專指，遂沿為關名，猶長城、方城之類。《縱橫家書》作「釁關」，其地未詳。挺關，地亦不詳。

《趙世家》：「（武靈王）二十年，王略中山地，至寧葭；西略胡地，至榆中。林胡王獻馬。歸，使樓緩之秦，仇液之韓，王賁之楚，富丁之魏，趙爵之齊。代相趙固主胡，致其兵。」《正義》：「勝州北河北岸也。」

可見，關於榆中，說法不一。比較諸說，唐張守節之說接近事實，認為榆中在當時勝州北河北岸。唐勝州在今內蒙古準格爾旗東北，其地黃河北岸當指今內蒙古托克托縣，土默特右旗等處〔註386〕。那麼距此 1500 里處，則

〔註385〕德君、田光：《「干關」方足布考——干關、扡關、挺關、麌關異名同地》，《內蒙古金融研究》，2003 年第 S4 期，第 182～185＋151 頁。

〔註386〕史念海：《新秦中考》，《中國歷史地理論叢》，1987 年第 1 期，第 119～160

很可能在今東至陝西吳堡、西到子州、南至清澗、北到米脂的稍北地區，而其中尤以在南起綏德，北至榆林以南（包括米脂）的無定河谷的川道中的可能性為最大。〔註 387〕

160. 三公、什清

《戰國策·趙一》「趙收天下且以伐齊」：「且夫說士之計，皆曰……今燕盡韓之河南，距沙丘，而至鉅鹿之界三百里；距於扞關，至於榆中千五百里。秦盡韓、魏之上黨，則地與國都邦屬而壤挈者七百里。秦以三軍強弩坐羊唐之上，即地去邯鄲二十里。且秦以三軍攻王之上黨而危其北，則句注之西，非王之有也。今魯句注禁常山而守，三百里通於燕之唐、曲吾，此代馬胡駒不東，而崑山之玉不出也。此三寶者，又非王之有也。昔者，五國之王，嘗合橫而謀伐趙，參分趙國壤地，……反三公、什清於趙。」

《戰國縱橫家書》作「王公符逾」。今地不詳。

161. 沙丘

《趙世家》：「（惠文王四年）（前 295 年）主父及王遊沙丘，異宮，……。」《正義》：「在邢州平鄉縣東北二十里（矣）也。」

今存三說：一說在今河北平鄉縣；一說在今河北廣宗縣；還有一種觀點認為沙丘乃是較大的地點名，應當是覆蓋了現在的平鄉、廣宗兩縣。〔註 388〕

162. 原陽

《戰國策·趙二》：「王破原陽，以為為邑。」程恩澤：「《水經注》：『芒干水西南迳武皋縣，又南迳原陽縣古城西。』在今（山西）朔平府右玉縣西北邊城北。」張琦《戰國策釋地》「原陽」條下曰：「在今大同府西北。」〔註 389〕原陽古城故址在呼和浩特市東南八拜村八拜古城，時代為漢代，應當是從戰國延續至漢。〔註 390〕

頁，具體見第 121 頁。

〔註 387〕陳隆文、王平：《「扞關」方足布地望考辨》，《文物世家》，2004 年第 3 期，第 32～35 頁，具體見第 34 頁。

〔註 388〕張潤澤、王自與：《「平臺」地望考辨》，《邯鄲學院學報》，2014 年第 3 期，第 22～27 頁；楊鳳奎：《對沙丘、沙丘宮、沙丘平（苑）臺的梳理考證》，《邯鄲職業技術學院學報》，2014 年第 3 期，第 1～5 頁。

〔註 389〕張琦撰：《戰國策釋地》，上海：商務印書館，1936 年，第 64 頁。

〔註 390〕陳隆文：《春秋戰國時期金屬鑄幣的空間特徵與地理基礎——以北方刀、布幣為主的研究》，陝西師範大學博士學位論文，2003 年，第 60 頁。

顧觀光《國策編年》將「王破原陽」繫於周赧王九年，即公元前 306 年，即趙武靈王二十年。

趙國兵器有「二年原陽戈」〔註 391〕，另有方足布「□陽」〔註 392〕，黃錫全釋讀為「原陽」〔註 393〕。

163. 中牟

關於中牟的地望，主要有四種觀點：

（1）河南中牟說：《漢書·地理志》河南郡中牟縣條稱：「趙獻侯自耿徙此。」漢代的河南郡中牟縣今屬河南省，位於鄭州和開封之間。此說認為趙中牟即今河南中牟，《晉書·地理志》、《通典·州郡》、《太平寰宇記》和《輿地廣記》等均沿襲此說。

（2）漯水以北說：裴駰《史記集解》稱趙中牟：「《地理志》曰河南中牟縣，趙獻侯自耿徙此。瓚曰：中牟在春秋之時是鄭之疆內也，及三卿分晉，則在魏之邦土也。趙界自漳水以北，不及此。《春秋傳》曰：『衛侯如晉，過中牟』。按中牟非適晉之次也。《汲郡古文》曰：『齊師伐趙東鄙，圍中牟。』此中牟不在趙之東也。按中牟當漯水之北。」司馬貞《史記索隱》則認為：「此趙中牟在河北，非鄭之中牟。」又曰：「此河北之中牟，蓋在漢陽西。」裴駰不同意《漢書·地理志》所見，引薛瓚語認為河南郡中牟春秋時屬鄭，戰國時屬魏，與地處趙國東部的中牟原非一地，並推測趙中牟應在漯水以北，即黃河之北。（注：漯水為黃河下游支津之一）司馬貞則逕稱在黃河之北，漢陽（今地不詳）之西。此是趙中牟漯水以北說。

（3）河北說：《中國古今地名大辭典》據清顧棟高《春秋大事表》稱中牟：「春秋晉地。……疑當在邢臺、邯鄲之間。臣瓚謂此中牟當溫（漯）水之北，《史記正義》謂相州湯陰縣西有牟山，中牟當在其側。溫水湯陰二處，離此尚遠，俱係臆說。」這是趙中牟河北邢臺邯鄲之間說。

（4）河南湯陰鶴壁說：《史記索隱》所云：「此中牟在河北」，即「黃河以北」。《史記正義》載：「湯陰縣西五十八里，有牟山，蓋中牟邑在此山側也。」

〔註 391〕 《集成》17·11364。

〔註 392〕 馬飛海主編：《中國歷代貨幣大系 1·先秦貨幣》1839，上海：上海人民出版社，1988 年，第 478 頁，釋文見第 1103 頁。

〔註 393〕 黃錫全：《趙國方足布七考》，《華夏考古》，1995 年第 2 期，第 105～112，參見第 106 頁，該文後收入黃錫全《先秦貨幣研究》，北京：中華書局，2001 年，第 92～101 頁。

以上所謂「湯陰西」，實指今鶴壁，因為鶴壁原屬湯陰縣西部轄區，1957 年設市後，從湯陰縣析出，因此湯陰鶴壁為一說。

考古工作者於 60 年代初在鶴壁市西鹿樓鄉故縣村西發現古遺址，80 年代又於此發掘出堆積深厚的戰國至漢代文化層，從而證明此遺址為戰國城址的一部分，鶴壁當為趙都中牟所在之地。〔註 394〕今從其說。

164. 洹水

《戰國策·趙二》載：「蘇秦從燕之趙，始合從，說趙王曰：『故竊為大王計，……今天下之將相，相與會與洹水之上，通質刑白馬以盟之。……』」〔註 395〕《史記·蘇秦列傳》：「臣聞明主絕疑去讒，屏流言之迹，塞朋黨之門，故尊主廣地彊兵之計臣得陳忠於前矣。故竊為大王計，莫如一韓、魏、齊、楚、燕、趙以從親，以畔秦。令天下之將相會於洹水之上。」《集解》引徐廣曰：「洹水出汲郡林慮縣。」張琦《戰國策釋地》云：「今（河南）彰德府林縣，古林慮也。西北二十五里林慮山，洹水所出。安陽即今府治安陽縣。洹水經府北，又東入衛河。」〔註 396〕

洹水源出今河南林縣隆慮山，東流經安陽市，到內黃縣北入衛河。〔註 397〕

165. 勺梁

《水經注·滱水》：「博水又東南循瀆重源湧發，東南逕三梁亭南，疑即古勺梁也。《竹書紀年》曰：『燕人伐趙，圍濁鹿，趙武靈王及代人救濁鹿，敗燕師於勺梁者也。』」

《大清一統志》卷十四「，三梁亭」條下曰：「在望都縣東，《水經注》：『博水東南經三梁亭南，疑即古勺梁也。《竹書紀年》曰：燕人伐趙，圍濁鹿趙靈王及代人救濁鹿，敗燕師於勺梁者也。」據此可知，勺梁位於今河北省望都縣東。

166. 三梁

《戰國策·魏三》：「初時惠王伐趙，戰勝乎三梁，十萬之軍拔邯鄲。趙氏

〔註 394〕 張新斌：《河南鶴壁鹿樓古城為趙都中牟說》，《文物春秋》，1993 年，第 4 期，第 34～38 頁。
〔註 395〕 （西漢）劉向集錄：《戰國策》卷十九《趙二》「蘇秦從燕之趙始合縱」，上海：上海古籍出版社，1985 年，第 641 頁。
〔註 396〕 張琦撰：《戰國策釋地》，上海：商務印書館，1936 年，第 34 頁。
〔註 397〕 繆文遠：《戰國制度通考》，成都：巴蜀書社，1998 年，第 179～180 頁。

不割,而邯鄲復歸。」〔註398〕《史記·穰侯列傳》:「梁大夫須賈說穰侯曰:『臣聞魏之長吏謂魏王曰:『昔梁惠王伐趙,戰勝三梁,拔邯鄲。』』《索隱》:「三梁即南梁也。」南梁為韓地,今河南省臨汝縣西,程恩澤云:「與趙遠不相涉。」此說可信。程恩澤又云:「鮑以三梁為三地,不能轉戰於梁也。《竹書紀年》燕人伐趙,圍濁鹿。趙武靈王及代人救濁鹿,敗燕師於勺梁。今廣昌東嶺之東有山,俗名濁鹿邏,城地不遠,土勢相鄰,以此推之,或近是矣。」勺梁位於今河北省望都縣東,按程氏,與南梁同理,不應在此。程氏可謂前後自相矛盾。

張琦《戰國策釋地》「三梁」條下釋曰:「鮑以夏陽河南大梁為三梁,吳氏據《索隱》以為即南梁,疑皆非也。此主伐趙拔邯鄲三梁,應在趙地。今廣平府東北有曲梁城,恐『三』為『曲』之訛。《水經注》:『漳水又東逕肥鄉縣故城北,《竹書紀年》梁惠成王八年伐邯鄲,取肥者也。』肥縣故城在今肥鄉縣西南三十里,正與曲梁相近。」〔註399〕馬保春考證曲梁在今河北省邯鄲、永年、曲周之間。〔註400〕雖與史實更為相符,但也僅是猜測,並未可靠證據。張氏之說暫存之。

167. 雁門郡

《史記·匈奴列傳》載:「趙武靈王亦變俗胡服,習騎射,北破林胡、樓煩。築長城,自代並陰山下,至高闕為塞。而置雲中、雁門、代郡。」〔註401〕由此可知,趙武靈王時期,趙國設置了雁門郡。〔註402〕

趙武靈王在位期間為公元前 324 年至公元前 298 年,是至遲公元前 298 年趙已置雁門郡。

趙雁門郡的領域當有今山西省北部神池、五塞、寧武等縣以北到內蒙古一部分地區。〔註403〕

雁門郡轄境除今山西北部數縣市外,還有內蒙古烏蘭察布盟黃旗海、岱海周邊地區,包括豐鎮、涼城、卓資、集寧等地。在涼城縣雙古城一帶就發現

〔註398〕 (西漢)劉向集錄:《戰國策》卷二十四《魏三》「秦敗魏於華走芒卯而圍大梁」,上海:上海古籍出版社,1985 年,第 854 頁。

〔註399〕 張琦撰:《戰國策釋地》,上海:商務印書館,1936 年,第 76 頁。

〔註400〕 馬保春:《晉國地名考》,北京:學苑出版社,2010 年,第 43 頁。

〔註401〕 (西漢)司馬遷:《史記》卷一一〇卷《匈奴列傳》,北京:中華書局,1973 年,第 2885 頁。

〔註402〕 (西漢)司馬遷:《史記》卷一一〇卷《匈奴列傳》,北京:中華書局,1973 年,第 2885 頁。

〔註403〕 楊寬:《戰國史》(增訂本),上海:上海人民出版社,1998 年,第 678 頁。

了趙國的遺址遺物。〔註404〕

168. 九限、五俓

《戰國策·趙二》「王破原陽」：「昔者先君襄主與代交地，城境封之，名曰無窮之門，所以昭後而期遠也。……至遂胡服，率騎入胡，出於遺遺之門，踰九限之固，絕五俓之險，至榆中，辟地千里。」鮑本、吳本「俓」作「徑」。

《戰國策箋證》云：

田藝蘅云：「太行上有九嶺，此第五嶺在趙也。」黃丕烈云：「此（俓）當是『陘』之假借耳。」程恩澤云：「按顧祖禹曰：『今陝西榆林鎮廢勝州北有榆谿塞者，漢曰廣長榆塞，即《國策》所云出於遺遺之門，踰九限之固，絕五徑之險者也。』……雖非確詁，而大意不甚相遠也。」金正煒云：「『九限』疑本作『九阮』，即九原也。《趙世家》：『武靈王攘地北至燕、代，西至雲中、九原。』《漢志》代郡五原關，《說文》作『五阮關』，故『九原』亦或作『九阮』，『限』又『阮』之訛也。『五徑』或為『五陘』之訛。《呂氏春秋》『天下九塞』，井陘其一。地記『太行八陘』，其第五陘曰『土門關』，即井陘也。《趙世家》：『武靈王二十一年，使趙希並將胡、代趙與之陘。』《正義》：『並將代、趙之兵與諸軍向井陘之側。』」按：「九限」不詳。《續漢書·郡國志》「常山國九門」·劉昭注：「《戰國策》云：在縣界。」《趙世家》：「（武靈王）十七年，王出九門為野臺。」《正義》：「《戰國策》云：本有宮室而居，趙武靈王改為九門。」《太平御覽》卷一百六十一引《戰國策》同。此文不見於今本《國策》，而其語又不類《策》文。疑此「九限」乃「九門」之訛，而正義等所引《策》語為高《注》逸文也。五俓，或如田、金之說。〔註405〕

綜上可知，關於九限有九原、九門之疑，尚無確論。五俓則傾向於認為是井陘。

趙國有三孔布「五陘」〔註406〕，一說認為即是井陘〔註407〕。

〔註404〕張久和：《戰國時代燕、趙、秦諸國對今內蒙古部分地區的經略和管轄》，《內蒙古大學學報》，2002年第2期，第1～6頁，引文見4頁。

〔註405〕（西漢）劉向集錄、范祥雍箋證、范邦瑾協校：《戰國策箋證》（下），上海：上海古籍出版社，2006年，第1082～1083頁。

〔註406〕馬飛海主編：《中國歷代貨幣大系1·先秦貨幣》2484，上海：上海人民出版社，1988年，第586頁，釋文見第1112頁。

〔註407〕裘錫圭：《戰國貨幣考（十二篇）》，《北京大學學報》，1978年第2期，第69～83頁，具體見第75頁。

169. 龍、孤、慶都（望都）

《史記‧秦始皇本紀》：「（始皇七年，公元前 240 年）將軍驁死。以攻龍、孤、慶都。」《集解》徐廣曰：「慶，一作『麃』。」《正義》引《括地志》云：「定州恆陽縣西南四十里有白龍水，又有挾龍山。又定州唐縣東北五十四里有孤山，蓋都山也。《帝王紀》云望堯母慶都所居。張晏雲堯山在北，堯母慶都山在南，相去五十里，北登堯山，南望慶都山也。《注水經》云『望都故城東有山，不連陵，名之曰孤』。孤都聲相近，疑即都山，孤山及望都故城三處相近。」

《史記會注考證》云：「李笠曰、此語倒裝、謂將軍驁以攻龍孤慶都死也。」也就是說，秦將蒙驁因攻打這三地而陣亡。

《讀史方輿紀要》「望都故城」條下曰：「縣西北七里，本戰國時趙邑。《史記》秦始皇七年，將軍驁死，以攻龍孤慶都。」

龍在今河北省曲陽縣西南，孤在今河北省唐縣東北，慶都在今河北省望都縣西北。〔註 408〕

《戰國策‧燕二》「昌國君樂毅為燕昭王合五國之兵而攻齊」：「樂毅奔趙，趙封以為望諸君。」鮑本補曰：「《史》，趙封毅於觀津，號望諸君。索隱云，望諸，澤名，在齊，蓋趙有之，故號焉。」

《中國古今泉幣辭典》4425 著錄一枚罕見的三孔圓足布，銘文原釋「王誇」，何琳儀釋為「慶都」，「王誇」、「望諸」、「望都」、「慶都」均為同一地名的音轉，並認為慶都戰國時一度屬中山，戰國末期應屬趙國。〔註 409〕

170. 銅鞮

《史記‧仲尼弟子列傳》：「銅鞮伯華。」《集解》引《晉太康地記》云：「銅鞮，晉大夫羊舌赤之邑，世號赤曰銅鞮伯華。」

三晉貨幣有「同是」方足布，朱華先生以為是「銅鞮」〔註 410〕，《貨系‧先秦卷》亦著錄了 11 枚「同是」方足布〔註 411〕。戰國找兵器有「同是右庫

〔註 408〕繆文遠：《戰國制度通考》，成都：巴蜀書社，1998 年，第 178 頁；錢穆：《史記地名考》，北京：商務印書館，2001 年，第 809～810 頁。

〔註 409〕何琳儀：《王誇布幣考》，《古幣叢考》，合肥：安徽大學出版社，2002 年，第 151～156 頁。

〔註 410〕朱華：《三晉貨幣》，太原：山西人民出版社，1994 年，第 157 頁。

〔註 411〕馬飛海主編：《中國歷代貨幣大系 1‧先秦貨幣》1582～1592，上海：上海人民出版社，1988 年，第 436～437 頁，釋文見第 1100 頁。

戈」〔註412〕，「同是」即是「銅鞮」，又張家山漢簡《二年律令‧秩律》有「同是」縣，說明戰國和西漢都有地名「同是」。〔註413〕《史記‧絳侯周勃世家》：「轉攻韓信軍銅鞮。」《正義》引《括地志》云：「銅鞮故城在潞州銅鞮縣東十五里，州西六十五里，在并州東南也。」今山西省沁縣南。

趙孝成王四年（前262年），韓上黨郡守馮亭以上黨郡降趙，王令趙勝受地，封馮亭為華陽君。隸屬於上黨郡的銅鞮當是此時歸趙所有。《史記‧韓世家》載：「（桓惠王）十四年，秦拔趙上黨，殺馬服子卒四十餘萬於長平。」李曉傑考證該事當發生在公元前260年〔註414〕，即趙孝成王六年。由此可知，銅鞮很快又由趙歸秦所有。

171. 屯留

《史記‧趙世家》：「肅侯元年（前349年），奪晉君端氏，徙處屯留。」《正義》引《括地志》云：「屯留故城在潞州長子縣東北三十里，本漢屯留縣城也。」屯留在今山西省屯留縣南，戰國本屬韓，有戰國韓方足布「屯留」〔註415〕，《珍秦齋藏金——吳越三晉篇》收錄有「二十二年屯留令」戟〔註416〕，為韓釐王二十二年之物〔註417〕。

《水經‧濁漳水注》引《竹書紀年》曰：「梁惠成王元年（前369年），韓共侯、趙成侯遷晉桓公於屯留。」《史記‧趙世家》：「（趙成侯十六年（前359年））趙與韓、魏分晉，封晉君以端氏。」這時，趙應該據有屯留，故有《水經‧濁漳水注》引《竹書紀年》記載：「魏惠成王十二年（即趙成侯十七年，公元前358年），韓取屯留、尚子（長子）、涅。」屯留又被韓國所取。

172. 代

見前文。

〔註412〕張光裕、吳振武：《武陵新見古兵三十六器集錄》，《香港中文大學中國文化研究所學報》，1997年第6期。
〔註413〕馬保春：《晉國地名考》，北京：學苑出版社，2010年，第258頁。
〔註414〕周振鶴主編、李曉傑著：《中國行政區劃通史‧先秦卷》，上海：復旦大學出版社，2009年，第452頁。
〔註415〕馬飛海主編：《中國歷代貨幣大系1‧先秦貨幣》1666～1677，上海：上海人民出版社，1988年，第450～451頁，釋文表見第1101頁。
〔註416〕《珍秦齋藏印——戰國篇》「官璽」第9號，澳門基金會，2001年，第21頁，轉引自后曉榮《戰國政區地理》，北京：文物出版社，2013年，第51～52頁。
〔註417〕后曉榮：《戰國政區地理》，北京：文物出版社，2013年，第52頁。

173. 奉陽

《史記‧蘇秦列傳》:「趙肅侯令其弟成為相,號奉陽君。」〔註418〕此處需要說明的是,李兌主動活動年代不在趙肅侯時期,而是趙武靈王末年與趙惠文王初年。〔註419〕戰國時期,各國的封君,除以封地為號者外,不少封君是以功德為號,以封君原籍或發跡地為號,有的則是雅號、諡號。〔註420〕奉陽是否為地名?《戰國策‧燕策一》有「奉陽君李兌甚不取於蘇秦」篇,吳師道《戰國策校注》曰:「奉陽君李兌者,通封邑姓名也。」起碼在元代學者吳師道看來,奉陽是李兌的封邑名稱。

《史記地名考》「奉陽」條下案曰:「《水經‧河水注》:『奉溝水即濟沇之故瀆。』又《濟水注》曰:『濟水故瀆,東南合奉溝水。水上承朱溝於野王城西,東南逕陽鄉城北,又東南逕李城西。李同所封。』疑奉陽即奉水之陽,當與李同封地不甚遠。」〔註421〕所指即今河南省溫縣一帶。

另外,《春申君相關問題研究》文中指出:奉陽作為地名可能就是奉義縣、奉城鎮和奉聖州這三地之一,奉義縣乃遼置,金省為鎮,故城在今山西大同縣北;奉城鎮乃金置,今直隸寧晉縣地;奉聖州是宋置,遼因之,金升為德興府,今直隸濁鹿縣治。作者又指出:古代「奉」、「平」為近音字,「奉陽」也有可能轉變為「平陽」。而趙國剛好有個平陽君趙豹,其封地是平陽無疑,懷疑李兌的封地奉陽就是趙豹的封地平陽,其地當在今山西臨汾縣西南。〔註422〕

可知,關於奉陽地望的考訂,均為揣度,尚無可靠結論。

174. 西河

《趙世家》:「惠文王二年(前297年),主父行新地,遂出代,西遇樓煩王於西河而致其兵。」〔註423〕又載:「(惠文王)二十年(前279年),廉

〔註418〕(西漢)司馬遷:《史記》卷六十九《蘇秦列傳》,北京:中華書局,1973年,第2243頁。
〔註419〕徐少華:《奉陽君任相及相關趙史探析》,《河北學刊》,1988年第4期,第67～72頁。
〔註420〕劉澤華、劉宗泉:《戰國時期的食邑與封君述考》,《北京師範學院學報》,1982年第3期,第66～77頁。
〔註421〕錢穆:《史記地名考》,北京:商務印書館,2001年,第816頁。
〔註422〕駱科強:《春申君相關問題研究》,華中師範大學碩士學位論文,2006年,第64頁。
〔註423〕(西漢)司馬遷:《史記》卷四十三《趙世家》,北京:中華書局,1973年,第1813頁。

頗將，攻齊。王與秦昭王遇西河外。」《集解》徐廣曰：「年表云與秦會澠池。」

此處西河指今山西、陝西兩省間的峽谷地段。〔註424〕

175. 呼池（沱）

《戰國策·秦一》：「趙氏，中央之國也，雜民之所居也。其民輕而難用，號令不治，賞罰不信，地形不便，上非能盡其民力。彼固亡國之形也，而不憂民氓，悉其士民，軍於長平之下，以爭韓之上黨，大王以詐破之，拔武安。當是時，趙氏上下不相親也，貴賤不相信，然則是邯鄲不守，拔邯鄲，完河間，引軍而去，西攻脩武，踰羊腸，降代、上黨。代三十六縣，上黨十七縣，不用一領甲，不苦一民，皆秦之有也。代、上黨不戰而已為秦矣，東陽河外不戰而已反為齊矣，中呼池以北不戰而已為燕矣。」〔註425〕姚本「池」，續作「沱」。鮑本「池」作「沱」。正曰：古「沱」通。《史弟子傳》「滂池」。補曰：韓「中山呼池」。札記丕烈案：今韓子是「池」字。

程恩澤云：「《地理志》虖池出代郡鹵城縣，東至參戶、文安入海。」

《戰國策·趙四》：「三國攻秦，趙攻中山，取扶柳，五年以擅呼沱。」〔註426〕

《史記·蘇秦列傳》：「燕東有朝鮮、遼東，北有林胡、樓煩，西有雲中、九原，南有嘑沱、易水。」《集解》《周禮》曰：「正北曰并州，其川嘑沱。」鄭玄曰：「嘑沱出鹵城。」《索隱》按：滹沱，水名，并州之川也，音呼沱。滹沱河自縣東至參合，又東至文安入海也。《正義》：「嘑沱出代州繁畤縣，東南流經五臺山北，東南流過定州，流入海。易水出易州易縣，東流過幽州歸義縣，東與呼沱河合也。」

呼池、呼沱、呼沱、虖池都是滹沱河的別稱。滹沱河發源於山西北部的繁畤，從恒山和五臺山之間的忻定盆地西南行，經代縣、原平，然後往東折，宛轉前行，經定襄、五臺、盂縣，穿越太行山，到達河北平山，再從平山，繼續

〔註424〕艾沖：《戰國至西漢郡縣制在鄂爾多斯高原的建立、發展與分布》，《陝西師範大學學報》，2014年第6期，第19～25頁，具體見第20頁。

〔註425〕（西漢）劉向集錄：《戰國策》卷三《秦一》「張儀說秦王」，上海：上海古籍出版社，1985年，第105頁。

〔註426〕（西漢）劉向集錄：《戰國策》卷二十一《趙四》「三國攻秦趙攻中山」，上海：上海古籍出版社，1985年，第753頁。

東行，合於子牙河，從天津入海。〔註 427〕

176. 馬陵、讙石、陽馬

《戰國策・燕二》：「兵困於林中，重燕、趙，以膠東委於燕，以濟西委於趙。趙得講於魏，至公子延，因犀首屬行而攻趙。兵傷於離石，而遇敗於馬陵，而重魏，則以葉、蔡委於魏。已得講於趙，則刼魏，不為割。」《史記・蘇秦列傳》：「兵傷於讙石，而遇敗於陽馬。」《索隱》按：讙石、陽馬並趙地名，非縣邑也。

《史記志疑》案：「讙石、陽馬，趙之地名，《策》作離石、馬陵，疑誤。」〔註 428〕

《史記會注考證》：「《正義》讙石陽馬，未詳。」〔註 429〕

《戰國策箋證》注曰：

姚宏云：「曾改『馬陵』作『陽馬』。」吳師道云：「《史》『離石』作『讙石』，『馬陵』作『陽馬』。《索隱》云：並趙地名。」〔按〕張文虎《史記劄記》謂：「北宋本『讙石』作『離石』，與策合。」此不能輒改。〔註 430〕

楊寬《戰國史料編年輯證》將此事繫於公元前 280 年，即趙惠文王十九年。〔註 431〕

繆文遠認為當依《戰國策》作「離石、馬陵」，並指出趙國的馬陵在今山西榆社縣西北〔註 432〕。山西榆社縣西北有馬陵關，繆文遠當是據此〔註 433〕。

177. 濩澤

《水經・沁水注》引《竹書紀年》：「梁惠成王十九年晉取玄武、濩澤。」

《古本竹書紀年輯證》案：

陳逢衡《竹書紀年集證》卷五〇謂「玄武」為「泫氏」之誤，「蓋『泫』

〔註 427〕 李零：《再說滹沱——趙惠文王遷中山王於膚施考》，《中華文史論叢》，上海：上海古籍出版社，2008 年第 4 輯，第 25～33 頁，具體見第 26 頁。

〔註 428〕 （清）梁玉繩：《史記志疑》，北京：中華書局，1981 年，第 1249 頁。

〔註 429〕 （日）瀧川資言：《史記會注考證》，北京：文學古籍刊行社，1955 年，.第 3479 頁。

〔註 430〕 （西漢）劉向集錄、范祥雍箋證、范邦瑾協校：《戰國策箋證》（下），上海：上海古籍出版社，2006 年，第 1716 頁。

〔註 431〕 楊寬：《戰國史料編年輯證》，上海：上海人民出版社，2001 年，第 836～838 頁。

〔註 432〕 繆文遠：《戰國制度通考》，成都：巴蜀書社，1998 年，第 172 頁。

〔註 433〕 （成化）《山西通志》卷三。

以脫去水旁而為『玄』，『武』與『氏』又以形近相似而誤」。楊守敬《水經注疏》卷九改「玄武「為「泫氏」。雷學淇《考訂竹書紀年》卷六亦作「泫氏」。《集證》、《考訂》以「梁惠王九年，晉取泫氏」，脫去「十」字，與此為一事。〔註434〕

　　其說當是，此事當在梁惠王十九年，即公元前351年，趙成侯二十四年。《集證》、朱右首《汲冢紀年存真》和范祥雍《古本竹書紀年輯校訂補》一致認為此處的「晉」指的是魏國〔註435〕。

　　《讀史方輿紀要》卷四十三「陽城縣」條下曰：「濩澤城，縣西三十里，戰國時魏邑也。《竹書》梁惠成王十九年，晉取泫氏、濩澤。」

　　濩澤，位於今山西省陽城縣西30里。

178. 河東

　　《戰國策・趙三》：「齊破燕趙欲存之。樂毅謂趙王曰：『今無約而攻齊，齊必讎趙。不如請以河東易燕地於齊。趙有河北，齊有河東，燕、趙必不爭矣。是二國親也。……』」〔註436〕張琦云：「河東，謂清河、渤海諸邑。近齊者也。」〔註437〕范祥雍認為此處「河」疑指清河或漳河。《戰國史料編年輯證》將此事繫於公元前314年，即趙武靈王十二年。〔註438〕

　　《戰國策・齊四》：「（齊）有濟西則趙之河東危。」鮑本：「趙河之東，非郡也。」〔註439〕張琦云：「趙河之東，今臨清以西，趙之邊邑也。」〔註440〕此事在公元前288年，即趙惠文王十一年〔註441〕。

　　趙之河東地近齊國的濟西，為濟西、黃河以東之間的一片區域。

〔註434〕方詩銘、王修齡：《古本竹書紀年輯證》，上海：上海古籍出版社，1981年，第125～126頁。

〔註435〕方詩銘、王修齡：《古本竹書紀年輯證》，上海：上海古籍出版社，1981年，第114頁。

〔註436〕（西漢）劉向集錄：《戰國策》卷二十《趙三》「齊破燕趙欲存之」，上海：上海古籍出版社，1985年，第424、426頁。

〔註437〕張琦撰：《戰國策釋地》，上海：商務印書館，1936年，第63頁

〔註438〕楊寬：《戰國史料編年輯證》，上海：上海人民出版社，2001年，第515、516頁。

〔註439〕（西漢）劉向集錄：《戰國策》卷十一《齊四》「蘇秦自燕之齊」，上海：上海古籍出版社，1985年，第424、426頁。

〔註440〕張琦撰：《戰國策釋地》，上海：商務印書館，1936年，第44頁。

〔註441〕楊寬：《戰國史料編年輯證》，上海：上海人民出版社，2001年，第746、753頁。

179. 陰山

見前文。

180. 代谷

《鹽鐵論·伐功》：「趙武靈王踰句注，過代谷。」〔註442〕

具體見前文。

181. 晉水

《戰國策·秦四》：「昔者六晉之時，智氏最強，滅破范、中行，帥韓、魏以圍趙襄子於晉陽。決晉水以灌晉陽，城不沈者三板耳。智伯出行水，韓康子御，魏桓子驂乘。」〔註443〕

《史記·魏世家》：「王之料天下過矣。當晉六卿之時，知氏最彊，滅范、中行，又率韓、魏之兵以圍趙襄子於晉陽，決晉水以灌晉陽之城。」

《正義》引《括地志》云：「晉水源出并州晉陽縣西懸甕山。《山海經》云懸甕之山，晉水出焉，東南流注汾水。昔趙襄子保晉陽，智氏防山以水灌之，不沒者三版。其瀆乘高西注入晉陽城，以周漑灌，東南出城注於汾陽也。」〔註444〕

晉水出今山西太原市西南懸甕山，東北流經晉源區，注入汾水。

182. 漳水

《戰國策·趙二》：「秦欲已得行於山東，則必舉甲而向趙。秦甲涉河踰漳，據番吾，則兵必戰於邯鄲之下矣。」〔註445〕《戰國策·趙二》：「今宣君有微甲鈍兵，軍於澠池，願渡河踰漳，據番吾，迎戰邯鄲之下。願以甲子之日合戰，以正殷紂之事。敬使臣先以聞於左右。」〔註446〕《戰國策·齊一》：「秦、趙戰於河漳之上，再戰而再勝秦；戰於番吾之下，再戰而再勝秦。四戰之後，趙亡卒數十萬，邯鄲僅存。雖有勝秦之名，而國破矣！是何故也？秦

〔註442〕王利器校注：《鹽鐵論校注》（定本）卷八《伐功第四十五》，北京：中華書局，1992年，第494頁。

〔註443〕（西漢）劉向集錄：《戰國策》卷六《秦四》「秦昭王謂左右」，上海：上海古籍出版社，1985年，第230頁。

〔註444〕（西漢）司馬遷：《史記》卷四十四《魏世家》，北京：中華書局，1973年，第1855頁。

〔註445〕（西漢）劉向集錄：《戰國策》卷十九《趙二》「蘇秦從燕之趙始合縱」，上海：上海古籍出版社，1985年，第637頁。

〔註446〕（西漢）劉向集錄：《戰國策》卷十九《趙二》「張儀為秦連橫說趙王」，上海：上海古籍出版社，1985年，第649～650頁。

強而趙弱也。今秦、楚嫁子取婦，為昆弟之國；韓獻宜陽，**魏**效河外，趙入朝黽池，割河間以事秦。」〔註447〕

《史記‧趙世家》：「（成侯）二十四年（前351年），**魏**歸我邯鄲，與**魏**盟漳水上。」又載：「（惠文王十八年）（前281年）王再之衛東陽，決河水，伐魏氏。大潦，漳水出。」又載：「（惠文王）二十一年（前278年），趙徙漳水武平西。……（惠文王）二十七年（前272年），徙漳水武平南。」《史記‧河渠書》：「西門豹引漳水溉鄴。」《正義》引《括地志》云：「漳水一名濁漳水，源出潞州長子縣西力黃山。《地理志》云濁漳水在長子鹿谷山，東至鄴，入清漳。」《史記‧魏世家》：「（魏惠王）二十年，歸趙邯鄲，與盟漳水上。」《正義》：「漳，水名。漳水源出洺州武安縣三門山也。」

《水經注‧濁漳水》：「濁漳水出上黨長子縣西發鳩山，東過其縣南，屈從縣東北流，又東過壺關縣北，又東北過屯留縣南潞縣北，又東過武安縣南，又東出山，過鄴縣西，又東過列人縣南，又東北過斥漳縣南，又東北過曲周縣東又東北過鉅鹿縣東，又北過堂陽縣西，又東北過扶柳縣北又東北過信都縣西，又東北過下博縣之西，又東北過阜城縣北又東北至昌亭與滹沱河會，又東北至樂成陵縣北別出，又東北過成平縣南，又東北過章武縣西又東北過平舒縣南東入海，清漳水出上黨沾縣西北少山大要谷，南過縣西又從縣南屈，東過涉縣西屈從縣南，東至武安縣南黍窖邑入於濁漳。」〔註448〕

張琦《戰國策釋地》「河漳」條下釋曰：「清濁二漳水至河南林縣北交漳口而合，東經臨漳縣，又東北經直隸成安、廣平、曲周、雞澤、平鄉、廣宗入大陸澤，廣平以下即禹河之道也」〔註449〕

漳水有二，一名濁漳水，源於今山西省長治市長子縣西發鳩山；一名清漳水，源於今山西省昔陽縣少山。清濁二漳水過太行山後，在河南省林縣北合流，繼而流經邯鄲南、肥鄉東流入黃河。

183. 耿

《左傳》閔公元年載：「晉侯作二軍，公將上軍，大子申生將下軍。趙夙

〔註447〕 （西漢）劉向集錄：《戰國策》卷八《齊一》「張儀為秦連橫齊王」，上海：上海古籍出版社，1985年，第344頁。

〔註448〕 （北魏）酈道元注，民國楊守敬、熊會貞疏，段熙仲點校、陳橋驛復校：《水經注疏》卷十「濁漳水」、「清漳水」，南京：江蘇古籍出版社，1989年，第911～1009頁。

〔註449〕 張琦撰：《戰國策釋地》，上海：商務印書館，1936年，第42頁。

御戎,畢萬為右,以滅耿、滅霍、滅魏。還,為大子城曲沃,賜趙夙耿,賜畢萬魏,以為大夫。」〔註450〕《趙世家》亦載:「晉獻公之十六年(前661年)伐霍、魏、耿,而趙夙為將伐霍。……晉獻公賜趙夙耿。」〔註451〕《索隱》杜預曰:「今河東皮氏縣耿鄉是。」在今山西省河津縣東南。

春秋中期至戰國早期前後貨幣有「刑」尖足布,黃錫全釋為「邢」或「耿」〔註452〕。

184. 原

《趙世家》:「趙衰為原大夫,居原,任國政。」《索隱》《系本》云:「成季徙原。」宋忠云:「今雁門原平縣也。」《正義》:「《括地志》云:『原平故城,漢原平縣也,在代州崞縣南三十五里。』崞音郭。按:宋忠說非也。《括地志》云:『故原城在懷州濟源縣西北二里。《左傳》云襄王以原賜晉文公,原不服,文公伐原以示信,原降,以趙衰為原大夫,即此也。原本周畿內邑也。』」唐代濟源縣治今河南省濟原縣。

此事,《史記·晉世家》亦有記載:「冬十二月,晉兵先下山東,而以原封趙衰。」〔註453〕《集解》杜預曰:「河內沁水縣西北有原城。」西晉沁水縣治今河南省濟源縣東。

故原故城在今河南省濟源縣西北。

春秋中期至戰國早期前後貨幣有尖足布「莧」,黃錫全釋為「羱」,讀「原」,指出在「河南濟源縣西北」〔註454〕。

185. 鑿臺

《戰國策·秦四》:「智氏見伐趙之利,而不知榆次之禍也。……智氏信韓、魏,從而伐趙,攻晉陽之城,勝有日矣,韓、魏反之,殺智伯瑤於鑿臺之上。」姚本晉陽下臺名。鑿地作渠,以灌晉陽城,因聚土為臺而止其上,故曰

〔註450〕楊伯峻:《春秋左傳注》,北京:中華書局,1981年,第258頁。

〔註451〕(西漢)司馬遷:《史記》卷四十三《趙世家》,北京:中華書局,1973年,第1781頁。

〔註452〕黃錫全:《先秦貨幣中的地名》,《九州》(第三輯),北京:商務印書館,2003年,第187~202頁,具體見第189頁。

〔註453〕(西漢)司馬遷:《史記》卷三十九《晉世家》,北京:中華書局,1973年,第1664頁。

〔註454〕黃錫全:《先秦貨幣中的地名》,《九州》(第三輯),北京:商務印書館,2003年,第187~202頁,具體見第189頁。

鑿臺也。〔註455〕

　　《史記‧春申君列傳》：「昔智氏見伐趙之利而不知榆次之禍。」《索隱》：「智伯敗於榆次也。《地理志》屬太原，有梗陽鄉。」《正義》：「榆次，并州縣也。《注水經》云：『榆次縣南洞渦水側有鑿臺。』」《春申君列傳》接著又寫到：「智氏之信韓、魏也，從而伐趙，攻晉陽城，勝有日矣，韓、魏叛之，殺智伯瑤於鑿臺之下。」《集解》引徐廣曰：「鑿臺在榆次。」〔註456〕

　　《元和郡縣志》云：「今按其臺為洞過水所侵，無復遺跡。」

　　戰國鑿臺地望在今山西省晉中市榆次區南，唐時已被水淹不復存在。

186. 羊腸

　　《戰國策‧西周》：「韓兼兩上黨以臨趙，即趙羊腸以上危。」〔註457〕

　　《戰國策箋證》：

　　高誘云：「羊腸，趙險塞名也。山形屈璧（姚宏云：「錢作『辟』。」按「辟」、「璧」古字通。鮑注引高注「璧」作「折」），狀如羊腸。今在太原晉陽之西北也。」鮑彪云：「上黨壺關有羊腸阪。高注云云。此皆以所近之國強，故危。」沈濤云：「按羊腸有三。《史記‧魏世家》：『如耳見成陵君曰：昔者魏伐趙，斷羊腸，拔閼與。』……《正義》曰：『羊腸阪在太行山上，南口懷州，北口潞州。』……此即《漢地理志》壺關縣之羊腸阪。凡《國策》之言羊腸，皆其地也。《元和郡縣志》羊腸山在太原府東南五十三里。……此又一羊腸。若高誘所云，不但非壺關之羊腸阪，並非交城之羊腸山。案《通典》太原府陽曲有乾燭谷即羊腸阪。……高注《淮南子》云：『《說苑》桀之居，伊闕在其南，羊腸在其北。今太原晉陽西北九十里，通河西上郡關，曰羊腸阪。』隋崔賾引皇甫士安《地書》云：『太原北九十里有羊腸阪。』蓋本高氏之說。凡山路之縈曲峻險者，無不可以羊腸名之，而《國策》之羊腸，則指（今山西）潞州而非他處。高氏以太原西北之羊腸當之，甚誤。」（《銅熨斗齋隨筆》）程恩澤亦以此為壺關之羊腸。〔按〕「羊腸」又見《呂氏春秋‧有始篇》、《淮南子‧地形訓》，高注與此略同，並以為在太原晉陽西北。以上文「韓兼兩上黨」語考之，則當

〔註455〕（西漢）劉向集錄：《戰國策》卷六《秦四》「頃襄王二十年」，上海：上海古籍出版社，1985年，第248、251頁。
〔註456〕（西漢）司馬遷：《史記》卷七十八《春申君列傳》，北京：中華書局，1973年，第2389～2390頁。
〔註457〕（西漢）劉向集錄：《戰國策》卷二《西周》「韓魏易地」，上海：上海古籍出版社，1985年，第67頁。

是壺關之羊腸，沈說是也。〔註458〕

茲同意范祥雍之說，採沈說。

《史記‧魏世家》載：「（魏哀王）八年，伐衛，拔列城二。見衛君曰：『請罷魏兵，免成陵君可乎？』衛君曰：『先生果能，孤請世世以衛事先生。』如耳見成陵君曰：『昔者魏伐趙，斷羊腸，拔閼與，約斬趙，趙分而為二，所以不亡者，魏為從主也。』」集解徐廣曰：「（閼與）在上黨」正義：「羊腸阪道在太行山上，南口懷州，北口潞州。閼與故城在潞州及儀州。若斷羊腸，拔閼與，北連恆州，則趙國東西斷而為二也。」〔註459〕上黨、潞州皆指晉東南地區，正義言「羊腸阪」的南端是懷州、北端是潞州，很顯然，「羊腸」就是從今河南省衛輝地區北通晉東南長治地區的一條山間通道。〔註460〕

187. 邢

有兩件戰國銅戈「二年邢令」戈和「十七年邢戈」〔註461〕，銘文分別如下：

二年**型**（邢）**絵**（令）孟柬慶，□庫工帀（師）樂參，治明執齊（劑）；〔註462〕

十七年（楚）（邢）（令）吳**寽**，上庫工帀（師）宋**艮**，治厘執齋（劑）。〔註463〕

李學勤先生認為「十七年」可能是趙孝成王十七年（前249年），「邢」在今河北省邢臺市。〔註464〕李曉傑指出，銘文中的「邢令」、「孟柬慶」、「吳**寽**」當即其時的邢縣縣令，趙國應置有邢縣。〔註465〕

〔註458〕（西漢）劉向集錄、范祥雍箋證、范邦瑾協校：《戰國策箋證》（上），上海：上海古籍出版社，2006年，第122～123頁。

〔註459〕（西漢）司馬遷：《史記》卷四十四《魏世家》，北京：中華書局，1973年，第1850頁。

〔註460〕馬保春：《晉國地名考》，北京：學苑出版社，2010年，第304頁。

〔註461〕《集成》17‧11366。

〔註462〕劉龍啟、李振奇：《河北臨城柏暢城發現戰國兵器》，《文物》，1988年第3期，第50～54＋56頁。

〔註463〕李學勤：《北京揀選青銅器的幾件珍品》，《文物》，1982年第9期，第44～48＋101頁。

〔註464〕李學勤：《北京揀選青銅器的幾件珍品》，《文物》，1982年第9期，第44～48＋101頁，具體見第46頁。

〔註465〕周振鶴主編、李曉傑著：《中國行政區劃通史‧先秦卷》，上海：復旦大學出版社，2009年，第333頁。

188. 埒

戰國趙兵器有「元年埒令」戈，銘文：元年埒命（令）夜會，上庫工市
（師）口，冶淤。〔註466〕

另趙有尖足布「鄩」〔註467〕，何琳儀釋讀為「埒」，並指出其地在今山西
省神池縣東北〔註468〕。

189. 孿

戰國趙兵器有「三年彎（令）」劍，另有「陰左庫」戈，黃盛璋指出「彎」
「陰」同地，即「孿」，為趙國地名。〔註469〕

戰國趙國方足布有「茲成」布〔註470〕，黃錫全釋為「孿城」，同時指出其
地在今河北省趙縣西〔註471〕。

190. 富昌

戰國趙璽印有「富昌韓君」印〔註472〕，其中「富昌」為趙國地名，李曉
傑、后曉榮均認為其地在內蒙古自治區準格爾旗〔註473〕。

191. 汪陶

戰國趙璽印有「汪陶右司工」印〔註474〕，其中「汪陶」為趙地，后曉榮
認為其地在今山西省應縣西〔註475〕。

〔註466〕于省吾編著：《商周金文錄遺》582・1，北京：科學出版社，1957年。
〔註467〕馬飛海主編：《中國歷代貨幣大系1・先秦貨幣》1184，上海：上海人民出版社，1988年，第367頁，釋文見第1095頁。
〔註468〕何琳儀：《尖足布幣考》，《古幣叢考》，合肥：安徽大學出版社，2002年，第111～126頁，第117頁。
〔註469〕黃盛璋：《試論三晉兵器的國別和年代及其相關問題》，《考古學報》，1974年第1期，第13～44頁，具體見第27～28頁。
〔註470〕馬飛海主編：《中國歷代貨幣大系1・先秦貨幣》1487～1492，上海：上海人民出版社，1988年，第420～421頁，釋文見第1100頁。
〔註471〕黃錫全：《三晉兩周小方足布的國別及有關問題初論》，《先秦貨幣研究》，北京：中華書局，2001年，第121頁。
〔註472〕「富昌韓君」印，見《古璽彙編》0006，北京：文物出版社，1981年。
〔註473〕周振鶴主編、李曉傑著：《中國行政區劃通史・先秦卷》，上海：復旦大學出版社，2009年，第335頁；后曉榮：《戰國政區地理》，北京：文物出版社，2013年，第121頁。
〔註474〕見《璽匯》0091。
〔註475〕后曉榮：《戰國政區地理》，北京：文物出版社，2013年，第120頁。

192. 平（窯、匋）陶

戰國趙官印有「平陶宗正」印〔註476〕，「平陶」是趙地。趙國兵器有「二年平陶令戈」。銘文如下：

二（？）年平窑（陶）命（令）郎（范）昊，工帀（師）□□（還孝？），冶尤狷。〔註477〕

另外，《新鄭「鄭韓故城」發現一批戰國銅兵器》一文指出鄭韓故城出土的戰國兵器銘刻有「平匋」，即平陶，但未說明是何種器物。〔註478〕

《貨系・先秦卷》著錄了多枚「平匋」尖足布〔註479〕，該書《釋文表》認為：「平匋（舊釋平周），地名，戰國趙地，今山西省文水縣西南或介休縣西。」〔註480〕

193. 樂城

戰國璽印有「樂城府」印〔註481〕，后曉榮認為「樂城」為趙地，在今河北省獻縣東南〔註482〕。

194. 當城

戰國璽印有「當城府」印〔註483〕，后曉榮認為「當城」屬趙，在今河北省蔚縣東北〔註484〕。

195. 鹵城

戰國璽印有「鹵城發弩」印〔註485〕，為縣屬發弩官的印信，又有小型刀

〔註476〕 莊新興：《戰國璽印分域編》，上海：上海書店出版社，2001年，第　頁；高明《中國古文字學通論》，北京：北京大學出版社，1996年，第471～472頁。

〔註477〕 王輝、王沛：《二年平陶令戈跋》，《考古與文物》，2007年第6期，第55～56＋62頁。

〔註478〕 郝本性：《新鄭「鄭韓故城」發現一批戰國銅兵器》，《文物》，1972年第10期，第32～40＋71～72＋76頁。

〔註479〕 馬飛海主編：《中國歷代貨幣大系1・先秦貨幣》1112～1139、1141～1148，上海：上海人民出版社，1988年，第355～360、360～361頁，釋文表見第1094～1095頁。

〔註480〕 馬飛海主編：《中國歷代貨幣大系1・先秦貨幣》，上海：上海人民出版社，1988年，第1094頁。

〔註481〕 《璽匯》1386。

〔註482〕 后曉榮：《戰國政區地理》，北京：文物出版社，2013年，第122頁。

〔註483〕 《璽匯》3442。

〔註484〕 后曉榮：《戰國政區地理》，北京：文物出版社，2013年，第122頁。

〔註485〕 《璽匯》0115。

幣「鹵」布〔註 486〕，吳良寶認為兩者為一地。〔註 487〕黃錫全考證此地在今山西繁時縣東，戰國時屬趙〔註 488〕。

196. 南宮

戰國璽印有「南宮將行」印〔註 489〕，何琳儀先認為南宮是地名，在今河北南宮西〔註 490〕。

197. 安國

1971 年，山西省榆次市王湖嶺古墓發掘了一批古墓葬，其中 4 號墓發現了一枚「安國君」三字的石質印章〔註 491〕，后曉榮認為此印可斷為戰國趙封君印，「安國」為趙國地名，在今河北安國縣〔註 492〕。另有學者認為「安國君」為楚漢相爭之時趙國的封號，「安國」地望在今河北省蠡縣南〔註 493〕。

198. 襄洹（襄垣）

《元和郡縣圖志》「襄垣縣」條下曰：「本漢舊縣，屬上黨郡，趙襄子所築，因以為名。後魏孝莊帝改屬襄垣郡，後周建國六年於襄垣城置韓州，縣屬焉。貞觀十七年廢州縣屬潞州。」〔註 494〕今山西省襄垣縣西北。

《貨系・先秦卷》著錄了幣文為「斀垣」的方足布，該書《釋文表》認為：「地名，戰國趙地，在今山西省襄垣縣北。」〔註 495〕

另外，出土的戰國時期趙國的錢幣中還有「商城」、「商平」、「陽化」、「陽丘」、「平周」、「平州」、「壽陰」、「藋人」（霍人）、「大陰」、「大陰半」

〔註 486〕天津歷史博物館編：《中國歷代貨幣》，天津：天津楊柳青畫社，1990 年，第 441～443 頁。

〔註 487〕吳良寶：《戰國文字所見三晉置縣稽考》，《中國史研究》，2002 年第 4 期，第 11～20 頁，具體見第 19 頁。

〔註 488〕黃錫全：《「鹵刀」新考》，《先秦貨幣研究》，北京：中華書局，2001 年，第 247 頁。

〔註 489〕《璽匯》0093。

〔註 490〕何琳儀：《戰國古文字典》，北京：中華書局，1998 年，第 1411 頁。

〔註 491〕王克林：《山西榆次古墓發掘記》，《文物》，1974 年第 12 期，第 63～73 頁。

〔註 492〕后曉榮：《戰國政區地理》，北京：文物出版社，2013 年，第 136 頁。

〔註 493〕張領：《「安國君」印跋》，《中國歷史博物館館刊》，1980 年第 2 期，第 114～115 + 107 頁。

〔註 494〕（唐）李吉甫：《元和郡縣圖志》卷十五《河東道四》，北京：中華書局，1983 年，第 422 頁。

〔註 495〕馬飛海主編：《中國歷代貨幣大系 1・先秦貨幣》1611～1657，上海：上海人民出版社，1988 年，第 440～448 頁，釋文見第 1101 頁。

〔註 496〕、「繁寺（止？）」（繁時）、「婁番（牟？）」（樓煩）、「鄭邡」、「尹城」、「平城」、「櫟」（崞）、「邪」（推邪？）、「奴邑」（茹）、「博」、「平襄」、「郎」、「成襄」、「若」（駱）、「於」（盂）、「善往」（善無）、「成」、「大丌」（大箕）、「陽曲」〔註 497〕、「余水」（塗水）〔註 498〕等尖足布，「鄐氏」、「鄲」、「隰城」、「莆子」、「奇氏」、「盧陽」、「平氏」〔註 499〕、「星陽」（清陽）、「人也」（任）、「氏金」（泜）、「沙乇」（沙澤）〔註 500〕、「□邑」（邸）〔註 501〕、「𨛭」（邙）〔註 502〕、「北箕」〔註 503〕、「狋氏」〔註 504〕、「中邑」〔註 505〕、「丌陽」（（幵）沃陽）〔註 506〕、「武邑」〔註 507〕、「鄔」〔註 508〕、

〔註 496〕國家文物局《中國古錢譜》編輯組：《中國古錢譜》，北京：文物出版社，1989年，第 36～43 頁。

〔註 497〕黃錫全：《平首尖足布新品數種考述——兼述這類布的種類、分布與年代》，《先秦貨幣研究》，北京：中華書局，2001 年，第 67～76 頁。

〔註 498〕何琳儀：《尖足布幣考》，《古幣叢考》，合肥：安徽大學出版社，2002 年，第 111～126 頁，具體見第 119 頁。

〔註 499〕以上錄自《中國古錢譜》，第 55～63 頁。

〔註 500〕黃錫全：《趙國方足布七考》，《先秦貨幣研究》，北京：中華書局，2001 年，第 92～101 頁。

〔註 501〕馬飛海主編：《中國歷代貨幣大系 1・先秦貨幣》2021，上海：上海人民出版社，1988 年，第 509 頁，釋文見第 1106 頁；黃錫全：《〈中國歷代貨幣大系・先秦貨幣〉釋文校訂》，《先秦貨幣研究》，北京：中華書局，2001 年，第 348～360 頁，具體見第 355 頁。

〔註 502〕馬飛海主編：《中國歷代貨幣大系 1・先秦貨幣》2203～2212，上海：上海人民出版社，1988 年，第 539～541 頁，釋文見第 1107 頁；黃錫全：《〈中國歷代貨幣大系・先秦貨幣〉釋文校訂》，《先秦貨幣研究》，北京：中華書局，2001 年，第 348～360 頁，具體見第 355 頁。

〔註 503〕馬飛海主編：《中國歷代貨幣大系 1・先秦貨幣》1604，上海：上海人民出版社，1988 年，第 439 頁，釋文見第 1100 頁。

〔註 504〕馬飛海主編：《中國歷代貨幣大系 1・先秦貨幣》1850～1865，上海：上海人民出版社，1988 年，第 480～483 頁，釋文見第 1103 頁。

〔註 505〕馬飛海主編：《中國歷代貨幣大系 1・先秦貨幣》1580～1581，上海：上海人民出版社，1988 年，第 435 頁，釋文見第 1100 頁；《后曉榮：《戰國政區地理》，北京：文物出版社，2013 年，第 1100 頁。

〔註 506〕何琳儀：《趙國方足布三考》，《文物春秋》，1992 年第 2 期，第 26～28＋94 頁；黃錫全：《三晉兩周小方足布的國別及有關問題初論》，《中國錢幣論文集（第三輯）》，1998 年，第 99～132 頁；后曉榮：《戰國政區地理》，北京：文物出版社，2013 年，第 129 頁。

〔註 507〕后曉榮：《戰國政區地理》，北京：文物出版社，2013 年，第 128 頁。

〔註 508〕馬飛海主編：《中國歷代貨幣大系 1・先秦貨幣》1934，上海：上海人民出版社，1988 年，第 494 頁，釋文見第 1104 頁；后曉榮：《戰國政區地理》，北

「邑□」（繚）〔註 509〕、「平歹」（平利）〔註 510〕、「壞陰」（襄陰）〔註 511〕、「貝邑」（郥，讀「貝」或「䪼丘」）〔註 512〕、「壽金」（雕陰）〔註 513〕等方足布，「圓陽化」、「圓陽新化」、「成」、「成白」等刀幣〔註 514〕，「家陽」、「上專（博）」、「下專（博）」、「五陘」、「封氏」、「新處」、「關」、「上艾」、「平臺」、「佲」、「郖（蘇）陽」、「郖」、「㐭即」（安次？）、「卪鬵」（即裴）、「安隆（陰？險？）」、「郲」（權）、「親（新）處」、「陽湔（原）」、「余亡（吾）」、「戲」、「武陽」、「邯（沽）」〔註 515〕、「亡郂」（無終）〔註 516〕、「屯氏」〔註 517〕、「郭」〔註 518〕、「建邑」〔註 519〕等三孔布。

京：文物出版社，2013 年，第 142 頁。

〔註 509〕馬飛海主編：《中國歷代貨幣大系 1‧先秦貨幣》1523，上海：上海人民出版社，1988 年，第 426 頁，釋文見第 1099 頁；何琳儀：《三晉方足布匯釋》，《人文雜誌》，1994 年第 6 期，第 69～74 頁，具體見第 71 頁。

〔註 510〕丁福保編：《古錢大辭典》84，北京：中華書局，1982 年。何琳儀：《趙國方足布三考》，《文物春秋》，1992 年第 2 期，第 26～28＋94 頁，具體見第 28 頁；后曉榮：《戰國政區地理》，北京：文物出版社，2013 年，第 141 頁。

〔註 511〕馬飛海主編：《中國歷代貨幣大系 1‧先秦貨幣》1658，上海：上海人民出版社，1988 年，第 448 頁，釋文見第 1101 頁；何琳儀：《三晉方足布匯釋》，《人文雜誌》，1994 年第 6 期，第 69～74 頁，具體見第 71 頁。

〔註 512〕馬飛海主編：《中國歷代貨幣大系 1‧先秦貨幣》2250，上海：上海人民出版社，1988 年，第 547 頁，釋文見第 1107 頁；何琳儀：《三晉方足布匯釋》，《人文雜誌》，1994 年第 6 期，第 69～74 頁，具體見第 72 頁。

〔註 513〕丁福保編：《古錢大辭典》300，北京：中華書局，1982 年；何琳儀：《三晉方足布匯釋》，《人文雜誌》，1994 年第 6 期，第 69～74 頁，具體見第 73 頁。

〔註 514〕國家文物局《中國古錢譜》編輯組：《中國古錢譜》，北京：文物出版社，1989 年，第 110～112 頁。

〔註 515〕以上這些三孔布地名，請參見黃錫全：《三孔布奧秘試探》，《先秦貨幣研究》，北京：中華書局，2001 年，第 179～201 頁，另外，有關先秦時期三孔布的國別與年代問題，目前主要有四種說法：其一，秦國鑄幣說，鑄行於戰國晚期；其二，中山國鑄幣說，鑄行於戰國中期；其三，趙國鑄幣說，鑄行於戰國晚期。有關這方面的詳細探討，可參見黃錫全《三孔布奧秘試探》一文。此處採用第三種說法，即三孔布為戰國晚期的趙國貨幣。

〔註 516〕后曉榮：《戰國政區地理》，北京：文物出版社，2013 年，第 130 頁；朱華讀為「無終」，見其《略談「無終」三孔布》，《中國錢幣》，1987 年第 3 期，第 44～46 頁。

〔註 517〕后曉榮：《戰國政區地理》，北京：文物出版社，2013 年，第 142～143 頁。

〔註 518〕黃錫全：《介紹一枚新見「郭」字三孔布》，《中國錢幣》，2013 年第 2 期，第 3～5＋2 頁。

〔註 519〕黃錫全：《介紹一枚新品三孔布「建邑」》，《中國錢幣》，2010 年第 1 期，第 3～5＋81 頁。

其中「上艾」，還有傳世的戰國的三晉古璽「上艾府」印，為縣一級官印。〔註 520〕「襄陰」，戰國趙銅器有襄陰鼎，銘文「稟二斗，襄陰」〔註 521〕，戰國趙古璽「襄陰司寇」〔註 522〕，圜錢「襄陰」〔註 523〕。

此外，趙還有圜錢「□坪」〔註 524〕，何琳儀認為是「坓坪」，讀「廣平」〔註 525〕。

以上就是對趙國地名的考證，雖力圖周全準確，但難免有疏漏謬誤之處。學術研究無止境，新材料的出現可能會推翻原有的考證結論，但相信正是在這種不斷的破立過程中，考證工作得以不斷完善。

吳良寶指出：「戰國地名考證工作中存在著形形色色的疏誤，概括地看，主要有以下幾種：一，通假手段使用不當甚至隨意地講通假，或者在講地名通假時對相關的制約因素考慮不周全；二，不注意戰國地名的用字習慣；三，機械地與後世（主要是西漢時期）的地名系聯、比附；四，對地名資料的國別、年代及其變更情況考慮不周全；五，忽略了城邑在不同歷史時期的方位變更，等等。這幾種錯誤不僅常見，在實際的研究工作中往往是交織在一起的。」〔註 526〕在研究過程中，筆者發現這些問題在趙國地名考證中也均有或多或少的體現，正是基於此，趙國的地名考證工作還是持比較謹慎的態度：寧缺毋濫，不妄下結論。

〔註 520〕后曉榮：《戰國政區地理》，北京：文物出版社，2013 年，第 124 頁。

〔註 521〕黃盛璋：《三晉銅器的國別、年代與相關制度問題》，《古文字研究》（第 17 輯），北京：中華書局，1989 年。

〔註 522〕《璽匯》0077

〔註 523〕何琳儀：《三晉圜錢匯釋》，《古幣叢考》，合肥：安徽大學出版社，2002 年，第 217～222 頁，具體見第 218、221 頁。

〔註 524〕馬飛海主編：《中國歷代貨幣大系 1．先秦貨幣》4075，上海：上海人民出版社，1988 年，第 1032 頁，釋文見第 1138 頁。

〔註 525〕何琳儀：《三晉圜錢匯釋》，《古幣叢考》，合肥：安徽大學出版社，2002 年，第 217～222 頁，第 218、221 頁。

〔註 526〕吳良寶：《談戰國文字地名考證中的幾個問題》，《中國史研究》，2011 年第 3 期，第 5～18 頁，引文見第 5 頁。

參考文獻

一、歷史文獻

1. 左丘明撰，鮑思陶點校：《國語》，濟南：齊魯書社，2005 年。

2. 呂不韋著，高誘注：《呂氏春秋》，上海：上海古籍出版社，1989 年。

3. （西漢）司馬遷：《史記》，北京：中華書局，1973 年。

4. （西漢）劉向集錄：《戰國策》，上海：上海古籍出版社，1985 年。

5. （晉）杜預注：《春秋左傳集解》，上海：上海人民出版社，1977 年。

6. （唐）李吉甫撰，賀次君點校：《元和郡縣圖志》，北京：中華書局，1983 年。

7. （北宋）司馬光編撰，鄔國義校點：《資治通鑒》，上海：上海古籍出版社，1997 年。

8. （明）董說：《七國考》，北京：中華書局，1956 年。

9. （清）顧祖禹撰，賀次君、施和金點校：《讀史方輿紀要》，北京：中華書局，2005 年。

10. （清）高士奇：《春秋地名考略》，臺北：臺灣商務印書館，1969 年。

11. （清）江永：《春秋地理考實》，文淵閣四庫全書經部，春秋類。

12. （清）梁玉繩：《史記志疑》，北京：中華書局，1981 年。

13. （清）王先謙撰，呂蘇生補釋：《鮮虞中山國事表疆域圖說補釋》，上海：上海古籍出版社，1993 年。

14. （東漢）班固撰：《漢書》，北京：中華書局，1962 年。

15. 方詩銘、王修齡：《古本竹書紀年輯證》，上海：上海古籍出版社，1981年。

16. 何寧撰：《淮南子集釋》，北京：中華書局，1998年。

17. （西漢）韓嬰著，周廷寀校注：《韓詩外傳》卷六，《叢書集成初編》，北京：中華書局，1985年。

18. （北魏）酈道元注，民國楊守敬、熊會貞疏，段熙仲點校、陳橋驛復校：《水經注疏》，南京：江蘇古籍出版社，1989年。

19. （清）顧棟高著，吳樹平、李解民點校：《春秋大事表》，北京：中華書局，1993年。

20. （晉）杜預注、（唐）孔穎達疏：《春秋左傳正義》，《十三經注疏》，北京：中華書局，1980年。

21. 王先慎.：《韓非子集解》，北京：中華書局，1998年。

22. （北齊）魏收：《魏書》，北京：中華書局，1974年。

23. （宋）李昉等：《太平御覽》，北京：中華書局，1960年。

24. （宋）樂史：《太平寰宇記》，臺北：文海出版社，1980年，第543頁。

25. （明）李賢等撰：《明一統志》，《文淵閣四庫全書》（第472冊），臺北：臺灣商務印書館，第147頁。

26. （唐）李吉甫：《元和郡縣圖志》，北京：中華書局，1983年。

27. 黃彭年等撰：《畿輔通志》，石家莊：河北人民出社，1985年。

28. （西漢）劉向撰：《說苑》，《叢書集成初編》，北京：中華書局，1985年。

29. （漢）許慎撰：《說文解字》，北京：中華書局，1963年。

30. 顧觀光：《七國地理考》，光緒五年（公元1879年）刻本。

31. （漢）孔安國傳、（唐）孔穎達等正義：《尚書正義》，上海：上海古籍出版社，1990年。

32. 王利器校注：《鹽鐵論校注》（定本），北京：中華書局，1992年。

33. （宋）王應麟撰：《玉海》，上海：上海古籍出版社，1992年。

34. 張琦撰：《戰國策釋地》，上海：商務印書館，1936年。

35. （明）董說著、繆文遠訂補：《七國考訂補》，上海：上海古籍出版社，1987年。

36. （唐）李泰等著、賀次君輯校：《括地志輯校》，北京：中華書局，1980年。

二、現代論著

（一）著作

1. 陳光唐等編著：《邯鄲歷史與考古》，北京：文津出版社，1991 年。

2. 陳隆文：《春秋戰國貨幣地理研究》，北京：人民出版社，2006 年。

3. 鄧綏林主編：《河北地理概要》，石家莊：河北人民出版社，1984 年。

4. 邯鄲市歷史學會、河北省歷史學會編：《趙國歷史文化論叢》，石家莊：
河北人民出版社，1989 年。

5. 河北省地方志編纂委員會編：《河北省志》第 3 卷（自然地理志），石家
莊：河北科學技術出版社，1993 年。

6. 河北省社會科學院地方史編寫組：《河北古代歷史編年》，石家莊：河北
教育出版社，1988 年。

7. 河北省文物研究所：《譻墓——戰國中山國國王之墓》，北京：文物出版
社，1996 年。

8. 侯仁之：《歷史地理學的理論與實踐》，上海：上海人民出版社，1979 年。

9. 靳生禾、謝鴻喜：《長平之戰——中國古代最大戰役之研究》，太原：山
西人民出版社，1998 年。

10. 靳生禾：《趙武靈王評傳》，太原：山西人民出版社，1990 年。

11. 《井陘縣志》編纂委員會：《井陘縣志》，石家莊：河北人民出版社，1986
年。

12. 拉鐵摩爾著，唐曉峰譯：《中國的亞洲內陸邊疆》，南京：江蘇人民出版
社，2005 年。

13. 李孟存、李尚師：《晉國史》，太原：山西古籍出版社，1999 年。

14. 李元慶：《三晉古文化源流》，太原：山西古籍出版社，1997 年。

15. （日）瀧川資言：《史記會注考證》，東京：東京大學東洋文化研究所，
1957～1960 年。

16. 馬王堆漢墓帛書整理小組編：《戰國縱橫家書》，北京：文物出版社，1976
年。

17. 馬正林：《中國城市歷史地理》，濟南：山東教育出版社，1999 年。

18. 繆文遠：《戰國策考辨》，北京：中華書局，1984 年。

19. 繆文遠：《戰國史繫年輯證》，成都：巴蜀書社，1997 年。

20. 內蒙古公路交通史志編委會：《內蒙古古代交通道路史》，北京：人民交通出版社，1997 年。

21. 錢穆：《史記地名考》，北京：商務印書館，2001 年。

22. 饒勝文：《布局天下——中國古代軍事地理大勢》，北京：解放軍出版社，2002 年。

23. 沈長雲、魏建震等：《趙國史稿》，北京：中華書局，2000 年。

24. 史念海：《河山集》（七集），西安：陝西師範大學出版社，1999 年。

25. 史念海：《河山集》（四集），西安：陝西師範大學出版社，1991 年。

26. 史念海：《中國古都和文化》，北京：中華書局，1998 年。

27. 宋傑：《先秦戰略地理研究》，北京：首都師範大學出版社，1999 年。

28. 宿白主編：《蘇秉琦與當代中國考古學》，北京：科學出版社，2001 年。

29. 孫繼民、郝良真：《先秦兩漢趙文化研究》，北京：方志出版社，2003 年。

30. 譚其驤主編：《中國歷史地圖集》，北京：中國地圖出版社，1982 年。

31. 王素芳、石永士：《中山國探秘》，石家莊：河北教育出版社，2002 年。

32. 夏自正、孫繼民：《河北通史》（先秦卷），石家莊：河北人民出版社，2000 年。

33. 楊建華：《春秋戰國時期中國北方文化帶的形成》，北京：文物出版社，2004 年。

34. 楊寬：《戰國史》（增訂本），上海：上海人民出版社，1998 年。

35. 楊寬、吳浩坤：《戰國會要》，上海：上海古籍出版社，2005 年。

36. 亦鄰真、張久和等：《內蒙古歷史地理》，呼和浩特：內蒙古大學出版社，1994 年。

37. 袁珂：《山海經校譯》，上海：上海古籍出版社，1985 年。

38. 張紀仲：《山西歷史政區地理》，太原：山西古籍出版社，2005 年。

39. 張建華、左金濤編著：《邯鄲歷史大事編年》，北京：中國檔案出版社，1999 年。

40. 張維華：《中國長城建置考》，北京：中華書局，1979 年。

41. 張午時、馮志剛：《趙國史》，石家莊：河北人民出版社，1996 年。

42. 趙樹文、燕宇編著：《趙都考古探索》，北京：當代中國出版社，1993 年。

43. 鄭州師範學院地理系編：《河南地理》，北京：商務印書館，1959 年。

44. 李學勤:《東周與秦代文明》,上海:上海人民出版社,2007 年。

45. 繆文遠:《戰國制度通考》,成都:巴蜀書社,1998 年。

46. 周振鶴主編、李曉傑著:《中國行政區劃通史·先秦卷》,上海:復旦大學出版社,2009 年。

47. 后曉榮:《戰國政區地理》,北京:文物出版社,2013 年。

48. 馬承源主編:《商周青銅器銘文選》(第四冊),北京:文物出版社,1990 年。

49. 楊金廷、康香閣:《多視角的趙文化研究》,北京:人民出版社,2013 年。

50. 李曉傑:《疆域與政區》,南京:江蘇人民出版社,2011 年。

51. 何豔傑:《中山國社會生活研究》,北京:中國社會科學出版社,2009 年。

52. 馬保春:《晉國地名考》,北京:學苑出版社,2010 年。

53. 嚴耕望:《唐代交通圖考》(第五卷),中央研究院歷史語言研究所,1986 年。(有新版本,2007 年)

54. 黃錫全:《先秦貨幣研究》,北京:中華書局,2001 年。

55. 段宏振:《趙都邯鄲城研究》,北京:文物出版社,2009 年。

56. 何豔傑等:《鮮虞中山國史》,北京:科學出版社,2011 年。

57. 楊寬:《戰國史料編年輯證》,上海:上海人民出版社,2001 年。

58. 段連勤:《北狄族與中山國》,石家莊:河北人民出版社,1982 年。

59. 吳良寶:《中國東周時期金屬貨幣研究》,北京:社會科學文獻出版社,2005 年。

60. 羅福頤主編:《古璽彙編》,北京:文物出版社,1981 年。

61. (西漢)劉向集錄、范祥雍箋證、范邦瑾協校:《戰國策箋證》(上、下),上海:上海古籍出版社,2006 年。

62. 何琳儀:《古幣叢考》,合肥:安徽大學出版社,2002 年。

63. 李尚師:《晉國通史》(上、中、下),太原:山西人民出版社,2014 年。

64. 馬保春:《晉國歷史地理研究》,北京:文物出版社,2007 年。

65. 劉緯毅:《山西歷史地名通檢》,太原:山西教育出版社,1990 年。

66. 朱華:《三晉貨幣》,太原:山西人民出版社,1994 年。

67. 馬飛海主編:《中國歷代貨幣大系 1·先秦貨幣》,上海:上海人民出版社,1988 年。

68. 鍾柏生等編：《新收殷周青銅器銘文暨器影彙編》，臺北：藝文印書館印行，2006 年。

69. 于省吾輯：《商周金文錄遺》（影印本），北京：北京科學出版社，1957 年。

70. 石永慶、石磊：《燕下都東周貨幣聚珍》，北京：文物出版社，1996 年。

71. 睡虎地秦墓竹簡整理小組：《睡虎地秦墓竹簡》，北京：文物出版社，1978 年。

72. 河北省地名委員會編：《河北省地名詞典》，石家莊：河北科學技術出版社，1991 年。

73. 平勢隆郎：《新編史記東週年表——中國古代紀年の研究序章》，東京大學東洋文化研究所叢刊第 15 輯，東京大學出版會，1995 年。

74. 國家文物局《中國古錢譜》編輯組：《中國古錢譜》，北京：文物出版社，1989 年。

75. 后曉榮：《秦代政區地理》，北京：社會科學文獻出版社，2009 年。

76. 羅振玉：《三代吉金文存》，北京：中華書局，1983 年。

77. 丁福保編：《古錢大辭典》，北京：中華書局，1982 年。

78. 國家文物局主編：《中國文物地圖冊·河南分冊》，北京：中國地圖出版社，1991 年。

79. 《珍秦齋藏印——戰國篇》，澳門基金會，2001 年。

80. 何琳儀：《戰國古文字典》，北京：中華書局，1998 年。

81. 高明：《中國古文字學通論》，北京：北京大學出版社，1996 年。

82. 顧頡剛：《史林雜識初編》，北京：中華書局，1963 年，第 136 頁。

83. 諸祖耿：《戰國策集注匯考》，南京：江蘇古籍出版社，1985 年。

84. 莊新興：《戰國璽印分域編》，上海：上海書店出版社，2001 年。

（二）論文

1. 艾沖：《戰國至西漢郡縣制在鄂爾多斯高原的建立、發展與分布》，《陝西師範大學學報》，2014 年第 6 期，第 19～25 頁。

2. 安介生：《略論先秦至唐代關塞格局構建的時空進程》，《歷史地理》（第二十二輯），上海：上海人民出版社，2007 年，第 145～163 頁。

3. 白國紅、陳豔：《試論趙簡子的「北進戰略」》，《河北師範大學學報》，2006 年第 3 期，第 128～131 頁。

4. 白國紅:《試論先秦時期趙國的封君制度》,河北師範大學學報,2002 年第 1 期,第 81～83 頁。

5. 白國紅:《試析春秋戰國之交趙氏對中牟的經營》,《邯鄲職業技術學院學報》,2007 年第 2 期,第 10～13 頁。

6. 白國紅:《趙國故地縱論趙文化——記全國第二屆趙文化研討會》,《邯鄲學院學報》,2005 年第 2 期,第 38～41 頁。

7. 白曉燕、李建麗:《試論中山國與周邊國家的關係》,《文物春秋》,2007 年第 5 期,第 31～34 頁。

8. 白玉民:《燕趙文化及其現代文明意義初探》,《河北師範大學學報》,2006 年第 3 期,第 19～24 頁。

9. 柏紅:《「全國第二屆趙文化研討會」綜述》,《學術月刊》,2005 年第 6 期,第 127～128 頁。

10. 鮑桐:《高闕地望新探》,《中國歷史地理論叢》,1993 年第 2 期,第 65～80 頁。

11. 北京市文物管理處:《北京市延慶縣西撥子村窖藏銅器》,《考古》,1979 年第 3 期,第 227～230 頁。

12. 北京市文物研究所山戎文化考古隊:《北京延慶軍都山東周山戎部落墓地發掘記略》,《文物》,1989 年第 8 期,第 17～35 頁(下轉第 43 頁)。

13. 常一民等:《晉陽古城遺址 2002～2010 年考古工作簡報》,《文物世界》,2014 年第 5 期,第 3～19 頁。

14. 暢海樺:《論趙國的定都與變遷》,《安徽史學》,2010 年第 5 期,第 126～128 頁。

15. 晁福林:《試論趙簡子卒年與相關歷史問題》,《河北學刊》,2001 年第 1 期,第 99～102 頁。

16. 陳昌遠:《趙國的疆域與地理特徵》,《河北學刊》,1989 年第 5 期,第 68～70 頁。

17. 陳光唐:《試談趙都邯鄲故城形成、布局與興衰變化》,《趙國歷史文化論叢》,石家莊:河北人民出版社,1989 年,第 333～345 頁。

18. 陳隆文、王平:《「干關」方足布地望考辨》,《文物世家》,2004 年第 3 期,第 32～35 頁。

19. 陳隆文：《春秋戰國時期金屬鑄幣的空間特徵與地理基礎——以北方刀、布幣為主的研究》，陝西師範大學博士學位論文，2003年。

20. 陳平、楊震：《內蒙伊盟新出十五年上郡守壽戈銘考》，《考古》，1990年第6期，第550～553頁。

21. 陳信：《河北涿鹿縣發現春秋晚期墓葬》，《文物春秋》，1999年第6期，第31～32頁。

22. 程龍：《井陘縣址的變遷及其軍事意義》，《歷史地理》（第十七輯），2001年，第346～355頁。

23. 崔鵬：《趙國墓葬研究》，北京大學考古文博學院碩士學位論文，2003年。

24. 德君、田光：《「干關」方足布考——干關、扡關、挺關、麋關異名同地》，《內蒙古金融研究》，2003年第S4期，第182～185＋151頁。

25. 董常保、戴婕：〈史記·秦本紀〉「新城」注釋辨正》，《南昌大學學報》，2008年第1期，第109～112。

26. 董海林：《古趙興衰及其啟示》，《邯鄲學院學報》，2005年第4期，第19～24頁。

27. 董珊：《戰國題銘與工官制度》，北京大學博士學位論文，2002年。

28. 段連勤：《鮮虞及鮮虞中山國早期歷史初探》，《人文雜誌》，1981年第2期，第67～76頁。

29. 馮秀環、馬興：《論戰國中山的國防制度》，《廣西社會科學》，2005年第12期，第141～143頁。

30. 傅淑敏：《臨縣曜頭古城址》，見中國考古學會編《中國考古學年鑒》（1994），北京：文物出版社，1997年，第143～144頁。

31. 蓋山林、陸思賢：《陰山南麓的趙長城》，《中國長城遺跡調查報告集》，北京：文物出版社，1981年，第21～24頁。

32. 高上雯：《戰國時代的發展變遷與疆域圖之研究》，《淡江史學》，2013年第25期。

33. 郭一峰、張廣善：《高平縣出土「寧壽令戟」考》，1992年第4期，第69～71＋66頁。

34. 韓嘉穀：《「平舒」戈、「舒」豆和平舒地理》，《東北亞研究——北方考古研究》（四），鄭州：中洲古籍出版社，1994年，第313～314頁。

35. 郝本性:《新鄭「鄭韓故城」發現一批戰國銅兵器》,《文物》,1972 年第
    10 期,第 32～40＋71～72＋76 頁。

36. 郝紅暖:《趙國定都邯鄲的主要因素分析》,《邢臺學院學報》,2014 年第
    2 期,第 87～90 頁。

37. 郝良真、孫繼民:《從文獻記載看古代的叢臺》,《邯鄲師專學報》,2004
    年第 1 期,第 14～20 頁。

38. 郝良真:《邯鄲古代城市研究的幾個問題》,《文物春秋》,2000 年第 5 期,
    第 21～27 頁。

39. 郝良真:《趙國王陵及出土青銅》,《文物春秋》,2003 年第 3 期,第 5～
    12 頁。

40. 何海斌:《三晉都城遷徙及其地緣戰略初探》,山西師範大學碩士學位論
    文,2009 年。

41. 何琳儀:《百邑布幣考——兼述尖足空首布地名》,《史學集刊》,1992 年
    第 1 期,第 60～61＋74 頁。

42. 何琳儀:《橋形布幣考》,《吉林大學學報》,1992 年第 2 期,第 53～57
    頁。

43. 何琳儀:《三晉方足布匯釋》,《人文雜誌》,1994 年第 6 期,第 69～74
    頁。

44. 何琳儀:《釋四》,《文物春秋》,1993 年第 4 期,第 39～40 頁。

45. 何琳儀:《燕國布幣考》,《中國錢幣》,1992 年第 2 期,第 6～12＋44 頁。

46. 何琳儀:《余亡布幣考》,《中國貨幣》,1990 年第 3 期,第 11～14 頁。

47. 何琳儀:《趙國方足布三考》,《文物春秋》,1992 年第 2 期,第 26～28＋
    94 頁。

48. 何清谷、崔向東:《論趙武靈王的邦交策略》,《河北學刊》,1988 年第 4
    期,第 62～66 頁。

49. 何清谷:《高闕地望考》,《陝西師大學報》,1986 年第 3 期,第 74～77
    頁。

50. 何清谷《關於高闕位置的反思——兼答鮑桐同志》,《中國歷史地理論
    叢》,1993 年第 2 期,第 81～94 頁。

51. 何清谷《試談趙滅中山的幾個問題》,《人文雜誌》,1981 年第 2 期,第

77～82 頁。

52. 河北省臨城縣城建局城建志編寫組：《河北臨城縣臨邑古城遺址調查》，《考古與文物》，1993 年第 6 期，第 28～37 頁。

53. 河北省文物管理處、邯鄲市文物保管所：《趙都邯鄲故城調查報告》，《考古學集刊》，1984 年第 4 期，第 162～195 頁。

54. 河北省文物局文物工作隊：《河北懷來北辛堡戰國墓》，《考古》，1966 年第 5 期，第 231～242 頁。

55. 河北文物管理委員會：《河北磁縣講武城調查簡報》，《考古》，1959 年第 7 期。

56. 賀勇、劉建中：《河北懷來甘子堡發現的春秋墓群》，《文物春秋》，1993 年第 2 期，第 23～40 頁。

57. 侯仁之：《邯鄲城址的演變和城市興衰的地理背景》，《歷史地理學的理論與實踐》，上海：上海人民出版社，1979 年，第 308～335 頁。

58. 侯廷生：《淺論戰國時代趙與韓魏的關係》，《趙國歷史文化論叢》，石家莊：河北人民出版社，1989 年，第 308～311 頁。

59. 侯廷生：《趙文化、燕趙文化等概念的文化邊界辨析——兼論趙文化發展的延續的上下限》，《河北建築科技學院學報》，2005 年第 3 期，第 47～48 頁（下轉第 51 頁）。

60. 侯毅、張昊：《東周燕國的戰爭及其在歷史進程中的作用》，《晉陽學刊》，2006 年第 5 期，第 94～98 頁。

61. 胡進駐：《趙都中牟新考》，《文物春秋》，2004 年第 3 期，第 18～23 頁。

62. 黃盛璋：《司馬成公權的國別、年代與衡制問題》，《中國歷史博物館館刊》，1980 年第 2 期，第 103～107 頁。

63. 黃盛璋：《雲夢秦簡〈編年記〉初步研究》，《考古學報》，1977 年第 1 期，第 1～22＋165～168 頁。

64. 黃錫全：《先秦貨幣中的地名》，《九州》（第三輯），北京：商務印書館，2003 年，第 187～202 頁。

65. 黃錫全：《趙國方足布七考》，《華夏考古》，1995 年第 2 期，第 105～112 頁，該文後收入黃錫全《先秦貨幣研究》，北京：中華書局，2001 年，第 92～101 頁。

66. 靳楓毅:《軍都山山戎文化墓地墓制及主要文化特徵》,《遼海文物學刊》, 1991 年第 1 期, 第 61～73 頁。

67. 靳楓毅:《軍都山玉皇廟墓地的特徵及其族屬問題》,《蘇秉琦與當代中國考古學》, 北京:科學出版社, 2001 年, 第 194～213 頁。

68. 靳楓毅:《歷經五年艱苦調查與發掘——北京軍都山東周山戎文化考古取得重要成果》,《北京考古》, 1990 年第 3 期。

69. 靳生禾、謝鴻喜:《關於雁門關年齡、遺址的考證和考察》,《山西大學學報》, 1993 年第 2 期, 第 78～81 頁。

70. 靳生禾:《趙國氏族族源商榷》,《山西大學學報》, 2001 年第 2 期, 第 19～23 頁。

71. 康玉慶、靳生禾:《晉陽城肇建的地理環境因素》,《太原大學學報》, 2005 年第 2 期, 第 12～15 頁。

72. 康玉慶:《先秦時期太原地區的民族活動——兼論趙國初都晉陽的民族文化背景》,《太原大學學報》, 2003 年第 3 期, 第 5～9 頁。

73. 雷鵠宇:《略論戰國時期趙國對代地之經營》,《邯鄲學院學報》, 2010 年第 4 期, 第 43～46 頁。

74. 李家浩:《從曾姬無邮壺銘文談楚滅曾的年代》,《文史》第 33 輯, 1990 年, 第 11～18 頁。

75. 李家浩:《十一年皋落戈銘文釋文商榷》,《考古》, 1993 年第 8 期, 第 758～759 頁。

76. 李家浩:《戰國官印考釋(二篇)》,《文物研究》(第七輯), 合肥:黃山書社, 1991 年。

77. 李家浩:《戰國於疋布考》,《中國錢幣》, 1986 年第 4 期, 第 55～57 頁。

78. 李久昌:《論戰國趙都中牟的歷史地位》,《史學月刊》, 2005 年第 4 期, 第 22～27 頁。

79. 李零:《滹沱考》, 收入陝西師範大學、寶雞青銅器博物館編《黃盛璋先生八秩華誕紀念文集》, 北京:中國教育文化出版社, 2005 年, 第 345～348 頁。

80. 李零:《再說滹沱——趙惠文王遷中山王於膚施考》,《中華文史論叢》, 上海:上海古籍出版社, 2008 年第 4 輯, 第 25～33 頁。

81. 李零：《戰國鳥書箴銘帶鉤考釋》,《古文字研究》(第8輯),中華書局, 1983年, 第61～62頁。

82. 李孟存：《「簡襄功烈」述評》,《山西師範大學學報》,1988年第4期, 第76～79頁。

83. 李文龍：《保定境內戰國中山長城調查記》,《文物春秋》,2001年第1期, 第44～58頁。

84. 李文龍：《河北北部趙、燕、秦長城調查與研究》,《中國長城博物館館刊》, 2009年3期,頁數。

85. 李曉傑：《戰國時期韓國疆域變遷考》,《中國史研究》,2001年第3期, 第15～25頁。

86. 李曉傑：《戰國時期魏國疆域變遷考》,《歷史地理》(第十九輯),上海: 上海人民出版社,2003年, 第74～88頁。

87. 李曉傑：《戰國時期趙國疆域變遷考》,《九州》(第三輯),北京:商務印 書館,2003年, 第147～171頁。

88. 李興河：《趙國都邑遷徙考略》,《趙國歷史文化論叢》,石家莊:河北人 民出版社,1989年, 第347頁。

89. 李興盛、刑黃河：《內蒙古清水河縣拐子上古城發現秦兵器》,《文物》, 1987年第8期, 第63～64＋76頁。

90. 李學江：《太原歷史地理研究》,《晉陽學刊》,1992年第5期,第95～98 頁。

91. 李學勤,鄭紹宗：《論河北近年出土的戰國有銘青銅器》,《古文字研究》 (第七輯),北京:中華書局,1982年, 第128～129頁。

92. 李學勤：《北京揀選青銅器的幾件珍品》,《文物》,1982年第9期,第44 ～48＋101頁。

93. 李學勤：《秦孝公、惠文王時期銘文研究》,《中國社會科學院研究生院學 報》,1992年第5期, 第19～23頁。

94. 李學勤：《趙文化的興起及其歷史意義》,《邯鄲學院學報》,2005年第4 期, 第15～18頁。

95. 李逸友：《高闕考辨》,《內蒙古文物考古》,1996年Z1期, 第39～44頁。

96. 李振奇等：《河北臨城縣中羊泉東周墓》,《考古》,1990年第8期, 第693

～702 頁。

97. 梁尚之:《歷史上消失的城邑——古封龍邑考》,《中國地方志》,2002 年第 2 期,第 82～83 頁。

98. 梁勇:《再論北嶽恒山地望及其歷史變遷——兼與王暢同志商榷》,《中國歷史地理論叢》,2004 年第 2 期,第 149～155 頁。

99. 林澐:《關於中國的對匈奴族源的考古學研究》,《林澐學術文集》,北京:中國大百科全書出版社,1998 年,第 368～386 頁。

100. 劉式今:《趙文化及其考古遺跡覓蹤》,《河北大學學報》,1992 年第 4 期,第 78～83 頁。

101. 劉偉毅:《平陽城與白馬城》,《山西師大學報》,1990 年第 3 期,第 85 頁。

102. 劉澤華、劉宗泉:《戰國時期的食邑與封君述考》,《北京師範學院學報》,1982 年第 3 期,第 66～77 頁。

103. 柳石、王晉:《中山國故都——古靈壽城考辨》,《河北學刊》,1987 年第 3 期,第 86～90 頁。

104. 盧云:《戰國時期主要陸路交通初探》,《歷史地理研究》(1),上海:復旦大學出版社,1986 年 5 月,第 33～47 頁。

105. 路洪昌:《鮮虞中山國疆域變遷考》,《河北學刊》,1983 年第 3 期,第 60～65 頁。

106. 路洪昌:《戰國時期中山國的交通》,《河北學刊》,1986 年第 5 期,第 64～68 頁。

107. 路洪昌:《戰國中山國若干歷史問題考辨》,《河北學刊》,1987 年第 6 期,第 86～91 頁。

108. 路洪昌:《中山早期地域和中人、中山其名》,《河北學刊》,1988 年第 1 期,第 73～76 頁。

109. 羅銀川:《論東周時期盟會的社會功能》,《晉陽學刊》,2004 年第 4 期,第 79～83 頁。

110. 駱科強:《春申君相關問題研究》,華中師範大學碩士學位論文,2006 年,第 64 頁。

111. 馬承源:《商鞅方升和戰國量制》,《文物》,1972 年第 6 期,第 17～24 頁。

112. 孟浩、陳慧、劉來城：《河北武安午汲古城發掘記》，《考古通訊》，1957年第 4 期。

113. 孟萬忠、劉曉峰：《晉陽的立都背景及其在趙國都城變遷中之地位》，《晉陽學刊》，2010 年第 5 期，第 17～20 頁。

114. 潘明娟：《先秦多都並存制度研究》，陝西師範大學博士學位論文，2009年。

115. 潘明娟：《戰國時期趙國「一都獨大」現象及其出現的原因》，《三門峽職業技術學院學報》，2013 年第 4 期，第 7～11 頁。

116. 彭澤元：《魏「十四年鄴兵庫」戈考釋》，《江漢考古》，1989 年第 3 期，第 64～67 頁。

117. 錢林書：《春秋戰國時期的國家、都城、疆域及政區》，《歷史教學問題》，2000 年第 2 期，第 17～22 頁。

118. 錢林書：《戰國齊五都考》，歷史地理（第五輯），上海：上海人民出版社，1987 年，第 115～118 頁。

119. 錢林書：《戰國時期上黨地區及上黨郡》，《地名知識》，1985 年第 2 期，第 13～14 頁（下轉第 11 頁）。

120. 錢卓、車新亭：《山西出土「剌」字聳肩尖足空首布》，《中國錢幣》，1993年第 2 期，第 49 頁。

121. 喬登雲、樂慶森：《趙都邯鄲故城考古發現與研究》，《邯鄲學院學報》，2005 年第 1 期，第 26～36 頁。

122. 喬登云：《邯鄲考古世紀回眸與前瞻》，《文物春秋》，2004 年第 6 期，第1～15 頁。

123. 秦進才：《趙國歷史文化研究著錄目錄（1987～2001）》，《邯鄲師專學報》，2004 年第 2 期，第 3～18 頁。

124. 渠川福：《太原金勝村大墓年代的推定》，《文物》，1989 年第 9 期，第 87～89 頁（下轉第 94 頁）。

125. 饒勝文：《中國古代軍事地理大勢》，《軍事歷史》，2002 年第 1 期，第 41～46 頁。

126. 任力：《戰國晉陽之戰簡析》，《軍事歷史》，1996 年第 2 期，第 36～37頁。

127. 山西省考古所、太原市文物管理委員會:《太原金勝村 251 號春秋大墓及車馬坑發掘簡報》,《文物》,1989 年第 9 期,第 59～86 頁。

128. 尚友萍:《先商文化源頭考辨》,《文物春秋》,2012 年第 5 期,第 3～10 頁。

129. 沈喬:《淺論董安于、尹鐸對晉陽城的貢獻》,《太原大學學報》,2003 年第 4 期,第 7～10 頁。

130. 沈長雲:《關於趙國史研究的幾個問題》,《邯鄲師專學報》,1999 年第 2 期,第 1～5 頁。

131. 沈長雲:《趙北長城西段與秦始皇長城》,《歷史地理》(第七輯),上海:上海人民出版社,1990 年,第 126～133 頁。

132. 石家莊市圖書館文物考古小組:《河北石家莊市北郊西漢墓發掘簡報》,《考古》,1980 年第 1 期,第 52～55 頁。

133. 史念海:《春秋以前的交通道路》,《河山集》(七集),西安:陝西師範大學出版社,1999 年,第 125 頁。

134. 史念海:《論兩周時期黃河流域的地理特徵(上)》,陝西師範大學學報,1978 年第 3 期,第 78～87 頁。

135. 史念海:《論雁門關》,《河山集》(四集),西安:陝西師範大學出版社,1991 年,第 402～420 頁。

136. 史念海:《論戰國時代的國際關係及其所受地理環境的影響》,刊《文史雜誌》第 2 卷第 9、10 期(1943 年),後更名為《論戰國時期稱雄諸侯各國間的關係及其所受地理環境的影響》,收錄在《河山集》(四集),西安:陝西師範大學出版社,1991 年,第 333～367 頁。

137. 史念海:《論戰國時期的「插花地」》,《河山集》(七集),西安:陝西師範大學出版社,1999 年,第 504～519 頁。

138. 史念海:《新秦中考》,《中國歷史地理論叢》,1987 年第 1 期,第 119～160 頁。

139. 史念海:《戰國時期的交通道路》,《中國歷史地理論叢》,1991 年第 1 期,第 19～57 頁;後收錄在《河山集》(七集),西安:陝西師範大學出版社,1999 年,第 134～173 頁。

140. 史延廷、徐勇:《試論戰國時期邯鄲城的戰略地位》,《河北學刊》,1990

年第 3 期，第 90～94 頁。

141. 史云征等：《河北柏鄉縣東小京戰國墓》，《文物》，1990 年第 6 期，第 67 ～71 頁。

142. 蘇滄洲：《酈道元與其〈水經注〉中所記的高闕》，《中國歷史地理論叢》，1993 年第 2 期，第 95～100 頁。

143. 孫剛：《東周齊系題銘研究》，吉林大學博士學位論文，2012 年。

144. 孫繼民、郝良真：《試論戰國趙文化構成的二重性》，《河北學刊》，1988 年第 2 期，第 44～49 頁。

145. 孫繼民、郝良真：《戰國趙都中牟瑣見》，《河北學刊》，1987 年第 5 期，第 64～68 頁。

146. 孫繼民、侯文高：《戰國趙信都地望考》，《歷史地理》（第九輯），上海：上海人民出版社，1990 年，第 162～167 頁。

147. 孫繼民：《關於戰國趙都城的幾個問題》，《河北學刊》，1986 年第 6 期，第 49～52 頁。

148. 孫繼民：《趙桓子都代考》，《河北學刊》，1999 年第 1 期，第 80～84 頁。

149. 孫敬明，《長城在齊國軍事防禦戰略中的地位》，《泰山學院學報》，2005 年第 4 期，第 22～27 頁。

150. 孫玉靜：《15 年來趙國歷史文化研究綜述》，《邯鄲師專學報》，2004 年第 2 期，第 19～22 頁。

151. 唐嘉弘：《論趙文化及其歷史地位》，《河北學刊》，1988 年第 1 期，第 61 ～66 頁。

152. 唐曉峰：《河套烏拉山在戰國時期的人文地理意義》，《石泉先生九十誕辰紀念文集》，武漢：湖北人民出版社，2007 年 5 月。

153. 唐曉峰：《內蒙古西北部秦漢長城調查記》，《文物》，1977 年第 5 期，第 16～24 頁。

154. 陶正剛、趙滿芳：《山西黎城發現戰國小方足布》，《中國錢幣》，2003 年第 2 期，第 43 頁。

155. 陶宗冶、王培生：《對代國與燕、趙兩國關係的探討》，《文物春秋》，2013 年第 6 期，第 3～6 頁（轉第 30 頁）。

156. 滕銘予、王春斌：《東周時期三晉地區的北方文化因素》，《邊疆考古研究》

（第 10 輯），2011 年，第 108～140 頁。

157. 滕銘予、張亮：《玉皇廟文化的發現與研究》，《北方文物》，2011 年第 4 期，第 28～34 頁。

158. 天津歷史博物館編：《中國歷代貨幣》，天津：天津楊柳青畫社，1990 年。

159. 天平、王晉：《論晉伐中山與文公復立》，《晉陽學刊》，1990 年第 5 期，第 35～41 頁。

160. 田煒：《戰國古璽所見官名研究三則》，《中山大學學報》，2010 年第 5 期，第 64～68 頁。

161. 田衛平、崔向東：《十年來趙國歷史文化研究之回顧》，《中國史研究動態》，1994 年第 3 期，第 9～15 頁。

162. 田衛平：《關於魏滅中山若干史實的辯證》，《河北學刊》，1996 年第 6 期，第 84～86 頁。

163. 田衛平：《論中山在歷史上的四個時期》，《河北師範大學學報》，1986 年第 4 期，第 89～97 頁。

164. 王暢：《晉冀恒山之爭與中國山嶽文化》，《河北學刊》，2002 年第 6 期，第 145～148 頁。

165. 王飛：《全國趙文化學術研討會綜述》，《中國史研究動態》，1987 年第 11 期，第 30～31 頁。

166. 王洪瑞：《趙將扈輒死地武城考》，《中國歷史地理論叢》，1998 年第 4 期，第 224 頁。

167. 王輝、王沛：《二年平陶令戈跋》，《考古與文物》，2007 年第 6 期，第 55～56＋62 頁。

168. 王克林：《山西榆次古墓發掘記》，《文物》，1974 年第 12 期，第 63～73 頁。

169. 王仁康：《一次古地震在京郊形成的地裂溝——歷史上樂徐、平陰在今何處？》，《復旦學報》，1979 年第 1 期，第 97～99 頁。

170. 王尚義：《芻議太行八陘及其歷史變遷》，《地理研究》，1997 年第 1 期，第 68～76 頁。

171. 王天良、王仁康：《春秋戰國時期的地理形勢》，《地理知識》，1974 年第 6 期，第 1～4 頁。

172. 王文楚：《飛狐道的歷史變遷》，《古代交通地理叢考》，北京：中華書局，1996 年，第 255～261 頁。

173. 王興：《趙國的南北長城》，《邯鄲師專學報》，2004 年第 4 期，第 7～10 頁。

174. 王治國：《高闕塞考辨》，《河套大學學報》，2006 年第 4 期，第 9～11 頁。

175. 王子今：《論戰國晚期河洛地區成為會盟中心的原因》，《中州學刊》，2006 年第 4 期，第 164～166 頁。

176. 蔚縣博物館：《代王城城址調查報告》，《文物春秋》，1997 年第 3 期，第 20～26 頁。

177. 魏建震：《「王何立事」戈銘文及其相關問題》，《中原文物》，2005 年第 6 期，第 54～56 頁（下轉第 68 頁）。

178. 魏建震：《趙國「九門」「北九門」地望考辨》，《邯鄲師專學報》，2003 年第 4 期，第 15～18 頁。

179. 吳良寶、鄧成龍：《燕國「安陽」布幣補說》，《社會科學戰線》，2003 年第 3 期，第 264～266 頁。

180. 吳良寶：《〈中國歷史地圖集〉戰國部分地名校補》，《中國歷史地理論叢》，2006 年第 3 期，第 144～151 頁。

181. 吳良寶：《讀幣箚記（四則）》，《徐州師範大學學報》，1999 年第 3 期，第 63～65 頁。

182. 吳良寶：《談戰國文字地名考證中的幾個問題》，《中國史研究》，2011 年第 3 期，第 5～18 頁。

183. 吳良寶：《戰國時期上黨郡新考》，《中國史研究》，2008 年第 1 期，第 49～60 頁。

184. 吳長川：《先秦陪都功能初論》，西北大學碩士學位論文，2008 年。

185. 夏子言：《古高闕地望及趙北長城西部走向》，《趙國歷史文化論叢》，石家莊：河北人民出版社，1989 年，第 317～332 頁。

186. 蕭毅：《「莫邑彊（疆）」印釋》，《長江學術》，2012 年第 3 期，第 146～148 頁。

187. 辛德勇：《張家山漢簡所示漢初西北隅邊境解析——附論秦昭襄王長城北端走向與九原雲中兩郡戰略地位》，《歷史研究》，2006 年第 1 期，第

15～33 頁。

188. 徐少華:《奉陽君任相及相關趙史探析》,《河北學刊》,1988 年第 4 期,第 67～72 頁。

189. 許作民:《廉頗拔魏防陵、安陽地望考》,《中國歷史地理論叢》,1994 年第 2 期,第 111～116 頁。

190. 雁俠:《先秦趙國疆域變化》,《鄭州大學學報》,1991 年第 1 期,第 77～90 頁。

191. 楊博:《河北地區所見先秦時期有銘兵器調查與研究》,河北師範大學碩士學位論文,2010 年。

192. 楊鳳奎:《對沙丘、沙丘宮、沙丘平(苑)臺的梳理考證》,《邯鄲職業技術學院學報》,2014 年第 3 期,第 1～5 頁。

193. 楊金廷、張潤澤:《趙簡子、趙襄子的東進戰略與滏口陘》,《光明日報》,2009 年 8 月 4 日第 012 版。

194. 楊英法、李繼勇等:《趙長城古今考辨》,《河北建築科技學院學報》(社科版),2005 年第 1 期,第 50～51 頁。

195. 于豪亮:《古璽考釋》,《古文字研究》(第 8 輯),北京:中華書局,1981 年,第 255～260 頁。

196. 曾庸:《若干戰國布錢地名之辨釋》,《考古》,1980 年第 1 期,第 84～87 頁。

197. 張光裕、吳振武:《武陵新見古兵三十六器集錄》,《香港中文大學中國文化研究所學報》,1997 年第 6 期。

198. 張領:《「安國君」印跋》,《中國歷史博物館館刊》,1980 年第 2 期,第 114～115＋107 頁。

199. 張家口市文管所、宣化縣文化館:《河北宣化縣小白陽墓地發掘報告》,《文物》,1987 年第 5 期,第 41～51 頁。

200. 張家口市文物事業管理所:《張家口市白廟遺址清理簡報》,《文物》,1985 年第 10 期,第 23～30 頁。

201. 張久和:《戰國時期燕、趙、秦諸國對今內蒙古部分地區的經略和管轄》,《內蒙古大學學報》,2002 年第 2 期,第 1～6 頁。

202. 張玲:《秦漢關隘制度研究》,河南大學博士學位論文,2012 年。

203. 張平一:《河北境內長城的歷史價值和作用》,《文物春秋》,2003 年第 1 期,第 28～33 頁。

204. 張潤澤、孫繼民:《趙簡子平都故城考》,《中國史研究》,2011 年第 1 期,第 99～108 頁。

205. 張潤澤、王自典:《「平臺」地望考辨》,《邯鄲學院學報》,2014 年第 3 期,第 22～27 頁。

206. 張潤澤:《先秦趙國繼承制度初探》,《邯鄲師專學報》,2000 年第 4 期,第 5～9 頁。

207. 張維華:《趙長城考》,最初發表在《禹貢》,1937 年第七卷第八、九合期,第 41～60 頁;後收錄在《中國長城建置考》,北京:中華書局,1979 年,第 90 至 109 頁。

208. 張新斌:《高闕、雞鹿塞及相關問題的再考察》,《內蒙古文物考古》,2000 年第 1 期,第 23～28 頁。

209. 張新斌:《河南鶴壁鹿樓古城為趙都中牟說》,《文物春秋》,1993 年第 4 期,第 34～38 頁。

210. 張新斌:《趙都中牟在鶴壁研究》,《中州學刊》,2005 年第 6 期,第 159～161 頁。

211. 張學武、陶宗冶:《河北張家口市泥河村出土一批青銅器》,《文物》,1985 年第 4 期。

212. 張增午:《趙都中牟林州說的推定》,《中原文物》,2005 年第 6 期,第 57～68 頁。

213. 趙國華、劉新然:《論趙簡子之識》,《邯鄲學院學報》,2011 年第 2 期,第 19～25 頁。

214. 趙建朝、李寒梅、孫茹梅:《趙國北長城考察》,《邯鄲職業技術學院學報》,2010 年第 3 期,第 6～9 頁。

215. 鄭紹宗:《略談戰國時期中山國的疆域問題》,《遼海文物學刊》,1992 年第 2 期,第 128～138 頁。

216. 鄭紹宗:《戰國秦漢時期的古長城的發現與研究》,《河北師院學報》,1981 年第 1 期,第 3～13 頁。

217. 鍾鳳年:《戰國疆域變遷考序列》,《禹貢》半月刊第六卷十期,民國二十

六年，第 27～45 頁。

218. 朱華：《山西朔縣出土「宋子」三孔布》，《中國錢幣》，1984 年第 4 期，第 7～10 頁。

後　記

　　博士畢業這三年，「要出書，要出書」這一句話常常在心頭縈繞，這個聲音是如此急促、如此堅定。如今，終迎來了這本書的誕生。

　　出書始末，還要從我攻讀碩士研究生開始說起。2004 年我被北京大學歷史地理學專業錄取，成為一名碩士研究生，投到唐曉峰教授門下。從一入學，在導師的指導下，碩士論文選題就確定為「戰國趙國歷史地理研究」，從那時起，我就與趙國歷史地理研究結下了不解之緣。此項研究，是一個苦活，得能沉潛下來，細細地爬梳和研究史料和考古資料，對這個研究，我也從開始的迷茫、中間的徘徊、逐步到最後的堅定和熱愛。三年寒暑耕耘，我的碩士畢業論文《趙國都城與疆域變遷研究》得以完成，也是在論文撰寫過程中，我逐漸意識到地名考證的基礎性和必要性，但囿於時間和學力，當時並沒有系統地進行這一項工作，這也成為心中遺憾，耿耿於懷。

　　念念不忘，必有迴響。工作三年後，我考上了博士研究生，再次回到北大，回到導師身邊讀書。博士論文選題我毅然決然地選了「趙國歷史地理研究」，我準備把碩士畢業論文未竟之事，在博士階段，盡力完成，這其中就包括趙國地名研究。我駐紮在學校圖書館，心無旁騖，完成了這項研究工作。至今日，書稿得以付梓出版，欣喜之情溢於言表。本書不足之處，誠懇歡迎各位同仁、同好批評指正。

　　本書的出版，感謝花木蘭文化事業有限公司的高效工作。